De partenaires à rivaux ?

La dynamique évolutive de l'Amérique et de l'Europe

GEW Unité d'intelligence

Global East-West

Table

1. Introduction 1

   Aperçu des relations transatlantiques

2. Fondements historiques 19

   Des alliés aux partenaires stratégiques

3. La dynamique de l'après 11 septembre 37

   Unis dans la lutte contre le terrorisme

4. La crise financière de 2008 57

   L'interdépendance économique révélée

5. La diplomatie d'Obama 77

   Multilatéralisme et Smart Power

6. L'ère Trump 95

   Unilatéralisme et politique de l'Amérique d'abord

7. L'administration Biden 113

   Reconstruire les ponts au milieu des défis

8. Le retour de Trump 135

   La montée du populisme et du nationalisme en Occident

9. Coopération économique et concurrence   153
   Commerce et investissement

10. La quête d'autonomie stratégique de l'UE   171

11. Divergences politiques   191
    Confidentialité des données, fiscalité et réglementation

12. Pressions géopolitiques   213
    L'influence croissante de la Chine

13. Politique climatique   231
    À la recherche d'un leadership mondial

14. Défis et opportunités de l'exploration spatiale   251

15. L'OTAN et les préoccupations en matière de sécurité   271
    Équilibrer les engagements

16. Changements politiques intérieurs   289
    Populisme et scepticisme à l'égard de la mondialisation

17. Scénarios du futur   307
    Naviguer dans un ordre mondial incertain

18. Études de cas   327
    La guerre en Ukraine et la sécurité énergétique

19. Conclusion   345
    Perspectives des relations entre les États-Unis et l'Union
    européenne au XXIe siècle

Bibliographie sélective pour une lecture plus appro-   365
fondie

Introduction

Aperçu des relations transatlantiques

Contexte des relations transatlantiques

Les relations transatlantiques sont profondément ancrées dans l'histoire, remontant aux premiers jours de l'exploration et de la colonisation des Amériques par les Européens. L'interconnexion entre l'Europe et l'Amérique du Nord a évolué au fil des siècles et a joué un rôle essentiel dans l'élaboration de la géopolitique mondiale. La relation transatlantique est fondée sur des valeurs partagées, des intérêts mutuels et un réseau complexe d'interdépendances politiques, économiques et sécuritaires.

Les racines des relations transatlantiques remontent à la colonisation européenne du Nouveau Monde et aux vagues de migration qui ont suivi et qui ont fait traverser l'Atlantique aux hommes et aux idées. Cette interconnexion a jeté les bases des échanges culturels, de la coopération économique et des alliances politiques qui continuent de sous-tendre les liens transatlantiques aujourd'hui. L'émergence des États-Unis en tant que superpuissance mondiale après la Seconde Guerre mondiale a encore renforcé l'importance des relations transatlantiques, l'Europe et l'Amérique du Nord collaborant à la reconstruction d'un monde déchiré par la guerre et à l'établissement d'un nouvel ordre international.

Les principes fondamentaux des relations transatlantiques reposent sur les piliers de la démocratie, des droits de l'homme, de l'État de droit et de l'économie de marché. Ces valeurs communes ont servi de base à la coopération et au partenariat entre les États-Unis et l'Europe, favorisant un sentiment de solidarité et d'objectif commun. La création d'institutions clés telles que l'Organisation du traité de l'Atlantique Nord (OTAN) et l'Union européenne (UE) a institutionnalisé l'engagement en faveur de la sécurité collective et de l'intégration économique, renforçant ainsi les liens entre les partenaires transatlantiques.

Le contexte historique des relations transatlantiques englobe des événements marquants tels que le plan Marshall, qui a symbolisé l'engagement américain en faveur du redressement de l'Europe et a jeté les bases de la reconstruction d'après-guerre. Les expériences partagées de l'époque de la guerre froide, notamment le pont aérien de Berlin et la crise des missiles de Cuba, ont souligné l'importance de la coopération transatlantique pour faire face aux menaces communes et préserver la paix et la stabilité.

Par essence, le contexte des relations transatlantiques reflète une riche tapisserie d'expériences historiques, de dépendance mutuelle et d'aspirations partagées. La compréhension de l'évolution historique et de l'importance des relations transatlantiques fournit un cadre global pour l'examen des complexités et des défis qui définissent le partenariat transatlantique contemporain.

Définir le champ d'application: Acteurs et institutions clés

Les relations transatlantiques impliquent un réseau complexe d'acteurs et d'institutions clés qui façonnent de manière significative la dynamique de coopération et de conflit entre les États-Unis et l'Europe. Au premier plan, nous trouvons des organismes gouvernementaux tels que le Département d'État des États-Unis, le Service européen pour l'action extérieure et les principaux ministères des États européens. Ces entités gouvernementales jouent un rôle central dans la formulation et l'exécution de la politique étrangère, dans la promotion des négociations diplomatiques et dans la représentation des intérêts de leurs nations respectives sur la scène transatlantique.

Des organisations internationales telles que l'OTAN (Organisation du traité de l'Atlantique Nord) et l'Union européenne exercent une influence considérable sur les affaires transatlantiques. L'OTAN, créée pour assurer la défense collective de ses États membres, est la pierre angulaire de la coopération transatlantique en matière de sécurité depuis sa création. Inversement, l'Union européenne, qui est avant tout une union économique et politique, exerce une influence indirecte par le biais de ses politiques étrangères et de sécurité communes, façonnant ainsi les dialogues et les stratégies dans les relations entre les États-Unis et l'Union européenne.

Au-delà des gouvernements et des structures organisationnelles, il est essentiel de reconnaître le rôle des acteurs non étatiques dans les relations transatlantiques. Le secteur privé, y compris les sociétés multinationales et les associations d'entreprises, sert souvent de catalyseur économique et commercial, contribuant aux discussions politiques et ayant un impact direct sur les liens économiques transatlantiques. Les universités, les groupes de réflexion et les organisations de la société civile participent activement à l'élaboration des débats politiques, à la promotion des relations interpersonnelles et à la défense de valeurs et de principes communs de part et d'autre de l'Atlantique.

Il est essentiel de reconnaître l'importance historique des relations transatlantiques, en particulier au lendemain de la Seconde Guerre mondiale et de l'ère de la guerre froide qui a suivi. Le plan Marshall, par exemple, est une étape monumentale qui a renforcé les liens économiques et politiques entre les États-Unis et l'Europe occidentale. Le partenariat transatlantique a évolué en réponse aux changements géopolitiques, aux avancées technologiques et aux défis mondiaux, démontrant ainsi la nature adaptable de cette relation durable.

Lorsque l'on comprend la portée des relations transatlantiques, il devient évident qu'une multitude d'acteurs et d'institutions contribuent à la tapisserie complexe de la coopération et de la diplomatie. Chaque entité apporte des perspectives, des compétences et des programmes uniques à la table transatlantique, façonnant ainsi la nature multidimensionnelle de l'engagement des États-Unis et de l'Union européenne.

Phases et étapes de l'évolution

L'évolution des relations transatlantiques a été marquée par des phases distinctes et des étapes décisives qui ont façonné le paysage actuel des affaires internationales. Au lendemain de la Seconde Guerre mondiale, les États-Unis et l'Europe ont émergé en tant que puissances mondiales clés, ce qui a conduit à l'établissement d'alliances et de cadres durables qui allaient définir la trajectoire future de la coopération transatlantique. La création de l'OTAN en 1949, symbole d'un partenariat de sécurité collective, constitue un jalon fondamental dans ce continuum historique, soulignant l'engagement en faveur d'une défense et d'une stabilité partagées.

L'après-guerre froide a marqué le début d'une nouvelle phase caractérisée par la dissolution des barrières géopolitiques traditionnelles et la promotion des valeurs démocratiques, dont le point culminant a été l'élargissement de l'Union européenne et de l'OTAN aux pays d'Europe centrale et orientale. Cette période de transformation a mis l'accent sur les valeurs de la démocratie, des droits de l'homme, de et des économies de marché, consolidant la position de la communauté transatlantique sur la promotion de la paix, de la sécurité et de la prospérité dans la région euro-atlantique.

Le début du XXIe siècle a été marqué par une intensification sans précédent de la coopération transatlantique en réponse aux défis mondiaux en matière de sécurité, comme en témoignent les campagnes militaires conjointes en Afghanistan et les efforts de lutte contre le terrorisme après les attentats du 11 septembre 2001. Simultanément, l'engagement multilatéral au sein d'institutions telles que le G7 et le G20 a fourni une plateforme pour aborder les questions économiques, environnementales et de développement, renforçant encore le rôle de l'alliance transatlantique en tant que pivot pour relever les défis mondiaux à multiples facettes.

La crise financière de 2008 a constitué un tournant critique qui a mis à l'épreuve la résilience des liens économiques transatlantiques, suscitant des efforts concertés pour en atténuer les répercussions et renforcer la coordination entre les États-Unis et l'Union européenne. Les négociations qui ont suivi sur le partenariat transatlantique de commerce et d'investissement (TTIP) ont reflété l'ambition de renforcer la convergence réglementaire et de stimuler la croissance économique des deux côtés de l'Atlantique, bien que le résultat final ait souligné les complexités et les sensibilités inhérentes aux relations commerciales transatlantiques.

Notamment, l'évolution des relations transatlantiques a également été ponctuée par des changements de leadership politique et d'orientations idéologiques, influençant la priorisation des objectifs politiques et des approches de la gouvernance mondiale. De l'optimisme de la présidence d'Obama, caractérisé par un engagement revitalisé en faveur de la diplomatie multilatérale et de la solidarité transatlantique, au recalibrage ultérieur sous l'administration Trump vers une vision du monde plus unilatérale et transactionnelle, ces transitions ont laissé une marque indélébile sur le tissu de la coopération et de la discorde transatlantiques.

En substance, la compréhension des phases d'évolution et des étapes clés des relations transatlantiques fournit une base nuancée pour comprendre les dynamiques complexes en jeu dans les affaires transatlantiques contemporaines et souligne l'impératif de se plonger dans le contexte historique pour discerner la voie à suivre pour ce partenariat durable.

Importance dans les affaires mondiales

Les relations transatlantiques, qui englobent le partenariat entre les États-Unis et l'Europe, revêtent une importance considérable dans l'arène des affaires mondiales. Ces liens interconnectés exercent une influence considérable sur la politique internationale, l'économie, la sécurité et la diplomatie. La relation transatlantique sert de pivot pour façonner le cours des événements mondiaux, défendre les valeurs démocratiques, assurer la stabilité et promouvoir une prospérité partagée sur tous les continents. Les États-Unis et l'Union européenne (UE) représentant ensemble une part importante du PIB et du commerce mondiaux, leur collaboration résonne bien au-delà de leurs propres frontières, exerçant un impact profond sur le paysage économique mondial au sens large. Leurs prouesses militaires combinées et leurs alliances stratégiques sont essentielles au maintien de la sécurité et à la lutte contre les menaces communes, renforçant ainsi l'ordre mondial. Ce partenariat dynamique s'étend également aux défis mondiaux urgents tels que le changement climatique, le développement durable et la promotion des droits de l'homme et de la démocratie. Par essence, la profondeur et l'étendue des relations transatlantiques constituent une force indispensable à la promotion d'un système international fondé sur des règles qui sert de base à la paix, à la prospérité et au progrès dans le monde entier. Sa pertinence durable se répercute dans diverses régions, unissant les nations autour d'un engagement commun à défendre les principes fondamentaux et à faire face aux complexités émergentes. En tant que telle, la compréhension de l'importance des relations transatlantiques reste essentielle pour discerner l'interaction complexe des forces qui façonnent la scène mondiale contemporaine, ce qui nécessite une analyse astucieuse et une compréhension nuancée de ses dimensions multiples.

Situation actuelle et dynamique

Le paysage actuel des relations transatlantiques se caractérise par une interaction complexe de dynamiques géopolitiques, économiques et sociales. Au cœur de ce réseau complexe d'interactions se trouvent les États-Unis et l'Union européenne, qui représentent les deux plus grandes entités économiques du monde. Malgré des liens historiques et des valeurs communes, le partenariat transatlantique est confronté à de nombreux défis alors qu'il navigue dans les changements rapides qui remodèlent l'ordre mondial. La dynamique de la relation est influencée par des structures de pouvoir changeantes, des menaces sécuritaires en constante évolution, des avancées technologiques et un monde de plus en plus multipolaire. La montée en puissance de nouveaux acteurs sur la scène internationale, associée à la redéfinition des alliances traditionnelles, ajoute de nouvelles couches de complexité à la dynamique transatlantique.

Sur le plan économique, les relations transatlantiques restent marquées par l'interdépendance et la concurrence. Les flux commerciaux et d'investissement entre l'UE et les États-Unis restent solides, mais les récentes tensions commerciales et les approches réglementaires divergentes ont mis à rude épreuve les liens économiques. La croissance de l'économie numérique a donné une nouvelle dimension à l'interdépendance économique, en particulier dans les domaines de la confidentialité des données, de la cybersécurité et de la réglementation des technologies émergentes. Ces facteurs contribuent à l'évolution rapide du paysage économique qui façonne les relations transatlantiques.

En termes de sécurité et de défense, l'alliance transatlantique est confrontée à des menaces en constante évolution, allant du terrorisme et des cyberattaques aux pandémies mondiales et aux guerres hybrides. L'Organisation du traité de l'Atlantique Nord (OTAN) reste la pierre angulaire de la coopération transatlantique en matière de sécurité, mais les débats sur le partage des charges et l'étendue du rôle de l'OTAN reflètent les tensions sous-jacentes au sein de l'alliance. De plus, la résurgence de la concurrence entre grandes puissances, en particulier de la part de puissances montantes comme la Chine et la Russie, introduit de nouveaux défis stratégiques pour la sécurité transatlantique et nécessite une nouvelle réflexion sur la défense collective et la dissuasion.

Les dynamiques sociales et culturelles jouent également un rôle important dans le façonnement des relations transatlantiques. Les liens entre les peuples, les échanges éducatifs et les influences culturelles continuent de favoriser un sentiment d'interconnexion entre les États-Unis et l'Union européenne. Cependant, les tendances sociétales et les changements démographiques dans les deux régions apportent de nouvelles perspectives sur les valeurs partagées, l'immigration, le multiculturalisme et la citoyenneté mondiale. Une compréhension nuancée de ces dynamiques socioculturelles est impérative pour comprendre l'interconnexion des sociétés transatlantiques et l'impact sur leurs relations.

Au milieu de cette dynamique aux multiples facettes, le partenariat transatlantique se trouve à un tournant décisif, nécessitant un recalibrage stratégique et des approches novatrices pour relever les défis et exploiter les possibilités offertes par le paysage actuel. Il est essentiel de comprendre la dynamique complexe de la relation transatlantique pour tracer la voie vers une alliance résiliente et mutuellement bénéfique, capable de naviguer efficacement dans les complexités de l'ordre mondial du XXIe siècle.

Intérêts principaux et objectifs communs

Les relations transatlantiques se caractérisent par une myriade d'intérêts principaux et d'objectifs communs qui ont façonné la trajectoire de la coopération entre les États-Unis et l'Europe. Au cœur de ces relations se trouvent des valeurs partagées, des alliances historiques et un engagement mutuel à défendre les principes démocratiques et à promouvoir la stabilité mondiale. Les intérêts principaux et les objectifs communs englobent divers domaines clés qui servent de points de convergence pour la collaboration et l'engagement. L'un de ces domaines est la sécurité et la défense, où les deux parties ont un intérêt direct à faire face aux menaces émergentes, à lutter contre le terrorisme et à garantir la sécurité collective des États membres de l'OTAN. Cet alignement des intérêts a étayé les opérations militaires conjointes, le partage des données du renseignement et les efforts diplomatiques visant à dissuader les agressions et à maintenir la paix et la stabilité dans les régions d'importance stratégique. La prospérité économique et le commerce jouent un rôle central dans le partenariat transatlantique, avec des objectifs communs visant à favoriser la croissance, l'innovation et la convergence réglementaire. Les États-Unis et l'UE cherchent tous deux à améliorer l'accès au marché, à promouvoir une concurrence loyale et à relever les défis mondiaux tels que le changement climatique et le développement durable. L'engagement à faire progresser les droits de l'homme, à promouvoir l'État de droit et à renforcer la gouvernance démocratique constitue la pierre angulaire de la coopération transatlantique. Grâce à des initiatives communes, à des dialogues politiques et au soutien de la société civile, le partenariat entre les États-Unis et l'Union européenne vise à promouvoir des valeurs communes et des sociétés inclusives fondées sur le respect des libertés individuelles et de la dignité humaine. L'intérêt mutuel pour les questions transnationales, telles que la santé publique, la sécurité énergétique et l'innovation technologique, souligne la nature interconnectée des défis mondiaux qui dépassent les frontières nationales. Ces préoccupations communes nécessitent des efforts de collaboration en matière de recherche, d'échange d'informations et de renforcement des capacités afin de s'attaquer efficacement à des questions complexes qui ont un impact sur les sociétés de part et d'autre de l'Atlantique. Dans l'ensemble, les intérêts principaux et les objectifs communs constituent le fondement des liens durables entre les États-Unis et l'Europe, offrant un cadre de coopération qui dépasse les cycles politiques et reflète la nature multiforme de leurs relations.

Les défis de la coopération

Les relations transatlantiques, bien que fondées sur des valeurs et des intérêts communs, ont été confrontées à plusieurs défis qui entravent la coopération entre les États-Unis et l'Europe. L'un de ces défis est la divergence des priorités et des approches en matière de politique étrangère entre les deux rives de l'Atlantique. Historiquement, les États-Unis ont tendance à privilégier l'action unilatérale et à maintenir une approche militaire de la sécurité mondiale, tandis que les pays européens préfèrent souvent le multilatéralisme, la diplomatie et les initiatives de coopération en matière de sécurité par le biais d'organisations telles que l'OTAN et l'UE. Cette disparité dans les stratégies de politique étrangère a entraîné des tensions et des désaccords sur des questions internationales cruciales, notamment les interventions militaires, les missions de maintien de la paix et les sanctions. Les questions économiques constituent un autre obstacle important à la coopération. Les États-Unis et l'Union européenne se sont souvent trouvés en désaccord sur les politiques commerciales, les réglementations du marché et les droits de propriété intellectuelle. Les différends concernant les droits de douane, les subventions et la concurrence loyale ont tendu les relations économiques, exacerbant les déséquilibres commerciaux transatlantiques et suscitant des mesures de rétorsion susceptibles de dégénérer en véritables

guerres commerciales. Des perspectives divergentes sur le changement climatique, la sécurité énergétique et la protection de l'environnement ont également posé des problèmes de collaboration.
Alors que l'UE met l'accent sur le développement durable, les
énergies renouvelables et la réduction des émissions de gaz à effet
de serre, les États-Unis ont mené des politiques moins strictes et
souvent contraires à l'agenda environnemental de l'UE. Ces divergences ont entravé les efforts conjoints visant à relever les défis
environnementaux mondiaux les plus urgents.

La montée du populisme et du nationalisme des deux côtés
de l'Atlantique a compliqué les relations bilatérales. Les mouvements politiques prônant l'isolationnisme, le protectionnisme
et les sentiments anti-immigration ont gagné du terrain, entraînant un scepticisme accru à l'égard de la coopération et de l'intégration internationales. Ces changements idéologiques ont mis
à rude épreuve le partenariat transatlantique traditionnel et sapé
la solidarité sur des questions telles que les migrations, les crises
de réfugiés et les droits de l'homme. Les progrès rapides de la
technologie et les menaces en matière de cybersécurité ont introduit de nouvelles complexités dans les relations transatlantiques.
Les désaccords sur la confidentialité numérique, la protection des
données et la gouvernance de l'internet ont créé des obstacles à
la coopération dans le domaine des technologies de l'information et de la cybersécurité. La divergence des normes réglementaires et des cadres législatifs complique encore l'harmonisation
des politiques transatlantiques relatives à l'économie numérique
et à la cybersécurité. Pour relever ces défis aux multiples facettes, il
faut une compréhension globale des dynamiques sociopolitiques,
économiques et sécuritaires imbriquées qui façonnent les relations transatlantiques. Pour surmonter ces obstacles, il faut un
dialogue constructif, une résolution pragmatique des problèmes

et un engagement renouvelé en faveur de valeurs et d'aspirations communes.

Possibilités d'engagement stratégique

Dans le paysage complexe des relations transatlantiques, il existe une myriade d'opportunités d'engagement stratégique qui peuvent potentiellement redéfinir la dynamique entre les États-Unis et l'Europe. L'une de ces possibilités réside dans le domaine du développement durable et de l'action climatique. Étant donné que les États-Unis et l'Union européenne accordent la priorité à la durabilité environnementale et reconnaissent l'urgence de la lutte contre le changement climatique, les efforts de collaboration visant à promouvoir les énergies renouvelables, à mettre en œuvre des mécanismes de tarification du carbone et à faire progresser les technologies vertes pourraient servir de pierre angulaire à la coopération mutuelle. En tirant parti de l'expertise et des ressources de chacun, les partenaires transatlantiques peuvent établir des références mondiales en matière de gestion de l'environnement tout en soutenant leurs propres économies.

L'investissement dans des initiatives de recherche communes et des projets d'innovation liés à l'énergie propre et à l'adaptation au climat peut non seulement favoriser les percées scientifiques, mais aussi jeter les bases d'un avenir durable. Une autre voie prometteuse pour l'engagement stratégique concerne la cybersécurité et la gouvernance numérique. Face à la prolifération des cybermenaces et à l'interdépendance croissante des infrastructures numériques, les États-Unis et l'UE ont un intérêt commun à renforcer les cyberdéfenses, à améliorer les réglementations en matière de protection des données et à établir des normes pour un comportement responsable des États dans le cyberespace. La collaboration sur les mécanismes de réponse aux incidents cybernétiques, les cadres de partage d'informations et les initiatives de renforcement des capacités peuvent renforcer la résilience des deux régions face aux cyberactivités malveillantes.

L'alignement des normes réglementaires et la promotion des partenariats public-privé dans la sphère numérique peuvent faciliter la croissance des technologies innovantes tout en préservant la vie privée des utilisateurs et les libertés numériques. La collaboration commerciale et économique offre d'importantes possibilités de renforcer les relations transatlantiques. Malgré des différends occasionnels, les États-Unis et l'Union européenne partagent une base économique solide et ont tout à gagner d'un approfondissement des liens commerciaux, d'une rationalisation des flux d'investissement et d'une harmonisation des cadres réglementaires. La poursuite d'un accord commercial transatlantique global, la revitalisation des stratégies d'investissement bilatérales et la mise en place de mécanismes de coopération pour relever les défis commerciaux mondiaux peuvent accroître l'efficacité du marché et promouvoir une croissance économique inclusive des deux côtés de l'Atlantique.

Des initiatives conjointes visant à encourager l'esprit d'entreprise, à former une main-d'œuvre qualifiée et à soutenir les petites et moyennes entreprises peuvent stimuler la création d'emplois et l'innovation, renforçant ainsi le partenariat économique transatlantique. Ces domaines essentiels de collaboration potentielle offrent non seulement la possibilité de renforcer le lien transatlantique, mais aussi de s'attaquer collectivement à des problèmes mondiaux urgents. En reconnaissant et en exploitant ces possibilités, les États-Unis et l'Europe peuvent exploiter leur influence collective pour façonner un avenir plus sûr, plus prospère et plus durable pour la communauté internationale.

Approche méthodologique de l'analyse

En explorant le réseau complexe des relations transatlantiques, une approche méthodologique rigoureuse et complète est envisagée pour fournir une compréhension plus profonde des dynamiques en jeu. L'analyse sera fondée sur un cadre interdisciplinaire, s'appuyant sur les domaines des relations internationales, de l'économie politique, de l'histoire et de la diplomatie. Cette approche multidimensionnelle vise à saisir les multiples facettes des relations transatlantiques, qui englobent des dimensions géopolitiques, économiques et socioculturelles.

Au cœur de l'analyse se trouve l'utilisation de sources primaires, notamment des déclarations officielles, des documents politiques et de la correspondance diplomatique, afin d'évaluer les perspectives et les intentions des principales parties prenantes des deux côtés de l'Atlantique. Des sources secondaires telles que des articles scientifiques, des analyses de groupes de réflexion et des rapports des médias seront utilisées pour offrir divers points de vue et des évaluations critiques de l'évolution des relations.

Une perspective historique sera utilisée pour retracer l'évolution des liens transatlantiques, fournissant ainsi des informations précieuses sur les défis, les réalisations et les tournants passés qui ont façonné les dynamiques contemporaines. Cette contextualisation historique servira de base pour comprendre les complexités et les nuances inhérentes à l'état actuel des relations transatlantiques. Une approche d'analyse comparative sera adoptée pour juxtaposer les politiques, les stratégies et les priorités des États-Unis et de l'Union européenne, en identifiant les domaines de convergence et de divergence. En examinant ces trajectoires parallèles, l'analyse cherche à découvrir des modèles, des tendances et des domaines potentiels de collaboration renforcée ou de conflit. Le cadre méthodologique intégrera également des évaluations qualitatives et quantitatives, en utilisant des études de cas, des données statistiques et des preuves empiriques pour étayer les arguments présentés. Ce mélange méticuleux de méthodes qualitatives et quantitatives permettra un examen holistique des éléments à multiples facettes qui définissent et influencent les relations transatlantiques.

Une perspective prospective sera adoptée, incorporant la planification de scénarios et l'analyse prospective pour anticiper les trajectoires potentielles et les défis futurs dans les affaires transatlantiques. Cette approche proactive s'efforcera d'offrir des perspectives stratégiques aux décideurs politiques, aux diplomates, aux universitaires et aux praticiens qui naviguent sur le terrain complexe des relations transatlantiques à une époque d'incertitude et de transformation mondiales.

En fin de compte, l'approche méthodologique souligne un engagement en faveur de la profondeur analytique, de la rigueur académique et d'une compréhension nuancée de l'interaction dynamique entre les États-Unis et l'Union européenne, ainsi que de leurs implications pour le paysage international au sens large.

Dans les prochains chapitres de cet ouvrage, nous approfondirons le paysage complexe et dynamique des relations transatlantiques. Grâce à un examen minutieux des fondements historiques, nous retracerons l'évolution de ces relations, d'alliés à partenaires stratégiques, en mettant en lumière les moments cruciaux qui ont façonné les dynamiques contemporaines. L'ère post-11 septembre, avec son impact sur les efforts de lutte contre le terrorisme, sera passée au crible pour découvrir la nature multiforme de la coopération face aux défis de sécurité partagés. Les conséquences de la crise financière de 2008 seront explorées afin de mieux comprendre les subtilités de l'interdépendance économique entre les États-Unis et l'Europe. Nous disséquerons les approches diplomatiques des différentes administrations américaines, du multilatéralisme et des stratégies de smart power d'Obama à l'unilatéralisme et aux politiques de " l'Amérique d'abord " de Trump, en donnant un aperçu de leurs implications pour les liens transatlantiques.

Alors que nous naviguons dans les complexités de la poursuite de l'administration Biden pour reconstruire les ponts au milieu de nombreux défis, nous évaluerons également la résurgence du populisme et du nationalisme en Occident et son impact sur les relations transatlantiques. Notre exploration s'étendra aux domaines de la coopération et de la concurrence économiques, aux politiques de commerce et d'investissement et à la quête d'autonomie stratégique de l'UE. Nous analyserons les divergences politiques relatives à la confidentialité des données, à la fiscalité et à la réglementation, tout en tenant compte des pressions géopolitiques découlant de l'influence croissante de la Chine et de l'importance grandissante de la politique climatique dans l'élaboration de la coopération transatlantique.

Les préoccupations en matière de sécurité, y compris le rôle de l'OTAN et l'évolution du paysage politique national avec ses implications pour le scepticisme à l'égard de la mondialisation, seront examinées en profondeur, et nous nous aventurerons également dans les scénarios futurs pour naviguer dans un ordre mondial incertain. Enfin, à travers des études de cas portant sur la guerre en Ukraine et la sécurité énergétique, nous éluciderons les nuances complexes des relations entre les États-Unis et l'Union européenne dans un contexte de réalités géopolitiques changeantes. En parcourant ces chapitres, les lecteurs acquerront une compréhension globale de la nature multidimensionnelle des relations transatlantiques et disposeront des connaissances nécessaires pour naviguer dans les complexités du paysage mondial du XXIe siècle.

2

Fondements historiques

Des alliés aux partenaires stratégiques

Les origines de la collaboration transatlantique: Les alliances de la guerre mondiale

Les origines de la collaboration transatlantique remontent aux événements cataclysmiques des deux guerres mondiales, qui se sont avérées déterminantes pour la formation d'alliances durables entre les États-Unis et les nations européennes. Pendant la Première Guerre mondiale, les États-Unis ont joué un rôle crucial en soutenant leurs alliés européens par la fourniture de matériel, d'aide financière et de main-d'œuvre, ce qui a effectivement modifié l'équilibre des forces sur le front occidental. Cette période a marqué le début d'un partenariat transatlantique naissant, l'objectif commun de contenir les agresseurs et de maintenir la stabilité régionale ayant jeté les bases d'une coopération future. L'après-guerre a vu l'émergence d'accords de sécurité collective tels que la Société des Nations, soulignant l'impératif de la collaboration internationale dans la préservation de la paix et de la sécurité.

Si l'entre-deux-guerres a été caractérisé par des bouleversements géopolitiques et des turbulences économiques, il a également ouvert la voie à de nouveaux efforts en faveur de la solidarité transatlantique. La Seconde Guerre mondiale a vu la consolidation des liens transatlantiques, les États-Unis entrant dans le conflit aux côtés de leurs alliés européens à la suite de l'attaque de Pearl Harbor. La formation de la Grande Alliance a renforcé les liens entre les États-Unis, le Royaume-Uni et l'Union soviétique, annonçant une nouvelle ère de coopération multilatérale. Ce tournant a souligné l'importance de la défense collective et de la dissuasion face à des adversaires communs, jetant ainsi les bases de l'ordre d'après-guerre. Au lendemain de la Seconde Guerre mondiale, la dévastation de l'Europe a suscité des efforts concertés de reconstruction et de réhabilitation, incarnés par le plan Marshall. L'initiative américaine visait à revitaliser les économies déchirées par la guerre, à favoriser la stabilité politique et à endiguer la propagation du communisme, en encourageant un sentiment de responsabilité partagée et d'assistance mutuelle. L'infusion d'aide financière et d'expertise technique a non seulement catalysé la résurgence de l'Europe, mais a également jeté les bases de partenariats transatlantiques durables. Ces expériences formatrices au cours des deux guerres mondiales ont contribué à façonner les principes de la sécurité collective, à armer et à stabiliser les alliés, et à favoriser une camaraderie intercontinentale qui demeure essentielle dans les affaires mondiales contemporaines.

L'ère de la guerre froide: Défense collective et dissuasion

À l'époque de la guerre froide, les relations transatlantiques entre les États-Unis et leurs alliés européens ont connu une évolution significative alors que les tensions géopolitiques et les idéologies dominaient la politique mondiale. The aftermath of World War II saw the emergence of the bipolar power structure led by the United States and the Soviet Union, thus setting the stage for the division of Europe into East and West. Dans ce contexte, le concept de défense collective et de dissuasion a joué un rôle essentiel dans l'élaboration du partenariat stratégique entre les États-Unis et leurs homologues européens.

La création de l'OTAN (Organisation du traité de l'Atlantique Nord) en 1949 est l'une des caractéristiques de l'ère de la guerre froide. L'OTAN est une alliance de sécurité et de défense collective composée de démocraties occidentales, dont l'objectif premier est de protéger les États membres contre les agressions potentielles du bloc soviétique. Le principe fondateur du traité de défense mutuelle souligne l'engagement à l'unité et à la préparation aux menaces posées par l'environnement de la guerre froide. La doctrine de dissuasion de l'OTAN met l'accent sur la capacité de répondre de manière décisive à toute action hostile, dissuadant ainsi les adversaires potentiels d'engager un conflit.

Le déploiement de forces militaires et l'intégration de stratégies de défense entre les États-Unis et leurs alliés européens étaient au cœur du cadre de défense collective. En particulier, la présence de troupes américaines en Europe, par le biais d'initiatives telles que le plan Marshall et les programmes d'assistance militaire ultérieurs, a symbolisé l'engagement durable en faveur du renforcement de la sécurité et de la stabilité régionales. La coordination des exercices militaires et des exercices d'entraînement conjoints a permis d'améliorer l'interopérabilité et l'état de préparation, renforçant ainsi la volonté commune de défendre les principes de la défense collective.

Dans un contexte d'escalade des tensions, la recherche mutuelle de la dissuasion a pris diverses formes, y compris la dissuasion nucléaire. La prolifération des armes nucléaires et la mise en place d'un parapluie nucléaire au-dessus des États membres de l'OTAN ont souligné la nécessité de dissuader toute agression potentielle et de maintenir la paix par la force. La doctrine de la destruction mutuelle assurée (MAD) repose sur la reconnaissance du fait qu'une attaque nucléaire contre un État membre entraînerait des représailles écrasantes, dissuadant ainsi les adversaires d'envisager de telles actions.

En résumé, l'époque de la guerre froide a vu la consolidation de la relation transatlantique grâce aux mesures de défense collective et de dissuasion mises en œuvre par les États-Unis et leurs alliés européens. L'engagement durable en faveur de l'unité, de la sécurité partagée et de la dissuasion de l'agression a jeté les bases du partenariat stratégique, ouvrant la voie à une collaboration continue dans le contexte complexe de la guerre froide.

Le plan Marshall: Reconstruction économique et soutien

Après les ravages de la Seconde Guerre mondiale, les États-Unis ont reconnu l'importance cruciale d'aider à la reconstruction et à la stabilisation de l'Europe déchirée par la guerre. Le plan Marshall, officiellement connu sous le nom de programme de redressement de l'Europe, s'est imposé comme une initiative historique visant à relancer l'économie de la région et à empêcher l'expansion de l'influence communiste. Dirigé par le secrétaire d'État George C. Marshall en 1947, cet ambitieux programme a alloué une aide financière substantielle aux pays européens qui luttaient pour reconstruire leur économie. Son objectif principal était de soutenir la prospérité européenne, de créer la stabilité et de favoriser le développement du commerce et de la coopération économique entre les pays participants. Les bénéficiaires du plan Marshall ont reçu une aide sous forme de subventions, de prêts et d'expertise technique, ce qui leur a permis de moderniser les infrastructures, de revitaliser les industries et de répondre aux besoins sociaux et humanitaires les plus urgents.

L'impact du plan a été profond, catalysant efficacement la résurgence de l'Europe d'après-guerre et jetant les bases de partenariats transatlantiques durables. En favorisant l'interdépendance économique et la prospérité mutuelle, le plan Marshall est devenu une force déterminante dans le remodelage de la trajectoire des relations transatlantiques. La mise en œuvre réussie du programme a non seulement revitalisé les économies européennes, mais a également eu des implications géopolitiques de grande portée. Il a témoigné de la force de l'alliance transatlantique et a consolidé le rôle des États-Unis en tant que leader mondial soucieux de soutenir le développement économique et la gouvernance démocratique de ses alliés. Le plan Marshall témoigne de l'impact durable de la coopération internationale et du pouvoir de l'assistance économique stratégique sur le cours de l'histoire. Son héritage continue de résonner dans les discussions contemporaines sur l'aide étrangère, la revitalisation économique et la dynamique du partenariat transatlantique, soulignant son importance durable dans les annales de la diplomatie mondiale.

Cadres institutionnels: Les fondements de l'OTAN et de l'OCDE

Les cadres institutionnels de l'OTAN (Organisation du traité de l'Atlantique Nord) et de l'OCDE (Organisation de coopération et de développement économiques) ont joué un rôle essentiel dans l'élaboration des relations transatlantiques et la promotion de la coopération entre les États membres. L'OTAN, créée en 1949, est la pierre angulaire de la défense et de la sécurité collectives dans la région euro-atlantique. L'alliance a d'abord été constituée pour répondre aux défis sécuritaires posés par l'Union soviétique. Au fil du temps, elle a évolué pour répondre à des préoccupations sécuritaires plus larges, notamment le terrorisme, les cybermenaces et les guerres hybrides. L'engagement durable en faveur de la défense mutuelle, inscrit à l'article 5 du traité de l'OTAN, symbolise la promesse transatlantique de rester unis face à l'agression et à l'instabilité extérieures. Les débats en cours sur le partage des charges et l'adaptation de la posture stratégique de l'OTAN reflètent la dynamique complexe du maintien de la sécurité collective dans un paysage géopolitique en constante évolution.

Sur le plan économique, l'OCDE a servi de plateforme pour promouvoir la croissance économique, la libéralisation des échanges et la coordination des politiques entre ses pays membres. Initialement axée sur les efforts de reconstruction d'après-guerre, l'organisation a élargi son mandat pour englober un large éventail de domaines politiques, notamment la fiscalité, l'innovation et la durabilité environnementale. Les activités normatives et les examens par les pairs de l'OCDE ont contribué à harmoniser les cadres réglementaires et à encourager les meilleures pratiques en matière de gouvernance et de gestion économique. Le dialogue transatlantique au sein de l'OCDE a facilité une meilleure compréhension des défis et des opportunités communs auxquels sont confrontées les démocraties occidentales. L'OTAN et l'OCDE ont constitué des forums essentiels pour le dialogue et la prise de décision, les États-Unis et les pays européens collaborant étroitement sur des questions d'intérêt commun. Leur importance stratégique va au-delà des accords et conventions formels et incarne un engagement à défendre les principes démocratiques, les droits de l'homme et l'État de droit dans l'ensemble de la communauté transatlantique. Alors que les paysages économiques et sécuritaires mondiaux continuent d'évoluer, la pertinence durable de ces cadres institutionnels dépendra de leur capacité à s'adapter aux nouvelles menaces et opportunités tout en préservant les valeurs fondamentales qui lient les partenaires transatlantiques.

Faille transatlantique: les conflits au Vietnam et au Moyen-Orient

La guerre du Viêt Nam et les conflits qui ont suivi au Moyen-Orient ont marqué une période de tension importante dans les relations transatlantiques. Les approches différentes des États-Unis et de leurs alliés européens à l'égard de ces conflits ont entraîné une divergence notable qui a mis à l'épreuve la cohésion de l'alliance. L'implication des États-Unis dans la guerre du Viêt Nam, en particulier sur le site , a créé de profondes divisions au sein de l'OTAN et tendu les relations entre les États-Unis et leurs parte-naires européens. Alors que les États-Unis poursuivaient une poli-tique d'endiguement et d'intervention au Viêt Nam, de nombreux pays européens ont exprimé leur scepticisme et leur opposition à cette approche, ce qui a donné lieu à des protestations publiques et à des débats politiques qui ont mis en lumière le fossé grandissant.

De même, les conflits du Moyen-Orient, notamment le conflit israélo-arabe et la révolution iranienne, ont mis en lumière les divergences de vues entre les États-Unis et l'Europe en matière de diplomatie, d'intervention militaire et de stabilité régionale. La perception des actions unilatérales et l'accent mis sur les solu-tions militaires par les États-Unis sont souvent en conflit avec la préférence européenne pour la diplomatie multilatérale et les réso-lutions pacifiques. Ces conflits ont non seulement mis en évidence la complexité de la gestion de l'unité transatlantique face à des stratégies de politique étrangère divergentes, mais ils ont également donné lieu à de profonds débats sur les principes fondamentaux qui devraient guider l'engagement international. Malgré ces défis, les partenaires transatlantiques ont maintenu le dialogue et ont continué à chercher un terrain d'entente pour traiter les questions de sécurité mondiale, faisant ainsi preuve de résilience dans la dis-corde.

Ces expériences ont suscité une réévaluation des rôles et des res-ponsabilités des deux parties au sein de l'alliance, servant de catal-yseur à l'introspection et à de nouveaux efforts pour surmonter les différences. Les conséquences de ces conflits ont également in-cité à renforcer les consultations et la coordination diplomatiques, soulignant l'impératif de compréhension mutuelle et d'alignement stratégique dans un paysage géopolitique en évolution. Alors que la communauté transatlantique traversait ces périodes turbulentes, il est devenu évident qu'un dialogue inclusif et transparent était essentiel au maintien d'un partenariat durable. En fin de compte, les dissensions résultant des conflits au Viêt Nam et au Moyen-Orient ont permis de tirer des enseignements précieux pour remodeler la dynamique de la coopération transatlantique et ont ouvert la voie à des réformes cruciales dans la poursuite d'objectifs communs.

Renforcement des liens économiques: Accords et politiques commerciales

Après la période tumultueuse marquée par les conflits du Viêt Nam et du Moyen-Orient, les relations économiques entre les États-Unis et leurs alliés européens ont connu une phase de renouvellement et d'approfondissement significatifs. Cette évolution s'explique en grande partie par la reconnaissance mutuelle du rôle vital joué par l'interdépendance économique dans la promotion de la stabilité et de la prospérité de part et d'autre de l'Atlantique.

Dans ce contexte, les accords et politiques commerciaux sont apparus comme des instruments essentiels pour consolider le partenariat transatlantique. Les États-Unis et l'Union européenne (UE) ont cherché à réduire les obstacles au commerce et à renforcer la coopération économique par le biais de diverses initiatives. Les négociations ont porté sur le renforcement de l'accès au marché, l'harmonisation des normes réglementaires et la promotion d'une concurrence loyale. Des accords commerciaux clés tels que le Partenariat transatlantique de commerce et d'investissement (PTCI) visaient à créer l'une des plus grandes zones de libre-échange au monde, promettant des avantages économiques considérables pour les deux parties.

La mise en place de cadres commerciaux multilatéraux, tels que l'Accord général sur les tarifs douaniers et le commerce (GATT) et, plus tard, l'Organisation mondiale du commerce (OMC), a fourni des plates-formes pour relever les défis du commerce mondial et garantir un système commercial fondé sur des règles. Les États-Unis et l'Union européenne ont tous deux participé activement à ces forums, plaidant en faveur de l'ouverture des marchés et de la transparence des pratiques commerciales.

La formulation des politiques commerciales a également reflété un alignement stratégique des intérêts économiques, en mettant l'accent sur la promotion de l'innovation, de l'esprit d'entreprise et du progrès technologique. La protection des droits de propriété intellectuelle, la facilitation des investissements et la réglementation du commerce électronique sont devenues des thèmes centraux des discussions commerciales, soulignant l'engagement commun de favoriser un environnement propice à la croissance et au développement des entreprises.

La réponse coordonnée aux crises économiques mondiales, y compris les chocs pétroliers des années 1970 et les récessions qui ont suivi, a souligné la résilience du partenariat économique transatlantique. Les efforts conjoints pour stabiliser les marchés financiers, lutter contre l'inflation et promouvoir une reprise économique durable ont démontré la capacité des États-Unis et de l'UE à agir de concert face à l'adversité.

Dans l'ensemble, le renforcement des liens économiques par le biais d'accords et de politiques commerciales a non seulement facilité l'accroissement du commerce entre les États-Unis et l'Europe, mais a également jeté les bases d'une plus grande convergence des objectifs économiques, jetant ainsi des bases solides pour la relation transatlantique au sens large.

Échanges culturels et éducatifs: Construire le soft power

Les échanges culturels et éducatifs jouent depuis longtemps un rôle essentiel dans la consolidation des relations transatlantiques, la promotion de la compréhension mutuelle et la projection d'une puissance douce à l'échelle mondiale. Grâce à des initiatives telles que le programme Fulbright, des étudiants, des universitaires et des professionnels ont pu s'immerger dans la société de l'autre, acquérir des connaissances précieuses qui enrichissent leur communauté d'accueil tout en renforçant les liens entre les nations. Ces échanges permettent d'encourager la diplomatie culturelle, de promouvoir le respect de la diversité des points de vue et de nouer des amitiés durables au-delà des frontières. L'impact de ces interactions s'étend bien au-delà des individus impliqués, façonnant les perceptions et les attitudes tant aux États-Unis qu'en Europe. En facilitant un dialogue interculturel solide, ces programmes jettent les bases d'une collaboration renforcée dans divers domaines, des arts et des sciences humaines aux sciences, à la technologie et à l'innovation.

Les partenariats éducatifs et les initiatives de recherche conjointes contribuent à l'avancement des connaissances et de l'expertise, favorisant les progrès dans des domaines clés d'intérêt mutuel. Les programmes d'ouverture culturelle, notamment les projets artistiques en collaboration, les festivals de cinéma et les échanges musicaux, mettent en valeur la richesse de la créativité et du patrimoine transatlantiques. Ces initiatives ne célèbrent pas seulement les valeurs et les traditions communes, mais donnent également la parole à des récits divers, favorisant une appréciation

plus profonde de l'interconnexion des sociétés mondiales. Les programmes d'apprentissage des langues et la formation aux compétences interculturelles permettent aux individus de naviguer dans
des environnements divers avec empathie et conscience, des compétences essentielles pour une citoyenneté mondiale efficace. En
tant qu'atouts de puissance douce, ces échanges culturels et éducatifs renforcent la résilience des relations transatlantiques, en particulier en période de tensions politiques ou de divergences d'orientation. Ils offrent une plateforme pour un engagement constructif et un enrichissement mutuel, transcendant les contraintes
diplomatiques pour établir des liens durables entre les peuples.
Dans un monde de plus en plus interconnecté, on ne saurait trop
insister sur l'importance des échanges culturels et éducatifs en
tant qu'instruments de puissance douce. La prise en compte de la
diversité et du dynamisme des sociétés transatlantiques souligne
l'engagement commun en faveur d'une communauté mondiale
prospère et pacifique".

Réunification et transformation: Les défis de l'après-guerre froide

L'après-guerre froide a marqué une évolution significative des relations transatlantiques, l'effondrement de l'Union soviétique ayant
entraîné une reconfiguration dynamique de la puissance mondiale. Avec la réunification de l'Allemagne en 1990, l'Europe a
connu une profonde transformation, le continent évoluant vers
une plus grande intégration et unité. Cette période a également
présenté une myriade de défis, car le clivage traditionnel Est-Ouest
s'est dissipé et de nouvelles lignes de fracture géopolitiques sont

apparues. La dissolution du Pacte de Varsovie et l'expansion de l'OTAN ont soulevé des questions sur les accords de sécurité, tandis que l'Union européenne s'est élargie aux États d'Europe centrale et orientale, modifiant le paysage politique et économique de la région.

Au milieu de ces changements, les États-Unis et leurs partenaires européens ont dû faire face à la complexité d'un ordre international en pleine mutation. La fin de la guerre froide a ouvert des perspectives de coopération et de collaboration, mais elle a aussi engendré des incertitudes et des dilemmes stratégiques. Les conflits des Balkans dans les années 1990 ont mis à l'épreuve la détermination des puissances occidentales et ont souligné la nécessité d'une gestion efficace des crises et de capacités de maintien de la paix. L'émergence de nouvelles démocraties en Europe de l'Est a nécessité un soutien aux réformes institutionnelles et à la consolidation démocratique, alors que les nations étaient aux prises avec l'héritage du régime communiste et cherchaient à s'intégrer dans les structures occidentales.

Une tension inhérente entre l'expansion de la sphère démocratique et la sauvegarde de la stabilité s'est manifestée dans l'agenda transatlantique, avec des perspectives divergentes sur les stratégies d'intervention et d'édification des nations. L'équilibre délicat entre la promotion des valeurs libérales et les considérations de realpolitik a mis en évidence les multiples facettes des défis de l'après-guerre froide. Les interventions humanitaires dans les Balkans et, plus tard, au Moyen-Orient ont illustré la complexité de la poursuite de politiques étrangères fondées sur des principes dans un monde de plus en plus interconnecté.

La révolution technologique et l'avènement de l'ère numérique ont présenté à la fois des opportunités et des perturbations, modifiant fondamentalement le tissu économique et social des sociétés transatlantiques. La prolifération des technologies de l'information et de la communication a facilité une plus grande interconnexion, mais a également posé des défis liés à la cybersécurité et à la protection de la vie privée. La montée en puissance des acteurs non étatiques et des menaces transnationales a nécessité la mise en place de mesures antiterroristes et d'une coopération en matière de renseignement robustes entre les alliés occidentaux, reflétant ainsi la nature évolutive des défis sécuritaires dans l'environnement de l'après-guerre froide.

La période qui a suivi la guerre froide a représenté un tournant crucial dans les relations transatlantiques, car elle a exigé un engagement proactif et une capacité d'adaptation pour naviguer dans les complexités d'un monde en transition. Alors que les États-Unis et l'Europe étaient confrontés à de nouvelles réalités géopolitiques et aux ramifications de la mondialisation, l'impératif de réévaluer et de recalibrer leur partenariat est devenu de plus en plus important.

Coopération technologique et scientifique: Entreprises communes

À la suite des défis et des transformations qui ont caractérisé l'ère de l'après-guerre froide, la coopération technologique et scientifique entre les États-Unis et l'Union européenne est devenue la pierre angulaire de leur partenariat stratégique. Les entreprises communes dans les domaines de la technologie, de la recherche et de l'innovation ont non seulement renforcé leurs liens économiques, mais ont également permis des avancées qui profitent aux deux parties et à la communauté mondiale dans son ensemble. Cet effort de collaboration a permis de relever des défis sociétaux et environnementaux complexes tout en favorisant un avantage concurrentiel sur la scène internationale.

Dans le domaine de l'innovation technologique, les entreprises communes ont conduit à des développements révolutionnaires dans des domaines tels que les énergies renouvelables, les technologies de l'information, la biotechnologie et l'exploration spatiale. La mise en commun des ressources et de l'expertise a permis aux partenaires transatlantiques de repousser les limites de la connaissance scientifique et d'élaborer des solutions novatrices à des problèmes mondiaux urgents. Ces collaborations ont facilité le partage des meilleures pratiques et des normes, contribuant à l'harmonisation des cadres réglementaires et garantissant l'intégration harmonieuse des technologies de pointe sur le marché.

La coopération scientifique a également prospéré, avec des partenariats mutuellement bénéfiques qui ont permis de progresser dans divers domaines tels que les soins de santé, la recherche sur le climat et le développement durable. L'échange de connaissances et de ressources a accéléré le rythme des percées médicales, de la surveillance de l'environnement et de la mise en œuvre des technologies vertes. Grâce à des initiatives telles que des programmes de recherche conjoints, des échanges universitaires transfrontaliers et des projets de collaboration, les États-Unis et l'UE ont exploité leur capital intellectuel pour stimuler l'innovation et relever efficacement des défis communs.

Les entreprises communes dans le domaine de l'exploration spatiale ont illustré la remarquable synergie entre les deux entités. Leurs efforts de collaboration ont débouché sur des missions ambitieuses, des découvertes scientifiques et l'établissement de nouvelles frontières pour la compréhension humaine. Des lancements conjoints d'engins spatiaux aux systèmes de satellites partagés, les partenaires transatlantiques continuent de démontrer leur engagement à percer les mystères de l'univers tout en développant les capacités technologiques qui sous-tendent l'exploration et l'observation de l'espace.

La coopération technologique et scientifique restant l'un des piliers des relations entre les États-Unis et l'Union européenne, il est impératif de tirer parti de cette synergie pour le plus grand bien de tous. Des investissements soutenus, un dialogue ouvert et un alignement stratégique doivent caractériser les efforts futurs afin de garantir que le partenariat transatlantique reste à la pointe de l'innovation et du progrès au niveau mondial.

Héritage historique : Maintenir l'alignement stratégique

Lorsque nous réfléchissons à l'héritage historique des relations transatlantiques, il devient évident que le maintien de l'alignement stratégique a été une entreprise essentielle tant pour les États-Unis que pour ses partenaires européens. Les fondements établis par la coopération technologique et scientifique dans le cadre d'entreprises communes ont contribué au lien profondément enraciné qui façonne aujourd'hui leur alignement stratégique.

L'alignement stratégique entre les États-Unis et l'Europe ne repose pas uniquement sur les dynamiques géopolitiques contemporaines, mais s'appuie également sur une riche histoire d'efforts de collaboration. Les lendemains de la Seconde Guerre mondiale ont vu l'émergence d'un engagement collectif en faveur de la paix, de la stabilité et du progrès. Cet engagement a jeté les bases d'alliances et de partenariats qui ont constitué la pierre angulaire des relations transatlantiques. Les efforts communs en matière d'exploration spatiale, de recherche scientifique et de développement technologique ont renforcé la confiance mutuelle, illustrant ainsi l'héritage durable de l'alignement stratégique.

Le maintien de l'alignement stratégique implique une réévaluation permanente des objectifs communs et une adaptation à l'évolution des défis mondiaux. Qu'il s'agisse de faire face aux menaces sécuritaires, d'atténuer le changement climatique ou de favoriser la résilience économique, l'héritage historique sert de boussole pour guider l'alignement des priorités et des politiques. L'engagement transatlantique inébranlable en faveur du respect des principes démocratiques et de la promotion des droits de l'homme renforce encore l'héritage historique, soulignant la nature durable du partenariat.

On ne peut négliger le rôle de l'héritage historique dans la traversée des périodes de divergence ou de discorde. Même en cas de désaccord ou de changement de priorités, l'héritage historique intégré agit comme une force unificatrice, orientant le cours vers la convergence et la coopération. Les leçons tirées des efforts de collaboration passés servent de réservoir de sagesse, influençant les processus décisionnels et les stratégies diplomatiques contemporains.

Pour l'avenir, il est impératif de reconnaître l'héritage historique comme une source d'inspiration et de résilience dans un paysage mondial de plus en plus complexe. Reconnaissant l'impact durable des coentreprises dans le domaine de la science et de la technologie, le profond héritage historique offre une feuille de route pour maintenir l'alignement stratégique face aux réalités géopolitiques émergentes et aux perturbations technologiques. L'adoption de cet héritage en tant que témoignage vivant de valeurs et d'aspirations communes ouvre la voie à un avenir caractérisé par une com-

préhension mutuelle, une solidarité et un alignement stratégique
continus.

3

La dynamique de l'après 11 septembre

Unis dans la lutte contre le terrorisme

Introduction à la dynamique de l'après 11 septembre

Les événements du 11 septembre 2001 ont marqué un tournant décisif dans les affaires mondiales, catalysant de profonds changements dans les relations internationales et remodelant le paysage géopolitique. L'impact sismique des attentats du 11 septembre s'est répercuté bien au-delà des côtes américaines, envoyant des ondes de choc dans le réseau interconnecté des États-nations, des alliances et des institutions. Cet épisode tragique a servi de sonnette

d'alarme et a plongé les pays du monde entier dans un état de vigilance accru, les obligeant à réévaluer leurs paradigmes en matière
de sécurité. Au lendemain du 11 septembre, la perception de la
sécurité a subi une redéfinition fondamentale, transcendant les
notions traditionnelles de défense territoriale pour englober une
menace plus amorphe et insaisissable terrorisme. L'émergence de
cette nouvelle menace asymétrique a posé un défi sans précédent,
obligeant les nations à adapter leurs politiques, leurs structures et
leurs stratégies pour faire face à cette nouvelle réalité.

Nous cherchons à élucider les dimensions multiples de l'ère
post-11 septembre, en examinant les complexités de la dynamique
du pouvoir, des intérêts nationaux et des réponses collectives dans
le contexte des efforts de lutte contre le terrorisme. Nous visons
à démêler la tapisserie complexe des alliances, des rivalités et des
collaborations qui ont émergé dans le sillage du 11 septembre, en
mettant en lumière la nature évolutive des relations interétatiques
à l'époque contemporaine. En examinant l'interaction entre l'art
de gouverner, la diplomatie et les impératifs de sécurité, ce chapitre
s'efforce de fournir une compréhension globale des changements
tectoniques qui ont redessiné les contours de l'ordre mondial à
la suite du cataclysme du 11 septembre. Dans un contexte d'incertitude et de vulnérabilité, les nations ont été confrontées à
l'impératif de naviguer sur un terrain parsemé de risques, d'incertitudes et de dilemmes moraux. La confluence de ces facteurs
a catalysé une reconfiguration systémique, nécessitant un recalibrage des engagements diplomatiques, de la coopération militaire,
du partage des renseignements et des cadres législatifs dans un
effort concerté pour sauvegarder la sécurité collective des nations.
En fin de compte, la période de l'après 11 septembre sert de recueil
de leçons apprises, offrant un aperçu des ramifications durables
d'un événement singulier qui s'est répercuté dans le monde entier,

modifiant de manière irrévocable le cours des relations internationales.

L'onde de choc mondiale : Premières réponses et réactions

Au lendemain des attentats du 11 septembre 2001, la communauté internationale a été plongée dans un état de choc et d'urgence profonds. Les attaques terroristes coordonnées contre les États-Unis ont eu des répercussions dans le monde entier, suscitant un sentiment unifié de résolution et de détermination à lutter contre la menace terroriste en constante évolution. Les nations du monde entier ont été confrontées aux conséquences immédiates des attentats, les gouvernements, les agences de sécurité et les citoyens cherchant à comprendre l'ampleur de la tragédie et ses implications pour la sécurité mondiale. L'onde de choc du 11 septembre s'est propagée à travers les continents, suscitant une attention internationale sans précédent et entraînant des réponses rapides de la part des décideurs politiques, des chefs militaires et des agences de renseignement. À mesure que la nouvelle des attentats se répandait, les gouvernements et les citoyens du monde entier ont exprimé leur solidarité et leur chagrin, soulignant ainsi l'interconnexion des nations face à l'adversité. La gravité de la situation a conduit à une prise de conscience accrue des vulnérabilités des cadres de sécurité nationaux et internationaux, ce qui a incité à réévaluer d'urgence les stratégies antiterroristes et les mécanismes de défense existants.

Les attentats ont servi de catalyseur à un changement de paradigme dans la manière dont la communauté mondiale percevait et

traitait la menace terroriste, soulignant l'importance de la coopération transnationale et de l'échange de renseignements. L'onde de
choc du 11 septembre a également souligné la nécessité d'une
approche globale et multilatérale de la lutte contre le terrorisme,
car il est devenu évident qu'aucune nation ne pouvait s'attaquer
au fléau de l'extrémisme de manière isolée. La résonance des attentats au-delà des frontières a incité à réexaminer les relations
diplomatiques, les structures des alliances et les cadres juridiques
internationaux, les pays cherchant à recalibrer leurs politiques et
leurs engagements pour faire face aux nouvelles réalités de la guerre
asymétrique et des acteurs non étatiques. Cette période de choc et
de bouleversements mondiaux a ouvert la voie à une réaffirmation
transformatrice des impératifs de sécurité collective, qui a façonné
l'évolution ultérieure des efforts de lutte contre le terrorisme aux
niveaux national et international.

Formulation des stratégies de lutte contre le ter-
rorisme

Après les premières réponses et réactions à l'onde de choc mondiale du terrorisme après le 11 septembre, les nations ont été chargées
de la responsabilité complexe et urgente de formuler des stratégies
globales de lutte contre le terrorisme. Ces stratégies englobent un
large éventail de mesures visant à détecter, prévenir et répondre
aux menaces terroristes tout en respectant les droits de l'homme
fondamentaux et le droit international.

Au cœur des stratégies de lutte contre le terrorisme se trouve la nécessité d'une approche proactive et adaptative permettant
d'anticiper et de contrecarrer efficacement les menaces potentielles

provenant de sources diverses et souvent clandestines. Les services de renseignement ont joué un rôle essentiel à cet égard, en recueillant et en analysant de grandes quantités de données pour identifier et neutraliser les menaces avant qu'elles ne se concrétisent. L'émergence de réseaux terroristes transnationaux a nécessité un renforcement de la coordination et de l'échange d'informations entre les services de renseignement au-delà des frontières, favorisant ainsi une défense mondiale plus interconnectée contre le terrorisme.

Simultanément, les services répressifs et les forces de sécurité ont entrepris une planification stratégique afin d'améliorer la résilience nationale et les capacités de réaction. Il s'agissait notamment de renforcer les infrastructures essentielles, de consolider la sécurité aux frontières et d'affiner les protocoles de gestion de crise afin de minimiser l'impact des attaques potentielles. L'élaboration et la mise en œuvre de cadres juridiques solides visaient à faciliter la poursuite des terroristes et à désorganiser leurs réseaux de soutien, en garantissant la responsabilité et la justice dans la lutte contre le terrorisme.

Un autre aspect crucial des stratégies de lutte contre le terrorisme consiste à s'attaquer aux fondements idéologiques du terrorisme et aux récits extrémistes. Les gouvernements et les entités de la société civile ont déployé des efforts pour lutter contre la radicalisation et l'extrémisme par le biais de programmes éducatifs, d'actions de proximité et de la promotion de sociétés tolérantes et inclusives. En sapant l'attrait des idéologies extrémistes, ces initiatives ont cherché à diminuer le nombre d'individus susceptibles d'être recrutés et endoctrinés par des terroristes.

La coopération internationale et l'engagement diplomatique ont joué un rôle clé dans l'élaboration de stratégies antiterroristes efficaces. Les pays ont collaboré pour appliquer les sanctions, perturber les flux financiers illicites qui financent les activités terroristes et s'engager dans des efforts multilatéraux pour lutter contre le terrorisme parrainé par l'État. Parallèlement, les efforts diplomatiques visaient à résoudre les conflits et les griefs sous-jacents qui alimentaient l'extrémisme violent, favorisant ainsi un environnement mondial plus stable et moins propice aux activités terroristes.

La formulation de stratégies de lutte contre le terrorisme représente une entreprise à multiples facettes qui exige une vigilance, une innovation et une collaboration sans faille. Alors que le paysage du terrorisme continuait d'évoluer, ces stratégies sont restées dynamiques, s'adaptant aux nouvelles menaces et aux changements géopolitiques tout en défendant les valeurs fondamentales sur lesquelles reposent les sociétés démocratiques.

Le rôle de l'échange de renseignements et de la collaboration

L'échange de renseignements et la collaboration sont devenus des éléments essentiels de l'effort mondial pour lutter efficacement contre le terrorisme. À la suite des attentats du 11 septembre 2001, les nations ont pris conscience de l'importance cruciale de l'échange de renseignements par-delà les frontières et de la collaboration pour prévenir de futurs actes de terrorisme. Nous nous penchons sur les multiples facettes de l'échange de renseignements et de la collaboration, en examinant les défis, les réussites et l'importance de ces efforts.

Au fond, le partage du renseignement implique l'échange d'informations classifiées, y compris l'évaluation des menaces, l'identité des suspects et les plans d'attaque potentiels, entre les pays alliés et les organisations internationales. Cette approche collaborative permet aux agences de sécurité d'obtenir des informations précieuses sur les réseaux terroristes transnationaux et leurs activités, ce qui facilite l'adoption de mesures préventives visant à perturber leurs opérations. L'échange de renseignements favorise une meilleure connaissance de la situation et renforce la capacité à détecter et à déjouer les menaces terroristes avant qu'elles ne se concrétisent.

Cependant, la pratique du partage de renseignements n'est pas sans complexité ni obstacles. L'une des principales difficultés réside dans la nécessité de concilier les différents intérêts de sécurité nationale, les cadres juridiques et les sensibilités entourant la collecte de renseignements. Les préoccupations relatives à la protection des sources et des méthodes de renseignement compliquent souvent le processus de partage, nécessitant des protocoles et des mesures de protection méticuleux pour sauvegarder les informations sensibles.

Un échange efficace de renseignements implique également une collaboration solide entre les services répressifs, les agences de renseignement et les canaux diplomatiques, tant au niveau bilatéral que multilatéral. Les accords internationaux et les traités d'assistance mutuelle jouent un rôle essentiel dans la formalisation de la coopération et la mise en place de mécanismes d'échange de renseignements en toute sécurité. Les groupes de travail conjoints et les officiers de liaison en poste dans les pays étrangers facilitent l'échange d'informations en temps réel, la coordination et la planification opérationnelle conjointe, renforçant ainsi la réponse collective au terrorisme.

L'avènement des technologies de communication numérique et des capacités d'analyse des données a révolutionné les pratiques d'échange de renseignements, permettant la diffusion et la synthèse rapides de vastes quantités d'informations. Des outils logiciels et des bases de données perfectionnés permettent aux analystes d'identifier des modèles, d'analyser des tendances et de relier des éléments d'information disparates, amplifiant ainsi l'efficacité des efforts de collaboration en matière de renseignement.

L'échange de renseignements s'étend au-delà des gouvernements et englobe des partenariats avec des entités du secteur privé, telles que des institutions financières, des entreprises technologiques et des centres de recherche universitaires. Ces collaborations permettent de mieux connaître les flux financiers et les empreintes numériques des groupes terroristes, ce qui contribue à perturber leurs sources de financement et la diffusion de leur propagande en ligne.

En conclusion, l'échange de renseignements et la collaboration sont des éléments indispensables dans la lutte mondiale contre le terrorisme. En maîtrisant les complexités de l'échange transfrontalier d'informations, en favorisant les relations de confiance et en tirant parti des avancées technologiques, les nations peuvent renforcer leur capacité collective à anticiper, prévenir et démanteler les menaces terroristes, soulignant ainsi l'impératif d'une coopération soutenue dans la sauvegarde de la sécurité mondiale.

Mesures législatives : Promulguer des cadres de sécurité

À la suite des attentats terroristes du 11 septembre 2001, les nations du monde entier ont été confrontées à l'impératif de renforcer leurs cadres de sécurité et leurs mesures législatives afin de lutter efficacement contre l'évolution de la menace terroriste. La réponse législative a été multiforme, englobant un éventail d'initiatives visant à renforcer la sécurité nationale tout en sauvegardant les libertés civiles. Nous accordons un intérêt particulier au paysage complexe des mesures législatives adoptées dans différents pays, ce qui met l'accent sur les États-Unis et leur Patriot Act, qui a conféré aux services répressifs des pouvoirs étendus pour recueillir des renseignements et mener des opérations de surveillance dans le but de déjouer les menaces terroristes potentielles. La création d'unités spécialisées dans la lutte contre le terrorisme au sein des services répressifs et du système judiciaire, dotées d'outils d'investigation perfectionnés et de cadres juridiques rigoureux, a marqué un tournant décisif dans les stratégies législatives. Ces mesures ont cherché à trouver un équilibre délicat entre l'habilitation des autorités à agir de manière décisive contre le terrorisme et le respect de l'État de droit et de la protection des libertés individuelles.

La collaboration internationale a conduit à la formulation de cadres juridiques permettant la coordination des efforts au-delà des frontières, facilitant l'extradition, le partage d'informations et les opérations conjointes afin de lutter plus efficacement contre les réseaux terroristes transnationaux. La création de conventions et de traités internationaux a encore renforcé l'infrastructure juridique soutenant l'action collective contre le terrorisme. Il nous faut explorer également les complexités et les débats entourant la mise en œuvre de ces mesures législatives. Les inquiétudes concernant les abus de pouvoir potentiels, la violation du droit à la vie privée et l'impact sur les minorités ethniques et religieuses sont apparues comme des points de discorde cruciaux. La nature évolutive des avancées technologiques du site a posé des problèmes d'adaptation des cadres juridiques pour faire face aux menaces de cybersécurité et à l'exploitation des plates-formes numériques par les extrémistes. Alors que les gouvernements continuent de naviguer dans le paysage complexe des réponses législatives au terrorisme, il faudra mettre en lumière le dialogue en cours et l'évolution des cadres juridiques cherchant à trouver un équilibre délicat entre la garantie de la sécurité nationale et le maintien des droits et libertés fondamentaux.

Alliances militaires et opérations contre le terrorisme

À la suite des événements tragiques du 11 septembre 2001, le paysage mondial s'est radicalement transformé, les pays s'unissant dans la lutte contre le terrorisme. Les alliances militaires ont joué un rôle essentiel dans la coordination des efforts visant à combattre les organisations terroristes et à désorganiser leurs réseaux. L'Organisation du traité de l'Atlantique Nord (OTAN), par exemple, a invoqué l'article 5 pour la première fois de son histoire, démontrant un engagement collectif de défense mutuelle et de solidarité en réponse aux attaques contre les États-Unis. Cette activation a permis aux États membres de s'engager dans des opérations militaires conjointes visant à éradiquer les menaces terroristes.

La mise en place de forces de coalition, telles que la Force internationale d'assistance à la sécurité (FIAS) en Afghanistan, a illustré la coopération multinationale dans la lutte contre le terrorisme. La FIAS, composée de troupes de nombreux pays, a œuvré à la stabilisation de l'Afghanistan et au démantèlement des bastions terroristes. De même, la guerre mondiale contre le terrorisme a vu la formation de divers partenariats, reflétant une détermination commune à affronter les idéologies extrémistes et à prévenir de futures atrocités.

Au-delà des interventions militaires conventionnelles, les forces d'opérations spéciales et les agences de renseignement ont collaboré au-delà des frontières pour identifier et éliminer des cibles de grande valeur, perturber les activités des insurgés et recueillir des renseignements essentiels. L'utilisation de capacités technologiques avancées a permis de mettre l'accent sur la précision des frappes tout en minimisant les dommages collatéraux.

Les organisations terroristes exploitent fréquemment les espaces non gouvernés et les sanctuaires transfrontaliers pour perpétrer des actes de violence et échapper à la capture. En réponse, les coalitions militaires ont déployé des stratégies englobant des opérations aériennes et terrestres, des missions fondées sur le renseignement et des initiatives de renforcement des capacités destinées à autonomiser les forces de sécurité locales. L'élaboration de doctrines de contre-insurrection visait à gagner le soutien des populations civiles, à saper les récits extrémistes et à rétablir la stabilité dans les régions touchées par les conflits.

La guerre asymétrique pose des défis uniques, exigeant des tactiques adaptables et une approche globale intégrant la force militaire aux dimensions diplomatiques, économiques et de développement. La nature évolutive des menaces terroristes exige une adaptation et une innovation permanentes dans les opérations militaires, y compris la fourniture d'une formation et d'une assistance pour renforcer les capacités de lutte contre le terrorisme des pays partenaires.

Si les interventions militaires ont joué un rôle essentiel dans la perturbation des activités terroristes et la dégradation de leurs capacités opérationnelles, la dynamique géopolitique complexe et les implications à long terme de ces efforts ont nécessité une évaluation et un recalibrage continus des stratégies. Le respect du droit humanitaire international et des principes des droits de l'homme reste une considération fondamentale dans la poursuite des objectifs de la lutte contre le terrorisme. En approfondissant les multiples dimensions de la dynamique de l'après 11 septembre, nous explorerons plus avant l'impact durable des alliances militaires et des opérations de lutte contre la terreur sur la scène mondiale.

Équilibrer la sécurité et les libertés civiles

Au lendemain des attentats du 11 septembre 2001, la tension entre la garantie de la sécurité nationale et la préservation des libertés civiles est devenue une préoccupation majeure pour les gouvernements et les sociétés du monde entier. L'accent mis sur les mesures antiterroristes a souvent soulevé des questions sur l'étendue du pouvoir gouvernemental et son impact potentiel sur les droits et libertés individuels. De nombreuses nations ont été confrontées à un profond dilemme alors qu'elles cherchaient à faire face aux menaces terroristes tout en respectant les principes de la gouvernance démocratique et de l'État de droit.

Le débat sur l'équilibre entre la sécurité et les libertés civiles a porté sur toute une série de questions controversées, notamment les pratiques de surveillance, les politiques de détention et le recours à la force dans la lutte contre le terrorisme. Les agences gouvernementales ont dû relever le défi de recueillir des renseignements et de prévenir de futures attaques sans porter atteinte à des droits fondamentaux tels que la vie privée, la liberté d'expression et les droits de la défense. Au fur et à mesure que les technologies progressaient, les capacités de surveillance de masse et de collecte de données se sont développées, suscitant des inquiétudes quant à l'érosion du droit à la vie privée et à l'utilisation potentiellement abusive des informations collectées au nom de la sécurité nationale.

La mise en œuvre des mesures antiterroristes s'est souvent heurtée à des considérations juridiques et éthiques concernant le traitement des suspects, la désignation des combattants ennemis et le contrôle des opérations militaires et de renseignement. Dans plusieurs cas, des controverses ont surgi sur l'utilisation de techniques d'interrogatoire renforcées, la création de prisons secrètes et les assassinats ciblés de terroristes présumés, soulevant de profondes questions éthiques et juridiques sur les limites des actions permises dans la poursuite des objectifs de sécurité.

Au cœur du débat, la notion d'équilibre délicat entre la protection des citoyens et le maintien des libertés fondamentales qui sous-tendent les sociétés démocratiques. La tension entre les impératifs de sécurité et les droits civils a fait l'objet d'un vaste débat public et d'un examen judiciaire, qui ont débouché sur des décisions de justice historiques et des réformes législatives visant à limiter l'autorité exécutive et à établir des garanties contre les abus potentiels dans le domaine de la sécurité nationale.

En particulier, l'évolution du paysage de la sécurité et des libertés civiles a croisé des dynamiques sociopolitiques plus larges, engendrant des débats sur le pluralisme culturel, la cohésion sociale et les implications des politiques antiterroristes pour les communautés marginalisées. Les critiques ont souligné le potentiel de profilage discriminatoire, de stigmatisation et d'aliénation résultant de mesures de sécurité rigoureuses, intensifiant les appels à un traitement équitable et à une approche plus inclusive de la gouvernance de la sécurité.

Face à ces défis complexes, les gouvernements ont été confrontés à l'impératif de faire preuve de résilience face aux menaces extérieures tout en maintenant l'engagement durable en faveur des valeurs démocratiques et des libertés individuelles. Le discours

actuel sur l'équilibre entre sécurité et libertés civiles a mis en lumière les dilemmes complexes inhérents à la protection des sociétés
contre le terrorisme sans compromettre les principes fondamentaux sur lesquels reposent les démocraties libérales.

Initiatives diplomatiques : Construire des coalitions

Au lendemain des attentats du 11 septembre 2001, la nécessité
d'une action internationale concertée contre le terrorisme est apparue très clairement. Les initiatives diplomatiques ont joué un
rôle essentiel dans la mobilisation du soutien mondial et la promotion de la coopération entre les nations. La formation de coalitions
est apparue comme une approche stratégique permettant d'amplifier la portée et l'impact des efforts de lutte contre le terrorisme, en tirant parti de capacités et de ressources diverses. Il faudra
se pencher sur les multiples facettes des initiatives diplomatiques
visant à former des coalitions pour lutter contre le terrorisme. Les
efforts diplomatiques ont visé à favoriser le consensus et la collaboration entre des nations dont les contextes politiques, culturels et
historiques varient. Ils ont cherché à surmonter les différences et à
aligner les priorités, reconnaissant qu'un front uni serait beaucoup
plus efficace pour faire face à la menace transnationale du terrorisme.

Les forums multilatéraux tels que les Nations unies, l'OTAN
et les organisations régionales ont servi de plateformes essentielles
pour le dialogue, la coordination et la recherche de consensus. Par
le biais de ces canaux, les États se sont engagés dans des négociations, des planifications conjointes et la mise en commun de leur

expertise et de leurs ressources. L'engagement diplomatique s'est étendu au-delà des institutions formelles, englobant des engagements bilatéraux et multilatéraux à différents niveaux - des sommets de haut niveau aux groupes de travail et aux échanges techniques. Cette action diplomatique vise à instaurer la confiance, à faciliter l'échange de renseignements et à promouvoir l'assistance mutuelle.

La mise en place de coalitions n'impliquait pas seulement de coordonner les actions militaires et répressives, mais aussi de s'attaquer aux facteurs sous-jacents qui alimentent l'extrémisme. Il s'agissait de s'engager auprès des communautés concernées, de promouvoir des approches inclusives et de répondre aux griefs afin de prévenir la radicalisation. Les initiatives diplomatiques se sont attachées à obtenir le soutien d'acteurs non gouvernementaux, tels que les organisations de la société civile, les chefs religieux et les entités du secteur privé, en reconnaissant leur rôle essentiel dans la lutte contre les récits de haine et d'intolérance. Le processus de formation de coalitions a exigé des efforts diplomatiques soutenus, de l'adaptabilité et de la persévérance dans des paysages géopolitiques en constante évolution et des priorités changeantes. Face à l'émergence et à la transformation de nouvelles menaces terroristes, l'architecture diplomatique a dû rester souple, réactive et tournée vers l'avenir. Dans le même temps, des défis persistaient, notamment des intérêts nationaux divergents, des disparités de ressources et des objectifs stratégiques concurrents. La complexité de la dynamique des coalitions exigeait une navigation habile, des compromis et la capacité de réconcilier des points de vue disparates. Tout au long du processus, les diplomates ont travaillé sans relâche pour cultiver des partenariats solides et durables, ancrés dans des valeurs communes et un engagement à maintenir la paix et la sécurité dans le monde. En fin de compte, le succès des initiatives diplomatiques visant à former des coalitions contre le terrorisme dépendait de la capacité à mobiliser la volonté collective, à favoriser la confiance mutuelle et à faire preuve de solidarité dans la lutte contre un adversaire commun. C'est dire l'importance de la diplomatie en tant que pilier dans la formation d'alliances cohésives et résistantes, ce qui souligne la pertinence des approches collaboratives dans la lutte contre un paysage de menaces en constante évolution.

Perception du public et influence des médias

Au lendemain des attentats du 11 septembre 2001, la perception du public et l'influence des médias ont joué un rôle essentiel dans l'élaboration du discours sur la lutte contre le terrorisme. La représentation de la guerre mondiale contre le terrorisme, souvent caractérisée par sa complexité et ses ambiguïtés, a été fortement influencée par l'image que les médias ont donnée des événements. Par essence, les médias ont agi comme un canal par lequel les informations, les idéologies et les politiques ont été diffusées auprès d'un public diversifié.

L'un des principaux effets de l'influence des médias a été le cadrage de la menace posée par le terrorisme. L'imagerie graphique et la couverture en temps réel des attentats ont permis d'instiller la peur et l'appréhension dans la conscience du public, perpétuant un sentiment de vulnérabilité et l'urgence d'une action décisive. En conséquence, l'opinion publique a contribué à galvaniser le soutien aux initiatives gouvernementales visant à lutter contre le terrorisme, y compris les interventions militaires et les mesures de sécurité renforcées.

Le rôle des médias dans la formation de la perception du public allait au-delà de la diffusion d'informations et d'événements d'actualité. Le contenu éditorial, les articles d'opinion et les débats télévisés ont contribué à la formulation du discours public, influençant les attitudes de la société à l'égard de la politique intérieure et étrangère. La représentation des acteurs extérieurs, en particulier ceux identifiés comme des adversaires, a eu un impact significatif sur le sentiment public et la solidarité, favorisant un sentiment accru d'identité et d'unité nationales.

La manière dont les opérations et les politiques antiterroristes ont été communiquées au public a grandement influencé le niveau de confiance du public dans les institutions gouvernementales. La transparence, l'obligation de rendre compte et l'exactitude des informations communiquées sont essentielles pour limiter la désinformation ou les idées fausses, et donc pour défendre les valeurs et les principes démocratiques. Simultanément, l'examen minutieux des actions gouvernementales par les médias a constitué un mécanisme essentiel pour responsabiliser les autorités et sauvegarder les libertés civiles dans le cadre de la poursuite d'objectifs de sécurité.

L'évolution du paysage médiatique, des médias traditionnels aux médias numériques et sociaux, a encore amplifié l'interconnexion entre la perception du public et l'influence des médias. La nature instantanée de la diffusion de l'information et la prolifération de perspectives diverses ont présenté à la fois des opportunités et des défis dans la formation de l'opinion publique. La prévalence de la désinformation, de la propagande et l'amplification des récits extrémistes ont souligné l'impératif d'une éducation critique aux médias et d'un journalisme responsable pour faciliter un discours public et une prise de décision éclairés.

En évaluant les implications plus larges de la perception du public et de l'influence des médias dans le contexte de la dynamique de l'après 11 septembre, il devient évident qu'une population informée est essentielle pour naviguer dans les complexités des menaces contemporaines à la sécurité. Il est impératif de reconnaître l'interaction complexe entre les représentations médiatiques, le sentiment public et l'élaboration des politiques pour construire des sociétés résilientes et favoriser la coopération internationale face à des défis communs.

Évaluer les succès et les enseignements tirés

Au lendemain des efforts antiterroristes déployés après le 11 septembre, il est impératif d'évaluer de manière critique les succès obtenus et les enseignements tirés de cette période. Tout d'abord, il est essentiel d'évaluer l'efficacité des différentes stratégies antiterroristes mises en œuvre par les États-Unis et leurs alliés. Cette évaluation impliquerait d'analyser le démantèlement des réseaux terroristes, la perturbation des attaques potentielles et la réduction globale des activités terroristes à l'échelle mondiale. Un examen complet des mesures législatives adoptées au cours de cette période est essentiel pour comprendre leur impact sur le renforcement de la sécurité nationale sans empiéter indûment sur les libertés civiles. L'équilibre entre les impératifs de sécurité et les droits individuels reste un aspect central de cette évaluation.

L'examen des alliances militaires et des opérations menées dans le cadre de la lutte contre le terrorisme donne des indications précieuses sur les efforts de collaboration et les capacités opérationnelles des forces alliées. Il est essentiel d'analyser l'interaction des différentes forces militaires et leur contribution à la réalisation d'objectifs communs. Il est primordial de comprendre les initiatives diplomatiques, en particulier la formation de coalitions internationales, et leur efficacité dans la lutte contre la menace transnationale du terrorisme. Cette évaluation mettra en lumière le rôle de la diplomatie dans la promotion de la coopération mondiale dans la lutte contre le terrorisme.

Dans le cadre de l'évaluation des succès, il est indispensable d'évaluer la perception du public et l'influence des médias sur les efforts de lutte contre le terrorisme. Comprendre comment le sentiment du public et les récits des médias ont façonné le discours sur les politiques de sécurité nationale et de lutte contre le terrorisme permet d'appréhender de manière nuancée l'impact sociétal plus large de ces initiatives. Cet examen devrait comprendre une analyse de la confiance du public dans les actions du gouvernement et de la représentation des mesures antiterroristes par les médias, en mettant l'accent sur la responsabilité et la transparence.

Parallèlement à l'évaluation des réalisations, il est tout aussi important d'identifier et de documenter les enseignements tirés de cette période. Il s'agit d'analyser les lacunes, les défis opérationnels et les domaines dans lesquels des améliorations sont nécessaires. En prenant acte de ces enseignements, les décideurs politiques peuvent adapter et affiner les stratégies futures, garantissant ainsi une réponse plus efficace à l'évolution des menaces. Il est impératif de tirer les leçons des erreurs et des expériences passées pour renforcer la résilience et l'agilité face aux défis contemporains et futurs en matière de sécurité.

En conclusion, l'évaluation rigoureuse des succès et des enseignements tirés de la dynamique antiterroriste de l'après 11 septembre fournit des indications essentielles pour l'élaboration des politiques et des stratégies futures. En synthétisant ces résultats, les gouvernements et les experts en sécurité peuvent mieux comprendre la complexité des menaces modernes pour la sécurité et améliorer l'efficacité de leurs réponses. Cet examen critique jette les bases d'une prise de décision éclairée et de mesures proactives visant à préserver la sécurité nationale et mondiale dans un paysage géopolitique en constante évolution.

4

La crise financière de 2008

L'interdépendance économique révélée

Aperçu de la crise

L'effondrement financier mondial de 2008 a marqué un tournant dans l'histoire économique moderne, ébranlant les fondations des principales économies mondiales et révélant la nature étroitement interconnectée du système financier mondial. Il est essentiel de comprendre les origines et l'enchaînement des événements qui ont conduit à cette crise pour saisir son impact profond sur les relations transatlantiques et le paysage financier international au sens large.

Les racines de la crise sont à chercher dans un ensemble de facteurs, la bulle immobilière et l'expansion du crédit ayant joué un rôle central dans la préparation des turbulences qui ont suivi. Dans les années qui ont précédé la crise, une confluence de normes de prêt laxistes, une titrisation agressive des prêts hypothécaires et des pratiques non viables sur le marché du logement aux États-Unis ont créé un faux sentiment de stabilité et de prospérité dans le secteur du logement. Cette exubérance insoutenable sur le marché du logement a alimenté une dangereuse spirale d'investissements spéculatifs, gonflant artificiellement la valeur des propriétés et augmentant la vulnérabilité des institutions financières fortement investies dans les titres adossés à des créances hypothécaires. Parallèlement, la prolifération d'instruments financiers complexes et de produits dérivés a masqué l'ampleur réelle de l'exposition au risque sur les marchés financiers mondiaux, créant un environnement précaire propice aux chocs systémiques. Lorsque la bulle immobilière a inévitablement éclaté et que les propriétaires n'ont pas remboursé leurs prêts hypothécaires, les répercussions se sont fait sentir dans l'ensemble de l'économie mondiale, sapant gravement la confiance des investisseurs et déclenchant une détresse financière généralisée. La vague de saisies immobilières et la dévaluation des actifs qui ont suivi ont précipité une crise en cascade qui a révélé la fragilité d'institutions financières supposées robustes et souligné l'interdépendance du système financier international. Notre but est de disséquer l'interaction complexe des facteurs qui ont précipité l'effondrement financier mondial, en fournissant un compte rendu complet des conditions et des décisions qui ont préparé le terrain pour l'une des crises financières les plus importantes de l'histoire récente.

Origines de la crise : bulle immobilière et expansion du crédit

La crise financière de 2008 trouve son origine dans un ensemble de facteurs, la bulle immobilière et l'expansion du crédit ayant joué un rôle central dans sa genèse. La bulle immobilière, phénomène caractérisé par une escalade rapide des prix de l'immobilier alimentée par la spéculation, témoigne de l'exubérance et de l'exubérance irrationnelle observées sur les marchés au début des années 2000. Alors que la demande de logements montait en flèche, en partie grâce aux prêts hypothécaires à risque, les institutions financières ont accordé des prêts à des emprunteurs dont les antécédents en matière de crédit étaient limités ou dont les revenus étaient instables. Cette pratique, combinée à des normes de prêt laxistes, a entraîné une vague d'approbations de prêts hypothécaires qui a contribué à l'inflation des prix de l'immobilier. Parallèlement, la prolifération d'instruments financiers complexes, tels que les titres adossés à des créances hypothécaires et les titres de créance garantis, a facilité l'expansion du crédit. Ces véhicules sophistiqués ont permis la titrisation et la négociation ultérieure de prêts hypothécaires groupés, ce qui a fini par amplifier le risque systémique et l'interconnectivité au sein de l'industrie financière.

Les avantages perçus en matière de diversification associés à ces instruments ont conduit à une participation accrue des investisseurs, ce qui a encore gonflé la demande d'actifs adossés à des créances hypothécaires. En conséquence, la convergence de ces dynamiques interconnectées a créé un environnement caractérisé par des niveaux insoutenables d'effet de levier et d'exposition. La croyance généralisée en une appréciation perpétuelle des prix de l'immobilier a créé un faux sentiment de sécurité, favorisant un environnement où la discipline en matière de gestion des risques a été reléguée au second plan. En conséquence, les acteurs du marché ont agi en supposant que tout ralentissement potentiel serait amorti par l'appréciation constante de la valeur des actifs. Cependant, cette perspective optimiste s'est avérée fausse, car le marché du logement a inévitablement succombé à ses vulnérabilités inhérentes, déclenchant un effet en cascade qui s'est répercuté sur l'ensemble du système financier mondial. Les répercussions de la bulle immobilière et de l'expansion du crédit soulignent l'importance de comprendre l'interaction complexe entre l'exubérance du marché, l'innovation financière et les pratiques de gestion des risques dans l'élaboration de la trajectoire de la crise financière de 2008.

Cadres réglementaires inadéquats et défaillances dans la gestion des risques

La crise financière de 2008 a mis en évidence des lacunes importantes dans les cadres réglementaires et les pratiques de gestion des risques des deux côtés de l'Atlantique. Dans les années qui ont précédé la crise, les institutions financières se sont engagées dans des transactions de plus en plus complexes et opaques, souvent sans contrôle adéquat de la part des autorités de régulation. Cette absence de réglementation efficace a permis la prolifération de pratiques de prêt à haut risque et l'expansion incontrôlée des marchés de produits dérivés, ce qui a finalement contribué à la fragilité du système financier mondial. L'échec des mécanismes de gestion des risques au sein de ces institutions a exacerbé l'impact de la crise. Les modèles de risque utilisés par les banques et les entreprises d'investissement se sont révélés terriblement inadéquats pour prévoir l'ampleur potentielle des pertes en cas de ralentissement économique, ce qui a entraîné une grave sous-estimation des risques systémiques. La confiance généralisée dans les évaluations de produits financiers complexes par les agences de notation de crédit a encore amplifié la mauvaise évaluation des risques et les vulnérabilités du marché qui en ont découlé. Ces défaillances dans la gestion des risques ont non seulement menacé la stabilité des entreprises financières individuelles, mais se sont également répercutées sur les marchés interconnectés, amplifiant la nature systémique de la crise. L'interconnexion des systèmes financiers mondiaux a amplifié les conséquences de ces défaillances. Les liens transatlantiques entre les banques, les valeurs mobilières et les autres institutions financières ont exacerbé la transmission rapide des chocs, amplifiant ainsi la portée et la profondeur de la crise. Les activités financières transfrontalières ont mis en évidence les insuffisances des cadres réglementaires nationaux face aux complexités de la finance moderne, nécessitant une réponse coordonnée pour rétablir la stabilité. Les répliques de la crise ont incité à réévaluer les paradigmes de la réglementation et de la surveillance, les décideurs politiques cherchant à renforcer la transparence, la responsabilité et l'atténuation des risques dans le secteur financier. La refonte de la réglementation a englobé des mesures visant à renforcer les exigences en matière de fonds propres, à améliorer les normes de liquidité et à renforcer la transparence et la surveillance des transactions sur les produits dérivés. Les efforts de collaboration entre les États-Unis et l'Union européenne visaient à harmoniser les approches réglementaires, à réduire l'arbitrage réglementaire et à minimiser les lacunes dans la supervision transfrontalière. Si les réformes réglementaires ont permis de renforcer la résilience des systèmes financiers, des défis persistent, notamment pour s'adapter à l'évolution rapide des innovations financières et atténuer les risques systémiques émergents. Ainsi, la recherche de cadres réglementaires robustes et adaptables reste impérative pour se prémunir contre les crises futures et soutenir une croissance économique soutenue dans la sphère transatlantique.

Impact sur les principales économies transatlantiques

La crise financière de 2008 a provoqué une onde de choc dans les principales économies transatlantiques, modifiant fondamentalement le paysage économique et ouvrant une période d'incertitude sans précédent. La crise a mis en évidence les vulnérabilités des systèmes financiers mondiaux interconnectés et a révélé l'impact profond d'un ralentissement dans une région sur l'ensemble de l'économie transatlantique. Aux États-Unis, épicentre de la crise, l'effondrement du marché immobilier a entraîné une forte contraction des dépenses de consommation, des saisies immobilières à grande échelle et un secteur bancaire au bord de l'effondrement. L'effet d'entraînement qui s'en est suivi s'est étendu bien au-delà des côtes américaines, affectant les économies européennes profondément liées aux États-Unis par le biais du commerce, de l'investissement et des liens financiers. Les pays européens ont été confrontés à leur propre série de défis au fur et à mesure que la crise se développait, luttant contre les pénuries de liquidités, la fragilité du secteur bancaire et la détérioration des perspectives macroéconomiques. L'interconnexion des marchés financiers transatlantiques a amplifié l'impact de la crise, car les difficultés rencontrées dans une région se sont rapidement propagées de l'autre côté de l'Atlantique, amplifiant la profondeur et la durée du ralentissement économique. La contraction de la demande d'importations en provenance des États-Unis a eu une incidence directe sur les économies européennes axées sur les exportations, exacerbant le ralentissement économique en Europe. De même, les turbulences financières en Europe se sont répercutées aux États-Unis, menaçant la stabilité des institutions financières américaines fortement exposées à la dette européenne. Au fur et à mesure que la crise se développait, les décideurs politiques des deux côtés de l'Atlantique ont été contraints de naviguer dans un réseau complexe d'interdépendances, à la recherche de solutions coopératives pour stabiliser les marchés financiers, restaurer la confiance des investisseurs et atténuer les retombées sur l'activité économique réelle. Cette expérience a mis en évidence l'interdépendance économique intrinsèque entre les États-Unis et l'Europe, obligeant les dirigeants à élaborer des stratégies de collaboration visant à contenir la propagation de la contagion financière et à favoriser une réponse politique coordonnée. Les économies transatlantiques ont surmonté la tempête grâce à des efforts concertés, mais les cicatrices de la crise ont persisté, remodelant la trajectoire des relations économiques et renforçant l'impératif de gestion des vulnérabilités économiques mutuelles.

Des réponses politiques coordonnées : Des renflouements aux plans de relance

Au lendemain de la crise financière de 2008, les principales économies transatlantiques se sont empressées d'élaborer des réponses politiques coordonnées pour stabiliser leurs systèmes financiers et relancer la reprise économique. C'es pourquoi il est important d'explorer les différents instruments déployés par les gouvernements et les banques centrales, du renflouement des institutions financières en difficulté aux plans de relance à grande échelle visant à revitaliser la demande et à restaurer la confiance dans les marchés financiers.

L'un des défis immédiats auxquels les décideurs politiques ont été confrontés a été la nécessité d'éviter un effondrement complet du secteur bancaire. Les gouvernements des deux côtés de l'Atlantique ont injecté massivement des fonds publics dans les banques en difficulté, nationalisant de fait certaines d'entre elles et fournissant des liquidités à d'autres. La nature controversée de ces renflouements a suscité des débats sur l'aléa moral et le rôle de l'intervention de l'État dans les marchés libres.

Dans le même temps, les autorités monétaires ont mis en œuvre des mesures non conventionnelles pour assouplir les conditions de crédit et fournir au système financier les liquidités dont il avait tant besoin. Les banques centrales se sont engagées dans des programmes d'assouplissement quantitatif, élargissant leurs bilans par l'achat de titres d'État et d'actifs adossés à des créances hypothécaires. Ces mesures audacieuses visaient à débloquer les marchés du crédit et à réduire les coûts d'emprunt pour les entreprises et les consommateurs.

Parallèlement, les responsables de la politique budgétaire se sont lancés dans d'ambitieux efforts de relance, canalisant des fonds vers des projets d'infrastructure, des réductions d'impôts et des programmes de protection sociale. L'objectif était double : créer des emplois et stimuler les dépenses de consommation, tout en soutenant les industries les plus durement touchées par la récession. L'ampleur de ces interventions reflétait la gravité de la crise et la volonté d'éviter une période prolongée de stagnation économique.

Toutefois, l'efficacité de ces politiques fait toujours l'objet d'un examen approfondi. Les critiques affirment que les renflouements et les mesures de relance ont renforcé l'aléa moral et n'ont pas permis de remédier aux faiblesses structurelles sous-jacentes du système financier. D'autres soutiennent que la réponse était nécessaire pour éviter une récession plus profonde et plus longue, et que les leçons tirées de cette période devraient inspirer les décisions politiques futures.

La coordination de ces efforts entre les États-Unis et l'Union européenne, en dépit d'intérêts et d'objectifs communs, s'est heurtée à des difficultés dues à des cadres institutionnels et à des considérations politiques différents. Néanmoins, l'expérience de cette crise a jeté les bases d'un débat permanent sur la nécessité de renforcer la coopération internationale en matière de réglementation et d'améliorer les mécanismes de lutte contre les risques systémiques dans la finance mondiale.

Le rôle des institutions financières internationales

Les institutions financières internationales, notamment le Fonds monétaire international (FMI) et la Banque mondiale, ont joué un rôle essentiel dans la gestion des conséquences de la crise financière de 2008. Ces organisations ont servi de canaux essentiels pour fournir une assistance financière et une expertise aux pays touchés par la crise, en particulier ceux de la région transatlantique. Le FMI, par exemple, a mis en œuvre divers programmes de prêts pour soutenir les pays confrontés à des difficultés de balance des paiements et à des crises monétaires. Il a également travaillé en collaboration avec les gouvernements nationaux pour concevoir des programmes de réforme économique globaux visant à stabiliser leurs économies et à restaurer la confiance des marchés.

De même, la Banque mondiale s'est concentrée sur des initiatives de développement à long terme et des projets d'infrastructure pour aider à reconstruire les économies touchées par la crise. En accordant des prêts à des conditions préférentielles et des subventions, l'institution a encouragé les investissements dans des secteurs clés tels que les soins de santé, l'éducation et l'énergie durable, favorisant ainsi la reprise économique et la résilience.

Les institutions financières internationales ont facilité la coordination multilatérale entre les pays et les organismes de réglementation mondiaux afin d'établir des normes communes pour la surveillance financière et la gestion des risques. Cela a impliqué l'harmonisation des réglementations prudentielles, des pratiques de supervision bancaire et des mesures de transparence afin de renforcer la stabilité et l'intégrité du système financier mondial. Ces institutions ont mené des recherches approfondies et des analyses politiques afin d'identifier les vulnérabilités systémiques et de proposer des interventions stratégiques pour atténuer les risques systémiques futurs.

Dans le sillage de la crise, les institutions financières internationales ont été confrontées à des défis en constante évolution, notamment à des exigences de responsabilité et de réactivité accrues face aux besoins des économies développées et en développement. Le débat sur la structure de gouvernance et les processus décisionnels de ces institutions s'est intensifié, reflétant une reconnaissance croissante de l'évolution du paysage économique mondial et de la nécessité d'une représentation et d'une participation plus inclusives.

Pour l'avenir, le rôle des institutions financières internationales dans l'élaboration de l'architecture financière de l'après-crise reste crucial. Alors que les économies transatlantiques continuent à relever des défis interconnectés, ces institutions sont prêtes à contribuer à la formulation de cadres politiques innovants, à la promotion d'une croissance durable et à l'atténuation des vulnérabilités financières émergentes. Leur capacité à s'adapter à l'évolution des complexités économiques et des dynamiques géopolitiques sera déterminante pour favoriser la stabilité et la résilience de l'écosystème financier transatlantique.

Évaluation des stratégies de récupération : Divergences et leçons apprises

Au lendemain de la crise financière de 2008, les économies transatlantiques ont adopté des approches différentes en matière de relance, révélant à la fois des convergences et des divergences dans les réponses politiques. Les États-Unis, sous l'administration Obama, ont mis en œuvre un ensemble de mesures de relance budgétaire et de réformes réglementaires afin de stabiliser le secteur financier et de relancer la croissance économique. Parallèlement, les pays européens ont adopté des mesures d'austérité et des réformes structurelles dans le contexte de la crise de la dette souveraine, ce qui a conduit à des trajectoires de reprise différentes. Il est important de faire une évaluation nuancée de ces stratégies afin d'en tirer des enseignements précieux pour la gestion future des crises.

L'un des principaux enseignements tirés est l'importance d'une action coordonnée et d'une cohérence politique transfrontalière. Alors que les États-Unis ont donné la priorité à la relance économique à court terme, l'Europe s'est concentrée sur l'assainissement budgétaire à long terme, mettant ainsi en évidence les difficultés à concilier des priorités nationales divergentes au sein d'un marché intégré. De plus, l'efficacité de l'assouplissement quantitatif aux États-Unis contraste avec l'approche plus prudente de la Banque centrale européenne, reflétant des perceptions différentes de l'efficacité de la politique monétaire. Un autre aspect critique est l'impact sur les systèmes de protection sociale et les inégalités. La récession a mis en évidence la vulnérabilité des communautés marginalisées, stimulant les débats sur la nécessité de mesures de relance inclusives et de filets de sécurité sociale. Parallèlement, l'interconnexion mondiale a exigé une réévaluation des politiques commerciales et d'investissement. La crise a provoqué une montée des tendances protectionnistes et des tensions bilatérales, culminant dans des confrontations sur les déséquilibres commerciaux et les évaluations monétaires. Elle a mis en évidence l'impératif de favoriser la résilience des chaînes d'approvisionnement et de remédier aux vulnérabilités des flux d'investissements transfrontaliers. Au-delà de ces implications immédiates, la résilience des institutions financières et la viabilité à long terme des reprises économiques ont constitué des points de divergence essentiels. Les États-Unis ont connu une reprise plus rapide du secteur bancaire, soutenue par des tests de résistance complets et des injections de capitaux, tandis que les banques européennes ont été confrontées à des processus de désendettement et de restructuration prolongés. En fin de compte, la diversité des résultats de la reprise a renforcé l'interdépendance des économies transatlantiques, soulignant la nécessité d'élaborer des stratégies communes tout en tenant compte des circonstances nationales divergentes. En examinant les divergences et les leçons tirées des efforts de redressement passés, les décideurs politiques peuvent mieux anticiper et atténuer les crises financières futures, consolidant ainsi les bases d'une coopération économique transatlantique renforcée.

Effets à long terme sur le commerce et l'investissement transatlantiques

La crise financière de 2008 a eu des effets profonds et durables sur le commerce et l'investissement transatlantiques, remodelant le paysage économique des États-Unis et de l'Europe. L'effondrement de grandes institutions financières et la récession qui s'en est suivie ont eu un impact en cascade sur les marchés mondiaux, perturbant les chaînes d'approvisionnement et modifiant le comportement des consommateurs. Au lendemain de la crise, le commerce transatlantique a été profondément affecté, les États-Unis et l'Union européenne connaissant des fluctuations des exportations et des importations à mesure que la demande évoluait et que la production manufacturière s'adaptait aux nouvelles réalités du marché. Les flux d'investissements directs étrangers (IDE) ont également fait preuve de résilience, même si leurs trajectoires ont été modifiées. La crise a révélé une interdépendance entre les économies des États-Unis et de l'UE plus profonde qu'on ne le pensait auparavant, ce qui a conduit à une réévaluation des politiques commerciales et des stratégies d'investissement. Malgré les revers initiaux, le partenariat transatlantique a résisté à la tempête et s'est imposé comme la pierre angulaire de la stabilité dans l'ère de l'après-crise. Alors que les décideurs politiques réévaluaient les relations économiques et cherchaient à atténuer les risques futurs, les négociations commerciales et l'harmonisation réglementaire sont devenues des thèmes centraux du discours transatlantique. Le renforcement des normes réglementaires et l'amélioration de la transparence des marchés ont été identifiés comme des conditions préalables essentielles pour restaurer la confiance des investisseurs et assurer une croissance économique durable. La revitalisation des partenariats commerciaux transatlantiques et la poursuite d'initiatives ambitieuses en matière d'investissement sont devenues indispensables à la revitalisation des deux économies.

Les innovations en matière d'accords commerciaux, telles que le partenariat transatlantique de commerce et d'investissement (TTIP) et les discussions ultérieures sur une politique d'investissement bilatérale globale, ont reflété un effort concerté pour approfondir les liens économiques et favoriser la prospérité mutuelle. La crise a entraîné un réexamen des cadres réglementaires régissant les transactions transfrontalières et les services financiers, ce qui a donné lieu à des réformes visant à renforcer la surveillance institutionnelle et les pratiques de gestion des risques. L'harmonisation des approches réglementaires entre les juridictions des États-Unis et de l'UE était impérative pour prévenir l'arbitrage réglementaire et créer des conditions de concurrence équitables pour les entreprises de part et d'autre de l'Atlantique. Les initiatives tournées vers l'avenir englobent la coordination des réglementations bancaires, les normes d'adéquation des fonds propres et la surveillance des institutions financières multinationales, ce qui témoigne d'un engagement commun à préserver la stabilité financière et à réduire au minimum la probabilité de crises futures. Alors que le commerce et les investissements transatlantiques ont rebondi, l'accent a été mis sur la promotion de l'innovation et de l'esprit d'entreprise afin de stimuler une croissance durable et de favoriser une prospérité inclusive. La collaboration dans les secteurs émergents, notamment les énergies renouvelables, le commerce numérique et la fabrication de pointe, a illustré la poursuite proactive de la diversification économique et du progrès technologique. L'augmentation des investissements dans les projets d'infrastructure et les initiatives de connectivité numérique ont jeté les bases d'un marché transatlantique robuste et interconnecté, prêt à répondre à l'évolution de la dynamique mondiale et à saisir de nouvelles opportunités. Les conséquences durables de la crise financière de 2008 sur le commerce et l'investissement transatlantiques ont mis en évidence la résilience du partenariat, ce qui a entraîné un rééquilibrage stratégique pour s'adapter aux défis de l'économie mondiale du XXIe siècle.

Réévaluer la gouvernance et la réglementation financières

Au lendemain de la crise financière de 2008, une réévaluation critique de la gouvernance et de la réglementation financières est devenue impérative pour les économies transatlantiques. Les vulnérabilités inhérentes révélées par la crise ont souligné la nécessité de réformes globales pour atténuer les risques systémiques futurs.

En mettant l'accent sur la transparence, la responsabilité et la stabilité, les régulateurs et les décideurs politiques des deux côtés de l'Atlantique se sont lancés dans un programme ambitieux visant à remodeler le paysage financier. Le recalibrage des exigences en matière de fonds propres pour les institutions financières, afin de renforcer leur résistance aux chocs potentiels, a été au cœur de cette entreprise. De même, la mise en œuvre de normes strictes en matière de liquidité visait à améliorer la capacité des banques à résister aux turbulences du marché, renforçant ainsi la stabilité globale du système financier.

Le remaniement de la réglementation s'est étendu au-delà du secteur bancaire, englobant des domaines essentiels tels que le commerce des produits dérivés, la protection des consommateurs et le système bancaire parallèle. En redéfinissant les paramètres régissant les instruments financiers complexes et en renforçant les mesures de protection des consommateurs contre les pratiques prédatrices, les régulateurs se sont efforcés d'instaurer la confiance et l'intégrité sur les marchés financiers. Parallèlement, la vigilance à l'égard des entités non bancaires exerçant des activités proches des fonctions bancaires traditionnelles a pris de l'importance, ce qui a permis de combler les lacunes de la réglementation qui avaient contribué à la crise.

Parallèlement, le débat sur l'harmonisation ou la divergence des réglementations s'est développé, reflétant les approches divergentes adoptées par les États-Unis et l'Union européenne. Tandis que certains partisans défendaient les vertus de normes harmonisées pour faciliter les transactions transfrontalières et renforcer la compétitivité mondiale, d'autres insistaient sur la nécessité d'adapter les réglementations à des structures de marché et à des profils de risque distincts. Cette dialectique a mis en évidence la complexité de l'alignement de philosophies réglementaires disparates au sein d'un écosystème financier de plus en plus interconnecté et interdépendant.

L'émergence des innovations numériques et de la fintech a perturbé les paradigmes réglementaires traditionnels, nécessitant des réponses adaptatives pour exploiter les avancées technologiques tout en atténuant les risques associés. La prolifération des crypto-monnaies, des technologies de registres distribués et du trading algorithmique a posé de nouveaux défis aux cadres réglementaires établis sur , obligeant les régulateurs à naviguer en terrain inconnu alors qu'ils cherchaient à trouver un équilibre délicat entre l'innovation et la surveillance prudentielle.

Au milieu de ces transformations en cours, la recherche d'une architecture réglementaire résiliente et dynamique reste la pierre angulaire de la collaboration économique transatlantique. À mesure que les marchés financiers évoluent et que de nouveaux risques se matérialisent, il est impératif de rester souple, tourné vers l'avenir et coopératif dans la promotion d'une gouvernance et d'une réglementation durables, afin de jeter les bases d'une intégration financière transatlantique solide et durable au XXIe siècle.

L'héritage de la crise : L'interdépendance économique future

La crise financière de 2008 a eu un impact profond et durable sur l'interdépendance économique future entre les États-Unis et l'Union européenne. Alors que les décideurs politiques et les économistes continuent de se débattre avec les conséquences de la crise, il est de plus en plus évident que l'héritage de l'effondrement va bien au-delà des turbulences immédiates du marché et des ajustements réglementaires. Les répercussions durables de la crise et leurs implications pour les futures relations économiques entre les partenaires transatlantiques sont à noter.

Le premier aspect majeur de l'héritage de la crise réside dans le rééquilibrage de la dynamique du pouvoir au sein du système financier mondial. À la suite de la crise, les économies émergentes, en particulier en Asie, ont accéléré leur ascension en tant qu'acteurs clés sur la scène économique internationale. Ce paysage changeant a introduit de nouvelles dimensions d'interdépendance et de concurrence économiques, nécessitant une réévaluation des paradigmes traditionnels du commerce et de l'investissement transatlantiques. Un autre aspect essentiel de l'héritage de la crise est l'importance renouvelée accordée à la gestion des risques et à la stabilité systémique. Les événements de 2008 ont mis en évidence l'interconnexion des marchés financiers mondiaux et les graves répercussions des défaillances systémiques. En conséquence, les États-Unis et l'Union européenne se sont efforcés de renforcer les cadres réglementaires, d'améliorer les mécanismes de surveillance et de promouvoir une plus grande transparence afin d'atténuer les risques futurs.

L'héritage de la crise a incité à reconsidérer fondamentalement le partenariat économique transatlantique. Si les liens historiques et les valeurs communes restent fondamentaux, le paysage de l'après-crise a poussé les deux entités à réévaluer leurs priorités économiques et leurs stratégies d'engagement. La coopération future devra s'adapter à l'évolution des modèles commerciaux, aux perturbations technologiques et aux influences géopolitiques, afin de favoriser une interdépendance économique plus résiliente. La crise a catalysé un changement de paradigme dans l'élaboration des politiques économiques, les États-Unis et l'UE devant relever des défis tels que le changement climatique, la transformation numérique et les évolutions démographiques. Les initiatives de collaboration sur les objectifs de développement durable, l'innovation et la croissance économique équitable sont essentielles pour façonner l'avenir de l'interdépendance économique transatlantique. En conclusion, l'héritage de la crise financière de 2008 a façonné de manière indélébile la trajectoire de l'interdépendance économique future entre les États-Unis et l'Union européenne. Si la crise a révélé des vulnérabilités et mis à l'épreuve la résilience, elle a également suscité des réformes transformatrices et rééquilibré la dynamique des relations économiques transatlantiques. Conscients de l'interconnexion de leurs économies et de leurs impératifs communs, les deux partenaires doivent faire preuve d'adaptabilité, d'innovation et d'une coopération soutenue pour faire face aux complexités d'une économie mondiale en rapide évolution.

5

La diplomatie d'Obama

Multilatéralisme et Smart Power

Le concept d'énergie intelligente : Définitions et contexte

La puissance intelligente s'est imposée comme un cadre convaincant pour naviguer dans les complexités de la politique mondiale en intégrant à la fois des stratégies dures et douces pour influencer les affaires internationales. L'idée du "smart power", lancée par les politologues Joseph S. Nye Jr. et Richard Armitage, reconnaît que la puissance militaire traditionnelle ne suffit pas à elle seule à relever les défis modernes. Elle préconise plutôt une approche qui exploite l'attrait persuasif de la diplomatie, de la culture et des valeurs, parallèlement aux capacités coercitives de la puissance militaire traditionnelle. Cette stratégie nuancée vise à atteindre des objectifs stratégiques en mettant l'accent sur la collaboration, la formation de coalitions et le dialogue, tout en conservant la capacité d'employer la force si nécessaire. Elle cherche à trouver un équilibre délicat entre la coercition et la persuasion, en s'adaptant aux exigences d'un ordre mondial en évolution rapide. La puissance douce, caractérisée par l'attrait et la légitimité de la culture, des idéaux politiques et des politiques étrangères d'une nation, joue un rôle essentiel dans la formation des perceptions et la création d'une bonne volonté parmi les acteurs mondiaux. Parallèlement, le pouvoir dur, généralement associé à la force militaire et à l'influence économique, sous-tend la crédibilité et l'assurance nécessaires à la sauvegarde des intérêts nationaux. La puissance intelligente consiste donc à tirer parti d'une panoplie complète d'instruments diplomatiques, économiques et militaires pour naviguer efficacement dans les méandres des relations internationales. Dans la pratique, l'application de la puissance intelligente implique de cultiver des alliances solides, d'engager un dialogue diplomatique, de promouvoir des valeurs communes et de déployer des interventions militaires ciblées lorsque c'est nécessaire. Cette approche à multiples facettes reconnaît l'interconnexion des problèmes mondiaux et évite une stratégie unique en faveur de réponses adaptables et spécifiques au contexte. À ce titre, la compréhension de la dynamique de la puissance intelligente devient cruciale pour les décideurs politiques, les diplomates et les stratèges qui cherchent à relever les défis géopolitiques contemporains avec nuance, agilité et clairvoyance.

Rétablir l'image de l'Amérique dans les affaires mondiales

L'administration Obama a reconnu que la perception du rôle de l'Amérique dans les affaires mondiales avait été considérablement ternie par les politiques de l'administration précédente, en particulier à la suite des guerres d'Irak et d'Afghanistan. Pour contrer cette perception négative, le président Obama et son équipe diplomatique se sont lancés dans une stratégie globale visant à restaurer la position de l'Amérique en tant que leader mondial respecté et responsable. Pour ce faire, ils ont délibérément abandonné l'unilatéralisme au profit d'une approche plus coopérative et consultative avec les partenaires internationaux. La promotion des valeurs démocratiques, des droits de l'homme et des normes internationales en tant que principes directeurs de l'engagement des États-Unis sur la scène internationale était au cœur de cette stratégie. Par son discours et ses actions, le président Obama s'est efforcé de présenter une vision de l'Amérique comme une force de changement positif, engagée à faire respecter l'État de droit et à favoriser la collaboration entre les nations. L'administration a également donné la priorité à la transparence et à la responsabilité dans ses décisions de politique étrangère, dans le but de rétablir la confiance et la crédibilité dans le leadership américain. Des efforts conscients ont été déployés pour s'engager auprès de divers publics mondiaux par le biais de plateformes médiatiques traditionnelles et numériques, en soulignant l'engagement de l'Amérique en faveur de l'inclusion et de la diversité en tant qu'atouts fondamentaux. En défendant une vision inclusive et compatissante de l'Amérique, l'administration s'est efforcée de redéfinir l'image de la nation en tant que partenaire du progrès et de la prospérité. L'ouverture du président Obama au monde musulman, illustrée par son discours historique du Caire, visait à combler les fossés culturels et à cultiver la compréhension mutuelle. Parallèlement, le gouvernement s'est appuyé sur des programmes d'échanges culturels, des initiatives éducatives et la diplomatie interpersonnelle pour renforcer les liens avec les individus et les communautés du monde entier. En définitive, la restauration de l'image de l'Amérique dans les affaires mondiales sous l'administration Obama s'est caractérisée par une combinaison stratégique de réformes politiques, d'initiatives diplomatiques et d'efforts d'engagement public, visant tous à réaffirmer l'engagement de la nation en faveur d'un leadership collaboratif et éthique dans l'arène internationale.

Réengagement auprès des institutions internationales

L'approche adoptée par l'administration Obama pour renouer avec les institutions internationales a été un facteur déterminant dans le remodelage du rôle des États-Unis dans les affaires mondiales. Reconnaissant l'importance de la coopération multilatérale, le président Obama a cherché à rétablir les relations avec les principales organisations internationales et à démontrer son engagement en faveur de la prise de décision collective et de la diplomatie. Cette stratégie s'éloigne des tendances unilatérales de son prédécesseur et témoigne d'un regain d'intérêt pour les approches collaboratives en vue de relever les défis mondiaux. Le réengagement auprès des institutions internationales s'appuie sur la conviction qu'une coopération internationale efficace est essentielle pour défendre les intérêts américains et promouvoir la stabilité et la prospérité dans le monde entier. La revitalisation des partenariats avec des institutions telles que les Nations unies, la Banque mondiale, le Fonds monétaire international et des organismes régionaux comme l'Union européenne et l'Union africaine a été au cœur de cette initiative. En participant activement aux forums mondiaux et en soutenant les initiatives collectives, les États-Unis ont cherché à exercer un leadership tout en partageant la responsabilité de traiter des questions urgentes allant de la sécurité et du développement aux droits de l'homme et à la protection de l'environnement. En s'engageant durablement auprès de ces institutions, l'administration Obama a cherché à renforcer la confiance et la collaboration entre les nations, à restaurer la crédibilité et à démontrer sa volonté de travailler dans des cadres établis pour résoudre les conflits et s'attaquer à des problèmes transnationaux complexes. Le fait de réintégrer les institutions internationales et d'honorer les engagements pris au niveau mondial témoigne de la volonté de défendre l'ordre international fondé sur des règles, de soutenir la crédibilité des États-Unis et de renforcer l'autorité morale de l'Amérique sur la scène internationale. Le réengagement a également permis aux États-Unis de contribuer à l'élaboration de normes, d'accords et d'initiatives reflétant leurs valeurs, leurs priorités et leurs intérêts stratégiques à long terme. En adoptant une approche multilatérale, le président Obama a souligné l'importance des solutions partagées et du partage des charges, en cherchant à exploiter les capacités et les ressources collectives de la communauté internationale dans la poursuite d'objectifs communs. Nous accordons une attention particulière à la manière dont le réengagement auprès des institutions internationales s'est manifesté dans les décisions politiques, les engagements diplomatiques et les implications plus larges pour les relations étrangères des États-Unis sous l'ère Obama.

Non-prolifération nucléaire et diplomatie avec l'Iran

Dans le domaine de la diplomatie internationale, l'une des questions les plus pressantes auxquelles l'administration Obama a été confrontée était celle de la non-prolifération nucléaire, en particulier dans le contexte de l'Iran. La quête de capacités nucléaires par l'Iran est depuis longtemps une source d'inquiétude pour la communauté internationale, et l'administration Obama a cherché à résoudre ce problème critique en combinant engagement diplomatique et coopération multilatérale. La négociation et la conclusion du Plan global d'action conjoint (JCPOA) en 2015, communément appelé l'accord sur le nucléaire iranien, ont été au cœur de cette approche. Le JCPOA visait à freiner le programme nucléaire iranien en échange de la levée des sanctions économiques, évitant ainsi la prolifération potentielle d'armes nucléaires dans la région. Les négociations qui ont abouti au JCPOA ont représenté un effort diplomatique complexe et multiforme, impliquant non seulement l'Iran et les États-Unis, mais aussi d'autres grandes puissances mondiales telles que la Russie, la Chine, la France, le Royaume-Uni et l'Allemagne. Les négociations laborieuses ont reflété les complexités et les sensibilités entourant la question de la non-prolifération nucléaire et ont souligné la nécessité d'un engagement diplomatique persistant et stratégique. Le JCPOA a démontré l'efficacité potentielle du multilatéralisme pour relever les défis de la sécurité mondiale, en montrant comment des efforts internationaux concertés pouvaient produire des résultats tangibles pour atténuer les risques de prolifération nucléaire. Toutefois, le retrait des États-Unis du JCPOA en 2018 et le rétablissement des sanctions ont ravivé les débats sur l'efficacité et la durabilité des initiatives diplomatiques en matière de non-prolifération nucléaire. Cette évolution a mis en évidence la nature délicate des accords internationaux et l'interaction complexe entre la politique intérieure et les efforts diplomatiques mondiaux. Ainsi, le cas de la non-prolifération nucléaire et de la diplomatie avec l'Iran constitue un témoignage convaincant des complexités et des nuances inhérentes à la poursuite de la paix et de la sécurité mondiales par des moyens diplomatiques.

Approche multilatérale de la lutte contre le terrorisme

La lutte contre le terrorisme est une composante essentielle de la sécurité mondiale au XXIe siècle. Sous la diplomatie du président Obama, les États-Unis ont adopté une approche multilatérale de la lutte contre le terrorisme, reconnaissant que la menace s'étendait au-delà des frontières nationales et nécessitait des efforts internationaux coordonnés. Ce changement a marqué une rupture avec les tactiques unilatérales employées au lendemain du 11 septembre et a mis l'accent sur la collaboration avec les alliés et les partenaires du monde entier.

L'élément central de cette approche était la reconnaissance du fait que la lutte contre les causes profondes du terrorisme, telles que la marginalisation économique, les revendications politiques et l'extrémisme idéologique, nécessitait non seulement une action militaire, mais aussi des initiatives diplomatiques, humanitaires et de développement. L'administration s'est engagée dans une vaste campagne de sensibilisation et de coopération avec les pays et les organisations internationales afin de dégager un consensus sur la manière de relever les défis communs posés par le terrorisme.

L'un des aspects essentiels de l'approche multilatérale a été la promotion du partage d'informations et de la coopération en matière de renseignement entre les nations. Consciente que les réseaux terroristes opèrent souvent au-delà des frontières, l'administration Obama s'est efforcée d'améliorer l'échange de renseignements sur le site et de renforcer la coopération en matière de perturbation et de démantèlement des complots terroristes. Ce cadre de collaboration a facilité les opérations conjointes et les efforts d'application de la loi, apportant une réponse plus efficace aux menaces terroristes transnationales.

L'administration s'est efforcée de s'attaquer aux conditions qui favorisent la radicalisation et le recrutement dans des idéologies extrémistes. En s'engageant avec les pays partenaires, les organisations de la société civile et les chefs religieux, des efforts ont été déployés pour lutter contre l'extrémisme violent au moyen de programmes ciblés visant à promouvoir la tolérance, l'inclusion et les opportunités socio-économiques. Cette approche globale reconnaît l'importance de prévenir la radicalisation à la racine et de construire des sociétés résilientes capables de résister à l'attrait des récits extrémistes.

Au niveau multilatéral, les États-Unis ont participé activement à des forums internationaux, tels que les Nations unies et les organisations régionales, afin d'élaborer et de mettre en œuvre des stratégies globales de lutte contre le terrorisme. Cet engagement a notamment consisté à plaider en faveur de l'adhésion aux normes et aux cadres juridiques internationaux dans la lutte contre le terrorisme, tout en respectant les droits de l'homme et l'État de droit.

Par le biais de ces canaux, l'administration Obama a cherché à dégager un consensus sur les mesures à prendre pour empêcher le financement du terrorisme, perturber les flux de combattants étrangers et s'attaquer à la propagande et aux tactiques de recrutement en ligne employées par les groupes terroristes.

En fin de compte, l'approche multilatérale de la lutte contre le terrorisme sous la diplomatie du président Obama a reflété une compréhension plus large de la nature interconnectée de la sécurité mondiale et de la nécessité d'une action internationale concertée. En s'appuyant sur des partenariats et des alliances, les États-Unis ont cherché à lutter contre le terrorisme d'une manière conforme à leurs valeurs et à renforcer la résilience collective face à l'évolution des menaces.

Relations entre les États-Unis et la Russie et politique de réinitialisation

Après une période de relations tendues sous l'administration Bush, le président Barack Obama a cherché à réinitialiser les relations entre les États-Unis et la Russie. La politique de réinitialisation, annoncée en 2009, visait à améliorer la coopération et à répondre aux préoccupations mutuelles, marquant ainsi un changement important dans la stratégie diplomatique. La recherche d'un terrain d'entente sur des questions telles que le désarmement nucléaire, la non-prolifération et la stabilité régionale est au cœur de cette réinitialisation.

L'un des principaux piliers de la politique de réinitialisation a été la négociation et la ratification du nouveau traité START, qui visait à réduire le nombre d'armes nucléaires stratégiques déployées par les deux pays. En concluant cet accord historique de contrôle des armements, l'administration Obama a montré sa volonté de s'engager de manière constructive avec la Russie sur des questions de sécurité essentielles. La politique de réinitialisation a facilité une collaboration accrue entre les deux pays sur les efforts de prévention de la prolifération nucléaire à l'échelle mondiale, en mettant l'accent sur la responsabilité partagée pour le maintien de la stabilité mondiale.

Outre le contrôle des armements, la politique de réinitialisation a cherché à promouvoir les liens économiques entre les États-Unis et la Russie. Des efforts ont été déployés pour développer le commerce et l'investissement, qui ont abouti à l'adhésion de la Russie à l'Organisation mondiale du commerce en 2012. Si ces initiatives économiques visaient à faciliter une intégration et une coopération accrues, elles ont également été confrontées à des défis liés aux différences de gouvernance, aux préoccupations en matière de droits de l'homme et aux tensions géopolitiques.

Toutefois, malgré l'optimisme initial entourant la politique de réinitialisation, les relations entre les États-Unis et la Russie sont devenues de plus en plus tendues à la suite de l'annexion de la Crimée par la Russie en 2014 et de son intervention dans l'est de l'Ukraine. L'imposition subséquente de sanctions par les États-Unis et leurs alliés a encore exacerbé les tensions, marquant un recul significatif dans les efforts de réinitialisation. La détérioration des relations a mis en évidence la nature complexe et multiforme des relations entre les États-Unis et la Russie, influencées par la concurrence géopolitique, des intérêts stratégiques divergents et des animosités historiques.

Les questions litigieuses de la cybersécurité, l'ingérence présumée dans les processus démocratiques et les différends géopolitiques dans des régions telles que la Syrie ont ajouté des couches de complexité aux relations bilatérales. Ces défis ont conduit à un schéma continu de confrontation et de coopération limitée, façonnant le paysage contemporain des relations américano-russes au-delà des aspirations initiales de la politique de réinitialisation.

L'héritage de la politique de réinitialisation reste un sujet de débat et d'analyse, les évaluations variant quant à son efficacité et à son impact à long terme sur les relations entre les États-Unis et la Russie. Néanmoins, il s'agit d'un chapitre essentiel de l'évolution de la dynamique entre ces deux grandes puissances mondiales, qui reflète l'interaction complexe de la diplomatie, de la sécurité et de la géopolitique dans l'élaboration des affaires internationales.

Pivot vers l'Asie : Rééquilibrage stratégique

Après la réinitialisation diplomatique avec la Russie, l'administration Obama s'est tournée vers l'Asie, marquant ainsi un rééquilibrage stratégique de la politique étrangère. Le pivot vers l'Asie visait à répondre à l'évolution de la dynamique du pouvoir et des opportunités économiques dans la région, en reconnaissant l'importance croissante de l'Asie dans les affaires mondiales. Ce recalibrage visait à approfondir l'engagement des États-Unis auprès des nations asiatiques et à renforcer les partenariats tout en promouvant la stabilité et la sécurité régionales. La reconnaissance de l'influence croissante de la Chine et la nécessité d'une approche équilibrée pour gérer les complexités des relations entre les États-Unis et la Chine étaient au cœur de cette stratégie.

L'un des principaux piliers du pivot vers l'Asie a été le renforcement des alliances et l'établissement de nouveaux partenariats. Les États-Unis ont réaffirmé leur engagement envers des alliés de longue date tels que le Japon et la Corée du Sud, en renforçant la coopération en matière de défense et en modernisant les accords de sécurité. Des efforts ont été déployés pour renforcer les liens avec des puissances émergentes telles que l'Inde et l'Indonésie, reconnaissant leur importance stratégique dans le maintien de l'équilibre régional. Grâce à des initiatives diplomatiques et à la coopération militaire, les États-Unis ont cherché à rassurer leurs alliés et à construire un réseau de partenariats pour soutenir les intérêts communs.

Les considérations économiques ont joué un rôle crucial dans le pivot vers l'Asie, reflétant l'interdépendance croissante entre les économies américaine et asiatique. L'administration a cherché à conclure des accords commerciaux et des partenariats économiques, en mettant l'accent sur la région transpacifique. Le projet de partenariat transpacifique (TPP) représentait un effort important pour établir l'intégration économique et fixer des normes élevées pour le commerce dans la région. En promouvant la connectivité économique, les États-Unis ont cherché à défendre leurs intérêts tout en favorisant le développement économique et la prospérité en Asie.

Le pivot vers l'Asie englobe une approche globale visant à relever les défis en matière de sécurité régionale et à promouvoir la stabilité maritime. Les discussions sur les différends territoriaux, la liberté de navigation et la résolution pacifique des conflits étaient au cœur de l'agenda diplomatique. Les États-Unis ont également mis l'accent sur le respect du droit international et des normes dans la région Asie-Pacifique, en plaidant pour des approches de la gouvernance et de la sécurité fondées sur des règles. Par le biais de forums et de dialogues multilatéraux, l'administration s'est engagée dans des efforts visant à renforcer les institutions régionales et à promouvoir les mécanismes de sécurité collective.

Toutefois, le pivot vers l'Asie s'est heurté à des critiques et à des difficultés, notamment en ce qui concerne la gestion d'intérêts concurrents et les implications potentielles pour les engagements existants dans d'autres régions. Il a suscité des inquiétudes quant à une éventuelle confrontation avec la Chine et soulevé des questions sur la viabilité des engagements à long terme. Les développements géopolitiques et les défis imprévus ont entravé la pleine réalisation des objectifs du pivot. Néanmoins, le rééquilibrage stratégique vers l'Asie sous l'administration Obama a constitué une évolution significative de la politique étrangère des États-Unis, reflétant la nature dynamique de la géopolitique mondiale.

Leadership en matière de climat et initiatives environnementales

Alors que la communauté mondiale est confrontée aux défis pressants posés par le changement climatique, l'administration Obama a poursuivi un programme ambitieux pour mener des initiatives environnementales et promouvoir le développement durable. Cela a impliqué une approche à multiples facettes axée sur la coopération internationale, les politiques nationales et l'engagement diplomatique. L'engagement du président Obama à lutter contre le changement climatique a été souligné par l'accord de Paris, où les États-Unis ont joué un rôle central dans la négociation de cet accord historique. Cet accord a établi le cadre d'une action collective visant à limiter l'augmentation de la température mondiale et à atténuer l'impact du changement climatique, reflétant un changement significatif vers un consensus international sur la politique climatique. Au niveau national, l'administration a mis en œuvre des mesures importantes pour réduire les émissions de gaz à effet de serre, promouvoir les technologies énergétiques propres et renforcer la résilience environnementale. Le Clean Power Plan (plan pour une énergie propre) vise à réglementer les émissions des centrales électriques, tandis que les investissements dans les énergies renouvelables témoignent d'un engagement clair en faveur d'une transition vers une économie à faible émission de carbone. La mise en place par Obama du plan d'action pour le climat témoigne d'une stratégie globale visant à relever les défis environnementaux tout en favorisant la croissance économique. Sur le plan international, l'administration a été le fer de lance des efforts de collaboration visant à étendre le financement de la lutte contre le changement climatique et le transfert de technologies aux pays en développement, reconnaissant ainsi la responsabilité partagée de tous les pays dans la lutte contre le changement climatique. Parallèlement à ces initiatives, l'engagement de M. Obama auprès de grandes économies telles que la Chine a débouché sur des accords historiques, renforçant ainsi l'élan mondial en faveur du développement durable. L'administration a intégré les considérations climatiques dans les stratégies de politique étrangère et de sécurité nationale, reconnaissant ainsi l'interconnexion des questions environnementales avec la stabilité géopolitique. En faisant du changement climatique une priorité absolue de l'agenda international, l'administration Obama a cherché à démontrer le leadership américain dans la promotion d'un avenir durable. En dépit de contraintes telles que l'opposition politique et la diversité des perspectives mondiales, l'accent mis par l'administration sur le leadership climatique et les initiatives environnementales a marqué une étape décisive dans l'élaboration d'une réponse concertée à l'un des défis mondiaux les plus importants de notre époque.

Le rôle de la diplomatie publique et du soft power

La diplomatie publique et le soft power ont joué un rôle central dans la stratégie diplomatique du président Obama, faisant partie intégrante de l'effort global de reconstruction de l'image et de l'influence des États-Unis dans le monde. Consciente de l'importance de l'opinion publique et de la perception dans les relations internationales, l'administration Obama s'est appuyée sur divers outils et initiatives pour s'engager auprès des publics étrangers et promouvoir les intérêts des États-Unis. Cette approche visait à renforcer l'attractivité et la crédibilité de la nation, en favorisant les relations positives et la bonne volonté à l'étranger. L'une des composantes notables de cet effort a été l'accent mis sur les programmes d'échanges culturels, les partenariats éducatifs et les relations interpersonnelles. En facilitant la compréhension interculturelle et en promouvant la collaboration au-delà des frontières, ces initiatives ont cherché à combler les fossés et à cultiver la compréhension mutuelle. En exploitant le pouvoir de la communication numérique et des plateformes de médias sociaux, l'administration a communiqué efficacement ses politiques et ses valeurs directement à des audiences mondiales, en contournant les canaux diplomatiques traditionnels. L'utilisation stratégique de la technologie et des nouveaux médias a permis d'élargir la portée et l'engagement, permettant la diffusion des idéaux et des récits américains dans le monde entier. La promotion des valeurs démocratiques et la défense des droits de l'homme ont constitué la pierre angulaire du programme de diplomatie publique, renforçant l'engagement en faveur des principes universels et consolidant le soutien aux objectifs communs. Grâce à des initiatives telles que l'Initiative des jeunes leaders des Amériques et le Sommet mondial de l'entrepreneuriat, l'administration a responsabilisé les leaders émergents et encouragé les réseaux d'innovation et de collaboration, amplifiant ainsi l'influence américaine par le biais d'efforts au niveau local. Le déploiement d'actifs de soft power, notamment les exportations culturelles, les médias de divertissement et les échanges universitaires, a permis de projeter les valeurs et les récits américains, de façonner les perceptions et d'influencer les attitudes à l'égard des États-Unis. En investissant dans la diplomatie culturelle, l'administration a multiplié les possibilités de dialogue et de coopération interculturels, cultivant ainsi des partenariats durables qui transcendent les barrières politiques. L'interaction de la diplomatie publique et de la puissance douce a sous-tendu l'approche multiforme de l'engagement mondial du président Obama, contribuant à la promotion des intérêts américains et de la coopération internationale. Toutefois, si ces efforts ont permis d'obtenir des résultats significatifs, ils ont également été confrontés à des défis et à des limites, ce qui a donné lieu à des évaluations critiques de leur efficacité et de leur impact sur les résultats de la politique étrangère. Alors que nous évaluons l'héritage de la diplomatie publique et de la puissance douce sous l'ère Obama, il est essentiel d'examiner à la fois les réalisations et les lacunes, afin d'éclairer les futurs engagements stratégiques dans le paysage complexe des relations internationales.

Évaluation et critiques de l'héritage diplomatique d'Obama

Comme pour toute présidence, l'héritage diplomatique de l'administration de Barack Obama a fait l'objet de diverses évaluations et critiques. Cette période s'est caractérisée par une évolution délibérée vers le multilatéralisme et l'utilisation stratégique de la puissance douce dans la conduite des affaires étrangères. Au cœur de l'évaluation se trouve la question de savoir si ces approches ont permis d'atteindre des objectifs de politique étrangère à long terme.

L'un des domaines examinés concerne le Moyen-Orient et l'Afrique du Nord, où l'administration a dû faire face à des défis complexes, notamment les soulèvements du printemps arabe, la guerre civile syrienne et la montée en puissance d'ISIS. Les critiques affirment que la réticence à intervenir de manière plus décisive dans des conflits comme ceux de la Syrie et de la Libye, associée à l'incapacité à négocier une paix durable entre Israël et la Palestine, a affaibli l'influence de l'Amérique dans la région. Cependant, les partisans du style diplomatique d'Obama soulignent l'examen minutieux des complexités en jeu et l'objectif d'éviter d'exacerber les situations instables.

Un autre aspect clé de l'héritage diplomatique d'Obama concerne la stratégie du "pivot vers l'Asie", qui visait à réaffirmer l'engagement des États-Unis dans la région Asie-Pacifique. Si cette approche a été saluée pour avoir reconnu l'importance croissante de l'Asie dans les affaires mondiales, certains critiques ont affirmé qu'elle s'était faite au détriment d'autres régions, en particulier le Moyen-Orient et l'Europe.

Le programme de non-prolifération nucléaire, incarné par l'accord sur le nucléaire iranien, reste un point central de l'évaluation. Les défenseurs de cet accord soutiennent qu'il s'agit d'une réussite diplomatique importante, qui a permis de réduire efficacement les ambitions nucléaires de l'Iran par des moyens diplomatiques. À l'inverse, les critiques ont soulevé des inquiétudes quant à l'efficacité à long terme de l'accord et à son impact sur la dynamique régionale, en particulier au Moyen-Orient.

L'accent mis par Obama sur le changement climatique en tant que priorité diplomatique clé a conduit à la signature de l'Accord de Paris, signalant un engagement en faveur d'une action collective sur les questions environnementales. Toutefois, le retrait ultérieur des États-Unis sous l'administration Trump a mis en évidence les défis que représente le maintien de telles réalisations diplomatiques à travers des présidences successives.

Plus généralement, l'évaluation de l'héritage diplomatique d'Obama porte sur le style de leadership, les réformes institution- nelles et l'impact global sur la perception de la puissance améri- caine dans le monde. Bien qu'il existe des critiques, notamment en ce qui concerne l'hésitation perçue dans certaines crises, les efforts diplomatiques du président Obama ont incarné un engagement soutenu à l'égard de la communauté internationale et la poursuite de stratégies nuancées pour relever les défis mondiaux urgents.

6

L'ère Trump

Unilatéralisme et politique de l'Amérique d'abord

Introduction à la doctrine de politique étrangère de Trump

L'émergence de Donald J. Trump en tant que 45e président des États-Unis a marqué une rupture importante avec les doctrines de politique étrangère qui avaient caractérisé les administrations précédentes. L'approche de Trump en matière de politique étrangère était fondamentalement ancrée dans la doctrine de "l'Amérique d'abord", signalant un changement vers une position plus unilatérale et nationaliste sur les affaires mondiales. Contrastant fortement avec les stratégies multilatérales poursuivies par ses prédécesseurs, l'administration Trump a mis l'accent sur la priorité à donner aux intérêts nationaux des États-Unis. Cela a marqué une rupture avec le rôle traditionnel des États-Unis en tant que leader mondial et défenseur de la coopération internationale et de la sécurité collective. Avec une détermination inébranlable à remodeler la dynamique des relations internationales, l'administration Trump a cherché à redéfinir le rôle de l'Amérique dans le monde en renégociant les accords commerciaux, en réévaluant les alliances et en remettant en question le statu quo de la gouvernance mondiale. Les principes fondamentaux de la politique étrangère de Trump se caractérisent par une forte insistance sur la sauvegarde de la souveraineté américaine, le protectionnisme économique et une aversion pour les programmes mondialistes. Grâce à une rhétorique inflexible qui a trouvé un écho auprès de sa base électorale, M. Trump a présenté la vision d'une nation qui affirme sans complexe ses propres intérêts au-dessus de ceux de la communauté internationale. Cette approche remet en question les normes diplomatiques conventionnelles et teste les limites des institutions et des accords internationaux établis. En tant que telle, l'idéologie qui sous-tend la doctrine de politique étrangère de Trump a perpétué une position distincte et souvent controversée dans l'élaboration de l'engagement des États-Unis avec le reste du monde. En adoptant un programme nationaliste inconditionnel, l'administration Trump a créé un précédent pour un réétalonnage du rôle de l'Amérique dans le domaine de la diplomatie mondiale, laissant une empreinte durable sur la trajectoire de la politique étrangère des États-Unis pour les années à venir.

Contexte historique : Des promesses de campagne aux actions présidentielles

Le contexte historique de la doctrine de Donald Trump en matière de politique étrangère est essentiel pour comprendre la trajectoire de son programme "L'Amérique d'abord". Au cours de sa campagne présidentielle de 2016, Donald Trump a présenté une vision qui visait à donner la priorité aux intérêts nationaux américains, trouvant un écho auprès d'une partie de l'électorat désenchanté par les institutions politiques traditionnelles. Sa rhétorique soulignait une rupture avec la position interventionniste adoptée par les administrations précédentes, prônant une réévaluation des engagements multilatéraux et une approche plus transactionnelle des relations internationales.

Dès son entrée en fonction, le président Trump s'est empressé de traduire ses promesses de campagne en actions politiques concrètes. Son discours d'investiture a mis l'accent sur la nécessité d'un mantra "l'Amérique d'abord", marquant une rupture avec l'orientation mondialiste ancrée dans la politique étrangère des États-Unis après la Seconde Guerre mondiale. Par la suite, des mesures exécutives ont été rapidement prises pour se retirer et renégocier divers accords internationaux, tels que le Partenariat transpacifique (TPP) et l'Accord de Paris sur le climat, donnant le ton d'un programme politique centré sur la préservation de la souveraineté et de la compétitivité économique des États-Unis.

Les antécédents historiques de ce changement sont à chercher dans la vague de populisme et de sentiments nationalistes qui a déferlé sur les États-Unis et sur de nombreuses démocraties occidentales. Les préoccupations accrues concernant les effets négatifs de la mondialisation sur les industries nationales, associées à une désillusion croissante à l'égard des engagements militaires prolongés à l'étranger, ont constitué la toile de fond dans laquelle les initiatives politiques de M. Trump ont vu le jour. Parallèlement, l'érosion de la confiance du public dans les élites et les institutions politiques traditionnelles, caractérisée par la montée rapide des mouvements populistes, a contribué à créer un environnement propice aux messages anti-establishment de Trump.

L'émergence et la consolidation des prouesses économiques de la Chine et de ses manœuvres agressives en matière de politique étrangère ont donné un nouvel élan à la conception des relations internationales de M. Trump comme un jeu à somme nulle, où une approche compétitive est jugée nécessaire pour sauvegarder les intérêts américains. Parallèlement, la résurgence de la Russie en tant qu'acteur géopolitique a galvanisé les appels à la réévaluation des engagements mondiaux des États-Unis, incitant l'administration à envisager un rééquilibrage de la dynamique traditionnelle de l'équilibre des pouvoirs en faveur d'actions unilatérales plus affirmées.

Cette toile de fond historique met en évidence la confluence de facteurs nationaux et internationaux qui se sont conjugués pour façonner l'approche de Trump en matière de politique étrangère. L'interaction entre les inquiétudes économiques, le scepticisme à l'égard des relations internationales et les changements dans l'ordre mondial a jeté les bases d'un changement de paradigme dans l'engagement international des États-Unis sous l'administration Trump.

L'Amérique d'abord et son impact sur les alliances traditionnelles

L'approche "America First" adoptée par l'administration Trump a eu de profondes répercussions sur les alliances traditionnelles qui ont sous-tendu l'ordre mondial depuis la fin de la Seconde Guerre mondiale. La rhétorique de la priorité aux intérêts nationaux et à la souveraineté a trouvé un fort écho auprès des publics nationaux, mais elle a provoqué une onde de choc dans les cercles diplomatiques et chez les partenaires internationaux. En remettant en question la valeur des institutions et des accords multilatéraux, tels que l'OTAN et les Nations unies, l'administration a marqué un tournant important dans la politique étrangère des États-Unis. Cette position a créé un sentiment d'incertitude et de malaise parmi les alliés de longue date, qui en étaient venus à compter sur le leadership et l'engagement des États-Unis en matière de sécurité collective. L'accent mis sur le partage des charges et la réévaluation des dépenses de défense ont encore tendu les relations avec les principaux alliés, suscitant des inquiétudes quant à la cohésion et à l'efficacité futures de ces partenariats. La décision de se retirer d'accords internationaux, tels que l'accord de Paris sur le climat et l'accord sur le nucléaire iranien, a non seulement remis en question les normes de coopération établies, mais a également suscité des doutes quant à la fiabilité des États-Unis en tant que partenaire de négociation. En conséquence, les perceptions de la crédibilité et de la fiabilité des États-Unis ont été remises en question, ce qui a conduit certains alliés à envisager d'autres arrangements stratégiques et à diversifier leurs engagements diplomatiques. En réponse aux politiques "America First", les alliés traditionnels ont cherché à renforcer leurs propres alliances régionales et à forger de nouveaux partenariats afin d'atténuer les conséquences potentielles d'une politique étrangère américaine moins prévisible. La réorientation des politiques commerciales et l'imposition de droits de douane à des alliés clés ont amplifié les tensions économiques et suscité des mesures de rétorsion, ce qui a eu pour effet de grever la coopération économique et de remettre en question les fondements des relations commerciales établies. La doctrine "America First" a constitué un test unique pour les alliances conventionnelles, obligeant les pays à réévaluer leur dépendance à l'égard du leadership américain et à reconsidérer leur positionnement géopolitique dans un paysage mondial en rapide évolution.

Guerres commerciales et nationalisme économique

La doctrine "America First" défendue par l'administration Trump a inauguré une nouvelle ère de politique commerciale marquée par un protectionnisme agressif et des guerres commerciales. Sous la présidence de Trump, les États-Unis ont mis en place une série de droits de douane et de barrières commerciales visant à obtenir de meilleures conditions pour les entreprises et les travailleurs américains. Cette approche, tout en trouvant un écho auprès de certains segments du public national, a créé d'importantes perturbations dans la dynamique commerciale mondiale.

L'imposition de droits de douane sur les importations en provenance d'alliés traditionnels et de partenaires commerciaux majeurs tels que la Chine et l'Union européenne a déclenché des mesures de rétorsion, entraînant une escalade des tensions et des différends commerciaux prolongés. La nature de ces affrontements a eu des répercussions considérables, affectant non seulement les économies directement concernées, mais provoquant également des vagues dans le paysage économique mondial interconnecté.

La logique sous-jacente du nationalisme économique, qui met l'accent sur l'autosuffisance et la délocalisation de l'industrie manufacturière, s'éloigne des principes de libre-échange qui ont longtemps été au cœur de la politique économique des États-Unis. Cette évolution a suscité des débats sur les mérites des mesures protectionnistes par rapport aux risques de perturber les chaînes d'approvisionnement établies et de provoquer des ralentissements économiques plus importants.

Dans ce contexte, les industries qui dépendent du commerce international ont dû faire face à une incertitude accrue et à des défis pour naviguer dans un environnement commercial en constante évolution. Les perturbations de la chaîne d'approvisionnement, l'augmentation des coûts et les conditions imprévisibles du marché ont constitué de formidables obstacles pour les entreprises, suscitant des inquiétudes quant à leur viabilité à long terme et à leur compétitivité sur le marché mondial.

Au-delà des impacts économiques immédiats, la prévalence des conflits commerciaux a mis à rude épreuve les relations diplomatiques et testé la résistance des alliances. La discorde engendrée par ces politiques a mis en évidence l'interaction complexe entre l'économie et la géopolitique, en soulignant l'équilibre délicat entre la poursuite des intérêts nationaux et le maintien de la coopération multilatérale.

Les investisseurs et les décideurs politiques du monde entier ont suivi de près la trajectoire des guerres commerciales, évaluant les ramifications potentielles pour la croissance et la stabilité mondiales. Le spectre de tensions commerciales prolongées a plané, jetant une ombre sur les perspectives de solutions collaboratives à des défis mondiaux urgents.

Alors que les États-Unis s'engageaient dans des négociations et renégociaient des accords commerciaux dans ce contexte de protectionnisme accru, les répercussions de leurs politiques se sont étendues bien au-delà de leurs frontières. Le récit des guerres commerciales et du nationalisme économique qui s'est déroulé résume les caractéristiques d'une période charnière dans les relations économiques mondiales, laissant une empreinte indélébile sur le discours relatif au commerce international et à la trajectoire future de la mondialisation.

Les relations diplomatiques dans l'incertitude

Les politiques "America First" de l'administration Trump et sa position de confrontation sur le commerce ont non seulement eu des répercussions sur l'économie mondiale, mais aussi un impact significatif sur les relations diplomatiques avec les alliés traditionnels et les partenaires internationaux. L'incertitude découlant des changements brusques de politique, de la rhétorique soulignant la primauté des intérêts américains et de l'accent mis sur les négociations bilatérales a conduit à une réévaluation des normes diplomatiques et des alliances établies. Cette période tumultueuse des relations internationales a mis à l'épreuve la résistance des institutions multilatérales et soulevé des questions sur le futur paysage de la coopération mondiale. Les canaux diplomatiques, autrefois caractérisés par la prévisibilité, la collaboration et le respect mutuel, ont été confrontés à des défis sans précédent en cette période d'incertitude géopolitique. Les alliés traditionnels des États-Unis, habitués à jouer un rôle de premier plan et à s'engager en faveur de la sécurité collective, ont vu leurs relations se tendre lorsque l'administration a privilégié une diplomatie transactionnelle et cherché à réaffirmer la domination des États-Unis dans les affaires internationales. L'imposition de droits de douane, de sanctions et le retrait d'accords internationaux ont provoqué une onde de choc au sein de la communauté diplomatique et suscité des inquiétudes quant à l'érosion de la confiance et à la déstabilisation de partenariats de longue date. Alors que les États-Unis recalibraient leur approche de la politique étrangère, les diplomates et les fonctionnaires d'autres pays se sont trouvés en terrain inconnu pour s'engager avec une administration axée sur la conclusion d'accords bilatéraux et la renégociation de pactes établis. Ce climat d'incertitude, aggravé par des actions unilatérales et la délégitimation des mécanismes de gouvernance mondiale, a mis en évidence la tâche formidable que représente la préservation de relations diplomatiques efficaces dans des circonstances sans précédent. Les divergences entre les États-Unis et leurs alliés sur des questions essentielles telles que le changement climatique, l'accord sur le nucléaire iranien et le processus de paix au Moyen-Orient ont compliqué les efforts visant à présenter un front uni sur la scène internationale. Pour naviguer dans les méandres de l'engagement diplomatique dans un contexte de tensions accrues et de priorités changeantes, il faut savoir tirer parti d'autres voies de dialogue et construire des coalitions au-delà des cadres traditionnels. Dans ce contexte, les diplomates et les parties prenantes ont manœuvré pour trouver un terrain d'entente, préserver des lignes de communication ouvertes et sauver les fondements de la diplomatie collaborative. L'impact global de cette période a suscité une réévaluation de la dynamique du pouvoir et a occupé le devant de la scène dans les discours universitaires, les forums diplomatiques et les débats politiques, ouvrant la voie à de futures considérations et à des recalibrages dans les relations internationales.

Retrait des accords internationaux

L'approche de l'administration Trump en matière d'accords internationaux a été caractérisée par un changement significatif de la position traditionnelle des États-Unis. La rhétorique "America First" du président Trump a souligné le scepticisme de son administration à l'égard des accords multilatéraux, ce qui a conduit au retrait de plusieurs engagements internationaux clés. Ce départ d'accords établis, tels que l'Accord de Paris sur le climat et l'Accord sur le nucléaire iranien, a marqué une rupture avec les approches précédentes de la politique étrangère des États-Unis.

La décision de se retirer de ces accords a déclenché des débats, tant au niveau national qu'international, sur les implications d'une telle action. Les critiques ont fait valoir que ce retrait marquait un recul du leadership mondial et sapait les efforts déployés pour relever les défis mondiaux les plus pressants. Cette décision a suscité des inquiétudes quant aux vides de pouvoir potentiels et aux possibilités pour d'autres acteurs mondiaux d'assumer des rôles de leadership dans ces cadres.

D'autre part, les partisans du retrait soutenaient que les accords existants ne donnaient pas suffisamment la priorité aux intérêts américains et qu'ils pouvaient potentiellement limiter l'autonomie et la prospérité économique du pays. Selon eux, le rééquilibrage de ces accords ou la négociation de nouveaux accords serviraient mieux les intérêts nationaux des États-Unis.

Les ramifications du retrait des accords internationaux se sont étendues au-delà des cercles diplomatiques. Ces décisions ont eu des effets tangibles sur les efforts mondiaux de lutte contre le changement climatique, les initiatives de non-prolifération et les questions plus générales de gouvernance mondiale. Le retrait de ces accords a également influencé la perception de la fiabilité et de la crédibilité des États-Unis chez leurs alliés et partenaires, ce qui a eu un impact sur les relations diplomatiques au sens large.

Sur le plan extérieur, le retrait a eu un impact sur l'ordre mondial, entraînant une reconfiguration des partenariats et des alliances. Les pays ont cherché à réévaluer leurs relations stratégiques et à combler les vides potentiels créés par l'absence de leadership américain dans des accords internationaux spécifiques.

Ce retrait a soulevé des questions sur le rôle des États-Unis dans l'élaboration et le maintien de l'ordre international fondé sur des règles. Longtemps considéré comme une pierre angulaire de la politique étrangère américaine, le retrait des accords internationaux a introduit des incertitudes quant à l'engagement du pays envers les structures de gouvernance mondiale et les solutions coopératives aux défis transnationaux.

En fin de compte, le retrait des accords internationaux pendant l'ère Trump a reflété une rupture avec les approches conventionnelles de l'engagement mondial et de la diplomatie. Il a suscité des réflexions importantes sur la nature du leadership mondial des États-Unis, la valeur du multilatéralisme et l'équilibre entre les intérêts nationaux et la coopération internationale.

Stratégies militaires et dépenses de défense

L'approche de l'administration Trump en matière de stratégies militaires et de dépenses de défense reflète un changement important dans les priorités et l'allocation des ressources. Adoptant la doctrine de "l'Amérique d'abord", le président Trump a donné la priorité au renforcement des capacités militaires des États-Unis tout en préconisant une réduction des engagements militaires à l'étranger. Ce recalibrage des stratégies militaires a été souligné par l'accent mis sur le renforcement de l'infrastructure nationale de défense et sur la modernisation des forces armées afin de maintenir la supériorité technologique sur la scène mondiale.

L'un des aspects clés de la politique de défense du président Trump est l'augmentation des dépenses de défense afin de renforcer et de moderniser l'armée américaine. L'administration a cherché à revitaliser les capacités de défense du pays en investissant massivement dans l'armement de pointe, les initiatives de cybersécurité et les innovations technologiques. Des efforts ont été déployés pour renforcer la préparation militaire et améliorer les capacités de projection de forces afin de sauvegarder les intérêts américains dans le monde entier.

Parallèlement à la priorité accordée à la défense nationale, l'administration Trump a poursuivi une stratégie visant à redéfinir le dispositif militaire mondial des États-Unis. Cette approche a consisté à réévaluer les engagements du pays à l'égard des accords de sécurité et des alliances internationales, ce qui l'a conduit à adopter une position plus unilatérale pour relever les défis géopolitiques. En mettant l'accent sur l'autosuffisance stratégique et en réduisant les engagements dans des conflits prolongés, l'administration a cherché à réaffecter les ressources pour répondre aux préoccupations intérieures en matière de sécurité et faire progresser les intérêts nationaux.

Les stratégies militaires de l'administration ont été associées à un effort concerté pour rationaliser les dépenses de défense et assurer la rentabilité des processus d'approvisionnement. Le président Trump a plaidé en faveur de pratiques d'appel d'offres et de négociation concurrentielles afin d'optimiser les contrats de défense et de limiter les dépenses inutiles au sein de l'industrie de la défense. Cette approche visait à promouvoir la responsabilité fiscale tout en offrant une meilleure valeur pour l'argent des contribuables investi dans les initiatives de défense.

Alors que l'administration naviguait dans des paysages sécuritaires mondiaux en pleine évolution, elle s'est heurtée à la fois au soutien et au scepticisme à l'égard de ses politiques militaires. Ses partisans ont salué l'accent mis sur la modernisation et la restructuration des priorités en matière de défense afin de s'adapter aux menaces contemporaines, tandis que ses détracteurs se sont inquiétés des ramifications potentielles d'un engagement réduit avec les alliés traditionnels et d'un unilatéralisme accru dans la prise de décision militaire.

En conclusion, l'approche des stratégies militaires et des dépenses de défense sous l'ère Trump a suscité des discussions sur l'équilibre entre les impératifs de sécurité nationale, les obligations internationales et la prudence budgétaire. L'impact durable de ces politiques sur l'establishment militaire américain et le paysage géopolitique au sens large continue de façonner les délibérations en cours et les considérations futures en matière de planification de la défense et de relations internationales.

Perception mondiale du leadership américain sous l'administration Trump

Alors que le président Trump poursuivait son programme "L'Amérique d'abord", la perception mondiale du leadership des États-Unis a connu d'importants changements. De nombreux pays et observateurs internationaux ont suivi de près les décisions de politique étrangère de l'administration et leur impact sur la dynamique du leadership mondial. L'approche des alliances traditionnelles et des accords internationaux a suscité des débats et des inquiétudes considérables parmi les alliés et les partenaires stratégiques des États-Unis. La remise en question d'engagements de longue date en matière de sécurité et l'accent mis sur les relations transactionnelles ont créé une incertitude quant à la fiabilité des États-Unis en tant que leader mondial. Le style diplomatique et la rhétorique employés par l'administration Trump se sont souvent écartés des normes diplomatiques établies, ce qui a suscité des réactions mitigées aux quatre coins du monde. Certains ont considéré la position directe et conflictuelle de l'administration comme une démonstration de force, tandis que d'autres l'ont perçue comme une atteinte aux principes du multilatéralisme et de la diplomatie coopérative. Ces perceptions ont eu des effets d'entraînement dans différentes régions géopolitiques et dans différents domaines. En termes de leadership économique mondial, l'imposition de droits de douane et de politiques commerciales a suscité de vives réactions de la part des principaux partenaires commerciaux, contribuant à repositionner la dynamique du commerce mondial. Le retrait de l'administration des accords internationaux, tels que l'accord de Paris sur le climat et l'accord sur le nucléaire iranien, a marqué une rupture avec les engagements et les cadres mondiaux précédemment partagés. Cette décision a suscité de nombreuses discussions sur le rôle des États-Unis dans la résolution des problèmes transnationaux et le maintien des efforts collectifs. La réponse des États-Unis aux crises et conflits mondiaux au cours de cette période a fait l'objet d'un examen minutieux, certains mettant en doute la cohérence et l'efficacité des interventions du pays en matière de politique étrangère. Parallèlement, la perception de la puissance douce des États-Unis, notamment l'influence culturelle, l'éducation et l'innovation, a également évolué dans diverses parties du monde, ce qui a eu un impact sur les modèles d'engagement mondial établis de longue date. Dans l'ensemble, les perceptions mondiales du leadership américain sous l'administration Trump ont souligné les complexités et les ramifications de l'approche "America First" dans l'arène mondiale. Les conversations et les débats à grande échelle liés au leadership des États-Unis se sont répercutés à l'échelle internationale et continuent de façonner le paysage évolutif de la gouvernance et de la coopération mondiales.

Critiques et soutiens de la politique de Trump

Les politiques mises en œuvre par l'administration Trump ont sus-cité un large éventail de réactions, tant au niveau national qu'in-ternational. Les détracteurs de l'approche de Trump ont qualifié ses politiques d'isolationnistes, de myopes et de préjudiciables à des alliances de longue date. Nombreux sont ceux qui affirment que sa doctrine "l'Amérique d'abord" sape l'ordre mondial et nuit à la réputation de l'Amérique en tant que partenaire fiable sur la scène internationale. Les critiques ont décrié l'utilisation par l'ad-ministration de tarifs douaniers et de guerres commerciales comme préjudiciables à la stabilité économique mondiale, exacerbant les tensions avec les principaux alliés et adversaires. Le style diploma-tique non conventionnel de M. Trump et ses fréquentes prises de bec publiques avec des dirigeants étrangers ont été critiqués pour avoir érodé les normes traditionnelles de la diplomatie interna-tionale. Sur le plan intérieur, les opposants aux politiques de M. Trump se sont inquiétés de leur capacité à exacerber les inégalités sociales et économiques et à favoriser un climat d'intolérance. En revanche, les partisans des politiques de M. Trump ont salué la priorité qu'il accorde aux intérêts américains et l'importance qu'il accorde à la renégociation des accords commerciaux afin d'obtenir de meilleures conditions pour les États-Unis. Ils ont salué la po-sition affirmée de l'administration sur l'immigration et la sécu-rité nationale comme des mesures nécessaires pour sauvegarder la souveraineté américaine et protéger ses citoyens des menaces extérieures. Certains partisans ont salué la volonté de M. Trump de remettre en question les accords et organisations internationaux établis, affirmant que cela démontrait un engagement à réaffirmer l'autonomie américaine et à promouvoir un cadre mondial plus

équitable. Les partisans de la politique étrangère de M. Trump
ont également salué ses efforts pour lutter contre les pratiques
commerciales de la Chine et ses avantages perçus comme déloyaux,
considérant ces actions comme des étapes cruciales pour protéger
les industries américaines et les emplois. La diversité des opinions
sur les politiques de Trump reflète la nature profondément polar-
isée du discours politique contemporain, soulignant la complexité
et l'impact multiforme de l'approche de son administration en
matière de relations internationales.

Héritage et implications pour les administrations futures

L'héritage des politiques de l'"Amérique d'abord" mises en œuvre
par l'administration Trump plane sur les futures administrations
américaines et les affaires mondiales. Le changement sismique de
la politique étrangère américaine sous la présidence Trump a laissé
un impact profond sur les relations internationales, remettant en
question les normes établies et remodelant les perceptions mondiales du leadership américain.

L'une des conséquences les plus importantes de cet héritage
est l'érosion de la confiance dans les alliances traditionnelles et
les institutions multilatérales. Le retrait des États-Unis d'accords
internationaux clés, associé à une approche transactionnelle de la
diplomatie, a tendu les relations avec des alliés de longue date et
suscité des doutes quant à l'engagement de la nation en faveur de la
sécurité collective et de la gouvernance mondiale. En conséquence,
les futures administrations seront confrontées à la tâche complexe
de reconstruire et de réaffirmer ces partenariats vitaux tout en

faisant face au scepticisme et au ressentiment persistants de leurs homologues internationaux.

La doctrine "America First" a suscité des débats sur le rôle des États-Unis face aux défis mondiaux tels que le changement climatique, le commerce international et les droits de l'homme. Les mesures unilatérales prises par l'administration Trump, notamment les tarifs douaniers et les guerres commerciales, ont mis en évidence les conséquences potentielles de la priorisation d'intérêts nationaux étroits sur une coopération internationale plus large. Alors que les futures administrations cherchent à réaffirmer l'influence américaine sur la scène mondiale, elles devront se pencher sur les ramifications de ces politiques et formuler une vision claire pour s'engager avec la communauté mondiale.

D'un point de vue stratégique, l'accent mis sur les dépenses militaires et les priorités en matière de défense pendant l'ère Trump a influencé les discussions sur les engagements de sécurité des États-Unis et les interventions militaires à l'étranger. L'accent mis sur le renforcement des capacités militaires tout en remettant en question les accords de sécurité existants a remis en question les implications à long terme pour le rôle de l'Amérique en tant que garant de la sécurité mondiale. Les futures administrations devront réévaluer soigneusement les stratégies de défense et les obligations en matière d'alliances afin de trouver un équilibre entre les impératifs de sécurité nationale et la stabilité internationale.

L'héritage durable de la politique étrangère de l'administration Trump s'étend à la perception qu'a le public du leadership et des valeurs des États-Unis. La rhétorique et les actions associées à "l'Amérique d'abord" ont suscité un débat national et international sur l'identité de la nation en tant que leader mondial. Il sera impératif pour les futures administrations d'articuler une approche cohérente et fondée sur des principes de la politique étrangère qui projette une vision claire et convaincante du leadership des États-Unis sur la scène internationale.

En conclusion, l'héritage des politiques de l'"Amérique d'abord" sous l'administration Trump pose des défis et des opportunités à multiples facettes pour les futures administrations américaines. Naviguer dans les complexités de la diplomatie mondiale, reconstruire les alliances fracturées et restaurer la foi dans le leadership américain nécessitera une planification stratégique astucieuse et des manœuvres diplomatiques habiles. L'impact durable de cet héritage souligne l'importance d'élaborer une politique étrangère renouvelée qui reflète les aspirations des États-Unis à un monde pacifique et prospère.

7

L'administration Biden

Reconstruire les ponts au milieu des défis

Restauration diplomatique : Renouveler les alliances transatlantiques

L'administration du président Biden s'est lancée dans une mission dédiée au rajeunissement et au renforcement des alliances historiques entre les États-Unis et leurs principaux partenaires européens. Reconnaissant le caractère indispensable de l'engagement multilatéral pour relever les défis mondiaux, l'administration a mis l'accent sur la revitalisation des liens diplomatiques avec les pays de l'autre côté de l'Atlantique. Cet effort concerté est fondé sur l'idée qu'un front uni entre les partenaires transatlantiques est impératif pour faire face aux problèmes mondiaux urgents, qu'il s'agisse du changement climatique, de la reprise économique, de la sécurité ou des droits de l'homme. Grâce à des initiatives diplomatiques stratégiques, l'administration Biden a cherché à favoriser la recherche d'un consensus, la coopération et l'action commune sur des priorités partagées. Ce faisant, l'administration a activement réaffirmé l'engagement des États-Unis en faveur du multilatéralisme et de la coopération internationale, marquant ainsi une rupture avec l'approche unilatérale de l'administration précédente. Les résultats tangibles de ces efforts sont évidents dans le nouvel esprit de collaboration et de coordination observé dans les dialogues de haut niveau, les forums multilatéraux et les initiatives politiques conjointes. En donnant la priorité à un dialogue régulier et constructif avec les alliés européens, le président Biden s'est efforcé de rétablir la confiance et la solidarité, jetant ainsi les bases des efforts futurs pour relever collectivement des défis mondiaux complexes. Le rétablissement des alliances transatlantiques n'a pas seulement impliqué la reconstruction des relations bilatérales, mais aussi le rétablissement des États-Unis en tant que partenaire fiable et inébranlable au sein d'institutions et d'engagements mondiaux clés. En participant activement à des organisations internationales telles que les Nations unies, le G7 et l'Union européenne, l'administration a souligné son engagement à travailler avec ses alliés pour façonner la gouvernance mondiale et répondre à des préoccupations communes. Cet engagement a été essentiel pour favoriser une coordination efficace sur des questions allant du maintien de la paix et de l'aide humanitaire à la politique commerciale et aux crises sanitaires mondiales. La diplomatie soutenue et les efforts de sensibilisation ont facilité le développement d'une vision stratégique commune pour la collaboration transatlantique, améliorant les perspectives de relever les défis mondiaux à multiples facettes d'une manière unifiée. En fin de compte, la restauration diplomatique sous l'administration Biden a jeté les bases d'une nouvelle ère de coopération transatlantique, ouvrant la voie à une approche plus cohérente et plus efficace pour naviguer dans les complexités d'un monde interconnecté.

Réaffirmer le multilatéralisme : Institutions et engagements mondiaux

L'engagement de l'administration Biden à réaffirmer le multilatéralisme et à renforcer les institutions mondiales reflète un changement significatif dans l'approche des relations internationales. En s'engageant activement auprès des plateformes multilatérales telles que les Nations unies, la Banque mondiale, le Fonds monétaire international et l'Organisation mondiale du commerce, l'administration cherche à renforcer les liens diplomatiques et à faire progresser les objectifs communs. L'accent mis sur le travail au sein de ces institutions souligne la reconnaissance de l'interconnexion des défis mondiaux et la nécessité de réponses coordonnées. Il faudra examiner les stratégies de l'administration pour revitaliser les engagements multilatéraux et naviguer dans des dynamiques géopolitiques complexes.

La réaffirmation du multilatéralisme repose sur la reconnaissance de la valeur de l'action collective dans la résolution des problèmes mondiaux urgents. En s'engageant à nouveau en faveur des accords internationaux, l'administration entend collaborer avec ses alliés et ses partenaires pour relever toute une série de défis, notamment le changement climatique, les crises de santé publique et le développement économique. En défendant la diplomatie et les alliances sur la scène mondiale, l'administration renforce l'importance de favoriser la coopération et de rechercher un consensus par le biais de canaux multilatéraux.

Les efforts de l'administration s'étendent à la revitalisation des principales institutions mondiales, en préconisant des réformes le cas échéant, et en leur donnant les moyens de répondre efficacement aux préoccupations mondiales actuelles. Cette approche proactive implique de tirer parti de l'influence des États-Unis pour renforcer le fonctionnement et l'efficacité de ces institutions, améliorant ainsi leur capacité à conduire des changements positifs à l'échelle mondiale. L'administration s'attache également à promouvoir l'inclusion et la diversité au sein de ces institutions, en reconnaissant la diversité des points de vue et des contributions indispensables à une prise de décision éclairée.

Parallèlement à la revitalisation des institutions mondiales, l'administration s'engage activement dans des partenariats avec des nations partageant les mêmes idées afin de promouvoir des objectifs communs. Cette approche collaborative implique de forger un consensus sur les questions mondiales essentielles et d'aligner les politiques sur les objectifs partagés. En renforçant l'esprit de coopération et de consultation, l'administration cherche à naviguer dans des paysages géopolitiques complexes et à construire des cadres résistants qui favorisent la stabilité et la prospérité dans toutes les régions.

L'engagement de l'administration en faveur du multilatéralisme va au-delà des canaux diplomatiques formels et englobe des efforts plus larges visant à impliquer la société civile, les organisations non gouvernementales et diverses parties prenantes. Ces engagements inclusifs reflètent une approche holistique pour relever les défis mondiaux, en reconnaissant le rôle indispensable des différentes voix dans l'élaboration de solutions efficaces et équitables. En adoptant des perspectives diverses et en favorisant un dialogue constructif, l'administration vise à construire un système multilatéral plus inclusif et plus réactif qui s'adapte à l'évolution des réalités mondiales.

En fin de compte, l'approche de l'administration visant à réaffirmer le multilatéralisme constitue un pilier essentiel de son programme de politique étrangère, signalant un retour à une diplomatie de collaboration et à un leadership mondial concerté. Alors que l'administration navigue dans le réseau complexe des défis interconnectés, son engagement envers le multilatéralisme sert de principe directeur pour forger un monde plus stable, plus équitable et plus prospère.

La relance économique après le COVID-19 : Tactiques de coopération transatlantique

La pandémie de COVID-19 a engendré des défis sans précédent, en particulier dans le domaine économique, nécessitant une collaboration stratégique et des tactiques innovantes pour favoriser la reprise. Les partenaires transatlantiques, les États-Unis et l'Union européenne, reconnaissent l'urgence de revitaliser leurs économies après la pandémie et s'engagent à favoriser la coopération pour atteindre cet objectif. Les deux entités ont reconnu qu'une approche unifiée est essentielle pour faire face efficacement aux répercussions considérables de la pandémie sur le commerce mondial et la stabilité économique.

Les tactiques de coopération transatlantique pour la reprise économique comprennent plusieurs éléments essentiels. Tout d'abord, il est impératif de favoriser une croissance économique durable grâce à des plans de relance ciblés et à des investissements dans des secteurs clés tels que les soins de santé, la technologie et les énergies renouvelables. Les États-Unis et l'Union européenne doivent harmoniser leurs efforts afin de tirer parti des ressources et des connaissances et d'accélérer ainsi la relance de leurs économies.

Il est primordial de remédier aux perturbations de la chaîne d'approvisionnement et de renforcer la résilience face aux futurs chocs mondiaux. Les initiatives de collaboration visant à diversifier et à renforcer les chaînes d'approvisionnement, en particulier dans les secteurs critiques tels que les produits pharmaceutiques et les semi-conducteurs, atténueront les vulnérabilités et contribueront à la stabilité à long terme.

Un effort concerté pour faciliter le commerce international et éliminer les obstacles à l'accès au marché est crucial. Il s'agit non seulement de s'attaquer aux barrières tarifaires et non tarifaires existantes, mais aussi de fixer des normes pour des pratiques commerciales équitables et éthiques, de garantir des conditions de concurrence équitables pour les entreprises et de promouvoir l'inclusion économique.

Il convient aussi d'explorer des mécanismes financiers innovants et des programmes de facilitation des échanges. L'élaboration de stratégies conjointes pour les obligations de relance économique, le financement des exportations et les activités de promotion commerciale soutiendra l'élan économique et apportera un soutien indispensable aux entreprises des deux côtés de l'Atlantique.

Au-delà de ces mesures, un engagement en faveur du développement durable et de la transition écologique fait partie intégrante du programme de relance économique. En alignant les politiques climatiques et en investissant dans les technologies vertes, les États-Unis et l'UE peuvent être les fers de lance d'une approche transformatrice vers une économie plus résiliente et plus durable sur le plan environnemental.

Enfin, se concentrer sur le développement de la main-d'œuvre et favoriser la numérisation par le biais de l'innovation collaborative et de programmes de renforcement des compétences facilitera la résilience économique et la compétitivité à long terme. L'adoption des tendances émergentes de l'économie numérique, telles que l'intelligence artificielle et la cybersécurité, peut positionner les partenaires transatlantiques en tant que leaders mondiaux dans l'élaboration de l'avenir du travail et de l'industrie.

En adoptant ces tactiques de coopération, les partenaires transatlantiques peuvent non seulement accélérer leur propre reprise économique, mais aussi donner un exemple convaincant de coopération mondiale en temps de crise.

Relations commerciales : Aborder les questions tarifaires et d'accès au marché

Les relations commerciales transatlantiques sont depuis longtemps une composante essentielle de l'économie mondiale, façonnant le paysage économique des deux côtés de l'Atlantique. Ces dernières années, divers changements géopolitiques et économiques ont eu un impact sur ces relations, entraînant l'imposition de droits de douane et des différends sur l'accès au marché. Alors que le monde est aux prises avec les conséquences de la pandémie de COVID-19, il est devenu primordial pour l'administration Biden de relever ces défis commerciaux.

L'un des principaux objectifs des relations commerciales est de résoudre les différends tarifaires existants et d'éviter toute nouvelle escalade. Cela implique d'engager un dialogue constructif avec les homologues européens afin de négocier des réductions tarifaires et éventuellement d'éliminer certains obstacles au commerce. En cherchant à conclure des accords mutuellement bénéfiques, les États-Unis et l'Union européenne peuvent favoriser la croissance économique et la création d'emplois, tout en atténuant l'impact négatif des droits de douane sur les entreprises et les consommateurs.

L'accès au marché reste un élément clé de l'amélioration des relations commerciales transatlantiques. Dans le cadre de la stratégie, il est devenu essentiel d'identifier et de traiter les obstacles non tarifaires au commerce. La rationalisation des processus réglementaires et l'alignement des normes peuvent faciliter l'accès au marché des biens et des services et, en fin de compte, créer un environnement plus propice aux activités commerciales transatlantiques. Cette approche collaborative nécessite des efforts concertés de la part des deux parties pour garantir un accès juste et équitable au marché tout en maintenant des normes élevées de qualité et de protection des consommateurs.

Outre la résolution des problèmes commerciaux existants, l'administration Biden entend jeter les bases d'un cadre commercial transatlantique global qui tienne compte des nouveaux défis et des nouvelles opportunités. Il s'agit notamment d'explorer des domaines de coopération tels que le commerce numérique, les droits de propriété intellectuelle et le développement durable. En modernisant l'agenda commercial, les États-Unis et l'Union européenne peuvent s'adapter à l'évolution des tendances mondiales et maintenir leur compétitivité dans une économie mondiale de plus en plus interconnectée.

Enfin, il est impératif que les deux parties s'engagent à nouveau à respecter les principes du commerce libre et équitable, en reconnaissant la valeur des marchés ouverts et des pratiques commerciales transparentes. L'adoption d'une approche de la gouvernance commerciale fondée sur des règles favorisera la stabilité et la prévisibilité, ce qui donnera aux entreprises la confiance nécessaire pour investir et innover de part et d'autre de l'Atlantique. Grâce à une collaboration soutenue, les États-Unis et l'Union européenne peuvent non seulement relever les défis commerciaux immédiats, mais aussi établir un cadre solide pour les relations commerciales futures, en renforçant la prospérité économique et en favorisant un partenariat transatlantique prospère.

Revitalisation de la politique climatique : De l'accord de Paris aux ambitions nettes zéro

La redynamisation de la coopération transatlantique en matière de politique climatique sous l'administration Biden marque un tournant décisif pour relever les défis urgents posés par le changement climatique mondial. S'appuyant sur l'engagement de rejoindre l'Accord de Paris, les États-Unis et l'Union européenne envisagent des objectifs ambitieux pour parvenir à des émissions nettes nulles. Le partenariat renouvelé cherche à propulser une approche globale de la lutte contre le changement climatique grâce à une collaboration renforcée dans le déploiement des énergies renouvelables, les stratégies de réduction des émissions et les initiatives de développement durable.

Au cœur de cette revitalisation se trouve la vision d'une transition vers une énergie propre qui stimule la croissance économique tout en atténuant l'impact sur l'environnement. Les deux parties souhaitent tirer parti de l'innovation technologique et des investissements verts pour orienter leurs économies vers la décarbonisation, en favorisant un avantage concurrentiel sur le marché mondial en plein essor des énergies à faible teneur en carbone. En alignant leurs politiques et leurs réglementations, les États-Unis et l'Union européenne aspirent à établir un cadre qui favorise la finance verte et incite le secteur privé à s'engager dans des projets durables, se positionnant ainsi en tant que leaders dans la transition vers un avenir plus vert et plus durable.

La coopération va au-delà des efforts nationaux, en adoptant une stratégie globale pour mobiliser l'action mondiale. En tirant parti de leur poids diplomatique et de leur influence combinés, les partenaires transatlantiques s'efforcent de rallier d'autres nations, en particulier les principaux émetteurs, pour qu'elles renforcent leurs ambitions en matière de climat, en soutenant l'élan international et en favorisant un consensus solide en vue d'enrayer le changement climatique. L'accent mis sur la promotion de la transparence, de la responsabilité et des mécanismes de soutien aux pays en développement souligne l'engagement en faveur d'une action climatique équitable et collective, en reconnaissant la nature interdépendante du défi climatique mondial.

L'attention renouvelée portée à la politique climatique implique également des initiatives de collaboration en matière de recherche et de développement, facilitant l'échange de connaissances et le transfert de technologies afin de renforcer la résilience climatique et les mesures d'adaptation. En investissant conjointement dans la recherche, l'innovation et les projets d'infrastructures vertes liés au climat, les États-Unis et l'UE s'efforcent d'encourager une culture d'apprentissage et de progrès partagés, en veillant à ce que les solutions naissantes soient applicables et aient un impact à l'échelle mondiale.

Pour atteindre les objectifs transformateurs de zéro émission nette, les partenaires sont prêts à explorer des cadres politiques complémentaires visant à accélérer le déploiement de technologies durables, à améliorer l'efficacité énergétique et à intégrer les considérations climatiques dans divers secteurs. Cette approche proactive souligne non seulement l'ambition d'obtenir des avantages environnementaux tangibles, mais présente également un argument convaincant pour créer de nouvelles opportunités économiques et améliorer le bien-être de la société dans le cadre d'un paradigme durable.

Collaboration en matière de sécurité : Moderniser l'OTAN et les stratégies de défense

À une époque où les défis sécuritaires évoluent, la modernisation de l'OTAN et des stratégies de défense reste primordiale pour la collaboration transatlantique en matière de sécurité. L'administration Biden a souligné l'importance de renforcer la pertinence de l'OTAN face aux nouvelles menaces, y compris celles émanant d'acteurs étatiques et non étatiques. L'un des aspects essentiels de la modernisation consiste à adapter les capacités de l'OTAN pour faire face à la guerre hybride, aux cyberattaques et aux campagnes de désinformation qui cherchent à saper les institutions démocratiques. L'alliance se concentre également sur l'amélioration de sa posture de défense collective et le renforcement des mesures de dissuasion pour protéger les États membres. Des efforts sont en cours pour rationaliser les processus de prise de décision et améliorer l'interopérabilité militaire entre les pays membres. Un élément essentiel de la modernisation de l'OTAN et des stratégies de défense est le renforcement des engagements de partage des charges, en mettant l'accent sur des contributions équitables aux opérations et aux capacités de l'alliance. Cela implique non seulement d'atteindre les objectifs en matière de dépenses de défense, mais aussi d'investir dans les technologies de pointe et les solutions de défense innovantes. L'adaptation de la stratégie de l'OTAN aux défis sécuritaires du XXIe siècle nécessite un réexamen complet de son concept stratégique et le développement de mécanismes de réponse agiles. Des initiatives de collaboration telles que le concept de combat interarmées et le Fonds européen de défense sont des indicateurs des efforts en cours pour moderniser les capacités de défense et renforcer l'interopérabilité au sein de la communauté transatlantique. Parallèlement, la mobilisation des ressources pour faire face aux menaces émergentes, y compris celles posées par des puissances adverses, exige une coordination et une coopération étroites entre les membres de l'OTAN. Il s'agit notamment de faire face aux menaces asymétriques, telles que la guerre cybernétique et hybride, par le biais d'exercices conjoints, du partage d'informations et du renforcement des capacités. Le processus de modernisation de l'OTAN et des stratégies de défense comprend également l'intégration des nouveaux domaines de conflit, tels que l'espace et le cyberespace, dans la planification et la préparation de la défense collective. Alors que l'alliance transatlantique s'adapte pour répondre aux impératifs de sécurité contemporains, la modernisation de l'OTAN et des stratégies de défense sert de pivot au renforcement de l'unité, de la résilience et de l'efficacité face à un paysage de menaces dynamique.

Lutte contre les cybermenaces : Initiatives en matière de sécurité et de résilience numériques

Dans le monde interconnecté d'aujourd'hui, la cybersécurité

est devenue l'une des préoccupations les plus pressantes des États-Unis et de l'Union européenne. La fréquence et la sophistication croissantes des cyberattaques constituent une menace importante pour la sécurité nationale, la stabilité économique et la vie privée. Pour relever ces défis complexes, il faut adopter une approche globale et concertée afin de renforcer la sécurité numérique et les initiatives de résilience. L'engagement de l'administration Biden à améliorer les cyberdéfenses et à favoriser la coopération internationale est essentiel pour renforcer le partenariat transatlantique. La présente section se penche sur les stratégies à multiples facettes visant à atténuer les cybermenaces et à renforcer le cyberécosystème des deux côtés de l'Atlantique. Au cœur de ces efforts se trouve la reconnaissance du cyberespace comme un domaine où des mesures proactives sont essentielles pour sauvegarder les infrastructures critiques, les données sensibles et les institutions démocratiques. L'élaboration et la mise en œuvre de normes de cybersécurité solides, de cadres de réponse aux incidents et de protocoles de partage de l'information seront essentielles pour dissuader les cyberactivités malveillantes et y répondre efficacement. La promotion de partenariats public-privé et la collaboration avec des entreprises technologiques permettront l'échange de bonnes pratiques et le développement de solutions innovantes pour lutter contre l'évolution des cyber-risques. Soulignant l'importance des normes internationales et d'un ordre fondé sur des règles dans le cyberespace, les États-Unis et l'Union européenne cherchent à montrer l'exemple en plaidant pour un comportement responsable des États et une responsabilisation dans le cyberespace. Les efforts visant à renforcer la cyber-résilience passeront par la sensibilisation, le renforcement des capacités techniques et la promotion d'une culture de la cyber-hygiène parmi les particuliers, les entreprises et les entités gouvernementales. En investissant dans des technologies de pointe telles que l'intelligence artificielle, l'apprentissage automatique et l'informatique quantique, les deux partenaires peuvent garder une longueur d'avance sur les cybermenaces et les vulnérabilités émergentes. Les réponses coordonnées aux cyberincidents, y compris l'attribution et les contre-mesures proportionnelles, renforcent la posture de dissuasion à l'égard des acteurs malveillants. Alors que les adversaires continuent d'exploiter les vulnérabilités cybernétiques à des fins géopolitiques et idéologiques, la communauté transatlantique doit rester vigilante et adaptable dans son approche de la cybersécurité sur le site . En définitive, en s'appuyant sur des valeurs, une expertise et des ressources communes, les États-Unis et l'Union européenne peuvent relever efficacement les défis cybernétiques et défendre les principes d'un cyberespace ouvert, sûr et résilient.

Droits de l'homme et valeurs démocratiques : Une position unie

Alors que les États-Unis et l'Union européenne naviguent dans le paysage complexe de la géopolitique mondiale, la promotion et la préservation des droits de l'homme et des valeurs démocratiques restent primordiales. À une époque marquée par la montée de l'autoritarisme et de la répression politique, le partenariat transatlantique constitue un rempart contre l'érosion des libertés fondamentales et des principes démocratiques. En coordonnant leurs efforts et en tirant parti de leur influence collective, les deux entités peuvent favoriser une position unie dans la défense des droits de l'homme dans le monde entier.

La protection des droits de l'homme englobe diverses dimensions, allant des libertés civiles et politiques aux droits économiques, sociaux et culturels. Grâce à une collaboration stratégique, les États-Unis et l'Union européenne ont la capacité de défendre les droits des communautés marginalisées, de soutenir la liberté d'expression et de réunion, de lutter contre les discriminations et les inégalités et de sauvegarder l'État de droit. Une approche concertée de la défense de ces droits fondamentaux envoie un message fort aux régimes qui cherchent à supprimer les libertés individuelles et à étouffer la dissidence.

La préservation et la promotion des valeurs démocratiques constituent la pierre angulaire de l'alliance transatlantique. Les engagements communs en faveur de processus électoraux équitables et transparents, de systèmes judiciaires indépendants et d'une gouvernance responsable constituent des repères essentiels pour la promotion de la démocratie dans le monde. En renforçant les institutions démocratiques et en aidant les démocraties émergentes à consolider leurs cadres de gouvernance, les États-Unis et l'Union européenne peuvent accroître la résilience des systèmes démocratiques face aux défis internes et externes.

Face aux influences autoritaires, les partenaires transatlantiques peuvent concevoir des stratégies coordonnées pour contrer les campagnes de désinformation, défendre le pluralisme des médias et renforcer les organisations de la société civile. En amplifiant les récits communs qui défendent les normes et les valeurs démocratiques, la collaboration entre les États-Unis et l'Union européenne peut atténuer l'impact corrosif de la propagande et de la subversion autoritaires. En favorisant les échanges entre les peuples et en soutenant les réseaux de la société civile, on peut renforcer les mouvements de base qui prônent les réformes démocratiques et la protection des droits de l'homme.

Dans le contexte de l'évolution de l'ordre mondial, les États-Unis et l'Union européenne doivent également se préoccuper des droits de l'homme et des déficits démocratiques dans des contextes dépassant leurs sphères d'influence immédiates. En s'engageant auprès des organisations internationales et des alliances régionales, les partenaires transatlantiques peuvent mobiliser des efforts diplomatiques concertés pour lutter contre les violations systémiques des droits de l'homme et les reculs démocratiques. Cet engagement proactif permet de faire progresser un ordre international fondé sur des règles qui défend la dignité et la liberté de tous les individus, quelle que soit leur nationalité ou leur origine.

En fin de compte, un engagement ferme en faveur des droits de l'homme et des valeurs démocratiques unit les États-Unis et l'Union européenne dans leur quête d'un monde plus juste, plus équitable et plus inclusif. En s'appuyant sur le site pour défendre les libertés universelles et la gouvernance démocratique, le partenariat transatlantique est un exemple de solidarité dans la promotion des aspirations collectives de l'humanité. Leur détermination commune envoie un message inébranlable : la défense des droits de l'homme et des principes démocratiques transcende les frontières et est indispensable pour façonner un avenir fondé sur le respect, la dignité et l'égalité partagés.

Équilibrer l'influence de la Chine: Approches coordonnées face à un rival stratégique

Alors que le paysage géopolitique mondial connaît d'importantes mutations, la montée en puissance de la Chine en tant que rival stratégique majeur pose des défis complexes aux relations transatlantiques. La nécessité d'adopter des approches coordonnées pour faire face à l'influence de la Chine est devenue de plus en plus pressante, avec des implications couvrant la concurrence économique, l'innovation technologique, la dynamique de la sécurité et les contestations idéologiques. À l'intersection de ces domaines, les États-Unis et l'Union européenne sont contraints de naviguer sur un terrain complexe tout en défendant leurs valeurs communes, en promouvant des sociétés ouvertes et en sauvegardant leurs intérêts.

Les dynamiques économiques constituent un champ de bataille crucial où les partenaires transatlantiques sont appelés à équilibrer leur engagement avec la Chine tout en atténuant les risques pour leurs industries nationales, leurs chaînes d'approvisionnement et leurs droits de propriété intellectuelle. Les tensions concernant les pratiques commerciales, l'accès au marché et les subventions publiques ont mis en évidence la nécessité d'aligner les politiques économiques et de favoriser l'harmonisation des réglementations. L'impératif de respect des principes de concurrence loyale et des normes de transparence est devenu une cause commune unissant les États-Unis et l'UE. Les efforts visant à renforcer le partenariat transatlantique de commerce et d'investissement (TTIP) et à améliorer la coordination des mécanismes de contrôle des investissements constituent des étapes cruciales dans la gestion de l'ascension économique de la Chine.

Dans le domaine du progrès technologique, la collaboration pour faire face aux prouesses croissantes de la Chine en matière de technologies émergentes et d'infrastructures numériques est une préoccupation majeure. Les initiatives stratégiques visant à renforcer les capacités de recherche et de développement, à promouvoir l'innovation technologique et à établir des cadres de cybersécurité solides sont devenues indispensables pour contrer l'hégémonie technologique de la Chine. L'alignement des approches concernant les réseaux 5G, la gouvernance de l'intelligence artificielle et les réglementations en matière de confidentialité des données reflète la détermination des États-Unis et de l'UE à favoriser un écosystème technologique résilient et compétitif face aux ambitions affirmées de la Chine.

Les considérations de sécurité constituent une autre facette du défi multiforme posé par l'expansion de l'influence de la Chine. La nécessité d'une solidarité transatlantique pour protéger les infrastructures critiques, renforcer les capacités de défense et garantir l'autonomie stratégique revêt une importance accrue dans le contexte de l'affirmation croissante de la Chine dans la région indo-pacifique et au-delà. La coordination des exercices militaires conjoints, l'échange de renseignements et les mesures de dissuasion soulignent la détermination de l'alliance États-Unis-UE à faire contrepoids aux aspirations géopolitiques de la Chine tout en maintenant la paix et la stabilité sur la scène mondiale.

Enfin, les dimensions idéologiques de la réponse transatlantique à la Chine revêtent une importance cruciale dans l'élaboration d'un cadre de coopération durable. Le respect des valeurs démocratiques et de l'État de droit constitue la pierre angulaire des efforts concertés visant à contrer l'influence autoritaire de la Chine et à promouvoir un ordre international inclusif et fondé sur des valeurs. En collaborant à la défense des droits de l'homme, en soutenant les initiatives de la société civile et en luttant contre les campagnes de désinformation, les États-Unis et l'Union européenne aspirent à montrer un front uni qui défend les valeurs universelles et protège les libertés individuelles dans le contexte de l'évolution de la dynamique du pouvoir mondial.

Face au défi multiforme que représente l'influence croissante de la Chine, les États-Unis et l'Union européenne sont prêts à réaffirmer leur partenariat transatlantique, à revitaliser les engagements multilatéraux et à construire un cadre solide qui permette de naviguer dans les complexités d'un monde en mutation tout en défendant des valeurs et des intérêts communs. En s'engageant dans un dialogue ouvert, en forgeant des synergies stratégiques et en tirant parti de leurs forces collectives, les alliés transatlantiques sont prêts à relever les défis et à saisir les opportunités que présente la rivalité stratégique avec la Chine, traçant ainsi la voie vers des partenariats durables et une résilience mondiale.

Perspectives d'avenir : Partenariats durables dans un monde en mutation

Alors que le monde continue d'évoluer, les perspectives futures de partenariats durables entre les États-Unis et l'Union européenne (UE) revêtent une importance significative. L'évolution du paysage mondial, caractérisée par des changements géopolitiques, des avancées technologiques et des défis environnementaux, nécessite une réévaluation des relations transatlantiques. Face à ces changements, il devient essentiel d'encourager les partenariats durables pour aborder des questions complexes et avoir un impact positif au niveau mondial. Un aspect essentiel des perspectives d'avenir réside dans l'adaptation des stratégies diplomatiques, économiques et de sécurité aux nouvelles réalités. L'innovation, la collaboration et les cadres adaptables seront essentiels pour entretenir des partenariats durables qui résisteront à l'épreuve du temps. Pour naviguer dans les complexités de la mondialisation, de la transformation numérique et des changements sociétaux, il faudra adopter des approches agiles et tournées vers l'avenir. Les partenariats durables englobent également un engagement en faveur de valeurs communes, telles que la démocratie, les droits de l'homme et l'État de droit. Le renforcement de ces principes fondamentaux servira de base à la coopération transatlantique dans un monde en constante évolution. À l'avenir, l'accent mis sur le développement durable, la croissance inclusive et les infrastructures résilientes jouera un rôle déterminant dans l'élaboration des futurs partenariats. Il s'agit notamment d'intensifier les efforts en faveur des énergies renouvelables, de la résilience climatique et des pratiques durables pour répondre aux impératifs écologiques. Relever les défis communs en matière de sécurité par le biais d'initiatives de défense collaboratives et de mécanismes de partage d'informations restera essentiel pour la sauvegarde des intérêts mutuels. L'exploitation du potentiel des technologies émergentes et la promotion des écosystèmes d'innovation peuvent ouvrir de nouvelles perspectives de partenariats durables. De la numérisation et de l'intelligence artificielle à l'exploration spatiale et au-delà, l'exploitation des avancées technologiques façonnera la trajectoire future de la collaboration transatlantique. Il est impératif de reconnaître que les partenariats durables ne sont pas statiques ; ils nécessitent un dialogue permanent, une capacité d'adaptation et une volonté de surmonter des obstacles imprévus. En réévaluant continuellement les priorités, en identifiant les objectifs communs et en recalibrant les stratégies, les États-Unis et l'Union européenne peuvent forger des partenariats solides et efficaces. En fin de compte, les perspectives de partenariats durables dans un monde en mutation reposent sur l'entretien de la confiance, la compréhension des dynamiques évolutives et la poursuite conjointe d'efforts qui profitent au bien-être mondial. Alors que les États-Unis et l'Union européenne naviguent dans les complexités du 21e siècle, l'adoption d'un état d'esprit tourné vers l'avenir et d'un engagement inébranlable en faveur de la coopération ouvrira la voie à des partenariats transatlantiques durables et dynamiques.

8

Le retour de Trump

La montée du populisme et du nationalisme en Occident

La résurgence du populisme et du nationalisme

La dernière décennie a été marquée par une résurgence notable des idéologies populistes et nationalistes dans le paysage politique mondial. Ce phénomène, caractérisé par un rejet fervent des élites politiques établies et une insistance particulière sur la souveraineté et l'identité nationales, s'est répercuté dans de nombreuses sociétés démocratiques, remodelant les contours de la gouvernance contemporaine et des relations internationales. Les facteurs contribuant à cette résurgence sont multiples et découlent de dynamiques socio-économiques, culturelles et géopolitiques complexes qui ont engendré un sentiment palpable de mécontentement et de désenchantement parmi divers segments de la population. L'omniprésence des avancées technologiques, en particulier dans le domaine de la communication numérique, a facilité l'amplification et la diffusion des récits populistes et nationalistes, galvanisant ainsi un large soutien public aux dirigeants politiques qui épousent ces idéologies. La montée du populisme et du nationalisme ne peut être considérée isolément ; elle reflète plutôt une reconfiguration plus large de la politique mondiale, marquée par un réétalonnage de la dynamique du pouvoir et une focalisation renouvelée sur les intérêts nationaux. Compte tenu des implications considérables de cette résurgence idéologique, il est impératif d'explorer en profondeur ses antécédents historiques, ses manifestations contemporaines et ses ramifications géopolitiques. En approfondissant les principes fondamentaux qui sous-tendent le populisme et le nationalisme, en examinant leur évolution historique et en disséquant leurs implications sociopolitiques, nous pouvons élucider l'interaction complexe entre ces idéologies et l'environnement politique mondial actuel. Ce faisant, nous pouvons discerner les catalyseurs de leur ascension et mettre en lumière les défis qu'elles posent aux institutions démocratiques et à la coopération internationale. En replaçant la résurgence du populisme et du nationalisme dans le cadre plus large de la mondialisation, de l'inégalité économique et de l'identité culturelle, nous pouvons démêler la confluence des facteurs qui sous-tendent l'attrait durable qu'ils exercent sur des groupes disparates. Ainsi, une analyse incisive de la résurgence du populisme et du nationalisme exige une approche nuancée et interdisciplinaire, qui synthétise les idées historiques, les perspectives sociologiques et les analyses géopolitiques afin d'offrir une compréhension globale de ce phénomène essentiel. Par conséquent, ce chapitre vise à fournir un examen rigoureux des fondements idéologiques, des trajectoires historiques et des dynamiques contemporaines qui alimentent la résurgence du populisme et du nationalisme, en mettant en lumière les implications profondes pour la politique intérieure et les relations internationales.

Définir le populisme et le nationalisme : perspectives historiques et contemporaines

Le populisme et le nationalisme sont des idéologies politiques complexes et multiformes qui se sont manifestées tout au long de l'histoire sous différentes formes et dans différents contextes. Dans son sens le plus large, le populisme désigne une approche politique qui cherche à faire appel aux intérêts et aux sentiments des gens ordinaires, souvent en se présentant comme le champion des citoyens ordinaires contre une élite ou un establishment perçu comme tel. Cela peut prendre la forme d'une rhétorique anti-élite , mettant l'accent sur la volonté du "vrai peuple" et rejetant les normes politiques traditionnelles. Le nationalisme, quant à lui, s'articule autour de la promotion des intérêts, de la culture et de la souveraineté d'une nation particulière, en mettant souvent l'accent sur l'identité et la fierté nationales. Il peut englober un large éventail de croyances, allant du patriotisme et de l'accent mis sur l'autonomie nationale à des versions plus extrêmes comprenant des tendances xénophobes et d'exclusion. Historiquement, le populisme et le nationalisme ont été utilisés comme outils pour mobiliser et unifier divers segments de la société autour d'une cause commune ou d'un ensemble de valeurs. Au fil du temps, ces idéologies ont pris différentes formes et se sont adaptées aux environnements sociopolitiques dominants. De la montée des mouvements nationalistes au XIXe siècle à l'émergence des leaders populistes aux XXe et XXIe siècles, les manifestations de ces idéologies ont eu des implications significatives sur la politique intérieure et internationale. Lorsque l'on examine les perspectives contemporaines, il est essentiel de reconnaître les nuances au sein du populisme et du nationalisme. La nature diverse de ces idéologies les rend difficiles à classer dans une définition unique et universellement acceptée, ce qui donne lieu à des débats permanents entre les universitaires, les décideurs politiques et le public. L'intersection entre le populisme, le nationalisme et d'autres mouvements sociopolitiques complique encore leur compréhension et leur analyse. Avec les progrès rapides de la technologie et de la communication, ces idéologies se sont transformées et adaptées à de nouveaux modes d'engagement politique, y compris l'utilisation des médias sociaux et des plateformes numériques pour propager leurs messages et mobiliser le soutien. Il est essentiel de comprendre les racines historiques et les dynamiques contemporaines du populisme et du nationalisme pour appréhender leur impact sur les sociétés modernes et apporter des réponses stratégiques à leur prolifération.

Climat politique : Facteurs clés influençant le retour de Trump

La résurgence du populisme et du nationalisme dans le paysage politique a non seulement façonné la trajectoire des États-Unis, mais a également eu des répercussions dans l'ensemble du monde occidental. Plusieurs facteurs clés ont contribué à la montée du populisme et ont ensuite influencé le retour de Donald Trump en tant que figure de proue de la politique américaine. L'érosion de la confiance du public dans les institutions et les établissements politiques traditionnels a joué un rôle central dans la création d'un terrain fertile pour le développement du populisme. Les perceptions d'élitisme, de détachement des préoccupations des citoyens ordinaires et de manque de réactivité face aux griefs de la société ont alimenté la désillusion à l'égard du statu quo. Ce sentiment a été exacerbé par les inquiétudes économiques liées à la mondialisation, aux progrès technologiques et à la répartition inégale des richesses. Les changements culturels et démographiques, associés à la perception d'une menace pour l'identité nationale, ont généré un sentiment d'insécurité parmi certains segments de la population, fournissant un terrain fertile pour l'enracinement des sentiments nationalistes. La prolifération des plateformes de médias sociaux et des sources d'information alternatives a également joué un rôle crucial dans la formation du climat politique. Ces plateformes ont permis la diffusion de récits populistes, l'amplification de la rhétorique de division et la mobilisation des populations mécontentes. Le phénomène des "chambres d'écho" au sein de ces espaces numériques a renforcé les points de vue existants et contribué à la polarisation du discours public. Parallèlement à ces dynamiques internes, des influences externes telles que les tensions géopolitiques, les problèmes d'immigration et les menaces perçues pour la souveraineté ont galvanisé davantage les mouvements populistes et nationalistes. Le retour de Trump peut être contextualisé dans ce réseau complexe de dynamiques sociopolitiques, où sa capacité à capitaliser sur ces facteurs et à trouver un écho auprès d'une partie importante de l'électorat reflète les changements profondément enracinés dans le climat politique. Il est essentiel de comprendre ces facteurs clés pour saisir les implications plus larges de la résurgence de Trump et son impact sur les relations transatlantiques, la gouvernance mondiale et l'avenir des processus démocratiques.

Analyse comparative : La montée des populistes de droite en Europe

La montée du populisme de droite en Europe a considérablement modifié le paysage politique du continent, suscitant de nombreuses discussions et réflexions sur les causes et les implications sous-jacentes. De la montée de l'Alternative pour l'Allemagne (AfD) à l'ascension du Rassemblement national de Marine Le Pen en France, l'influence des mouvements populistes a été omniprésente. Pour comprendre ce phénomène, il faut procéder à une analyse comparative complète qui tienne compte des contextes historiques, socio-économiques et culturels propres à chaque pays. Cet examen est essentiel pour identifier les points communs et les divergences, et mettre ainsi en lumière les dynamiques plus larges qui sont en jeu. Le succès des partis populistes de droite en Europe peut être attribué à une myriade de facteurs. Les inquiétudes économiques découlant de la mondialisation et de l'automatisation ont alimenté le ressentiment et la désillusion parmi les segments de la population, créant un terrain fertile pour la rhétorique populiste qui promet de répondre à leurs griefs. La crise des réfugiés, associée aux inquiétudes concernant l'identité et la sécurité nationales, a galvanisé le soutien aux partis qui prônent des politiques anti-immigration et des programmes nationalistes. L'incapacité des institutions politiques traditionnelles à répondre efficacement à ces défis a renforcé l'attrait des récits populistes, les présentant comme la voix des citoyens privés de leurs droits. Si les manifestations spécifiques du populisme de droite varient d'un pays à l'autre, certains thèmes généraux méritent l'attention. L'utilisation des médias sociaux et des plateformes numériques pour la mobilisation politique et la diffusion de la propagande a été une caractéristique déterminante de cette montée en puissance. Ces canaux ont facilité la propagation rapide des idéologies populistes, en permettant un engagement direct avec les partisans et en contournant les gardiens traditionnels des médias. L'enracinement de la polarisation au sein des sociétés a accéléré l'érosion de la politique fondée sur le consensus, donnant lieu à des paysages politiques de plus en plus fragmentés et conflictuels. À la lumière de ces développements, il est impératif d'évaluer l'impact du populisme de droite sur les institutions démocratiques et la cohésion sociétale. L'influence croissante de ces mouvements pose des défis importants aux principes de la démocratie libérale, soulevant des inquiétudes quant aux droits des minorités, à l'État de droit et à la stabilité générale de la gouvernance démocratique. Par conséquent, une analyse comparative nuancée est indispensable pour comprendre les complexités inhérentes à la montée du populisme de droite en Europe et ses ramifications pour l'avenir du continent.

Influence des médias : Exploiter les plateformes sociales pour la mobilisation politique

Dans le paysage politique contemporain, les plateformes médiatiques ont joué un rôle déterminant dans l'élaboration du discours public et dans la mobilisation politique. L'essor des médias sociaux a transformé la dynamique de la diffusion de l'information et offert aux acteurs politiques des possibilités sans précédent d'entrer en contact avec leurs partisans et de les mobiliser. Une question se pose quant à l'impact profond des plateformes sociales sur la prolifération des idéologies populistes et nationalistes, ainsi que leurs implications pour les processus démocratiques et la cohésion sociétale.

Les médias sociaux sont devenus un puissant outil de mobilisation politique, permettant aux dirigeants et aux mouvements politiques de contourner les gardiens traditionnels de l'information et de communiquer directement avec leurs électeurs. Grâce à des messages ciblés, au microciblage et à la distribution de contenu par algorithme, les acteurs politiques peuvent adapter efficacement leurs récits pour qu'ils trouvent un écho auprès de segments spécifiques de la société, galvanisant ainsi le soutien et incitant à l'action collective. Cependant, cette nouvelle capacité à s'engager directement avec le public a également amplifié la polarisation, les chambres d'écho et la diffusion de fausses informations, ce qui pose des défis importants à l'intégrité du discours public et à la délibération démocratique.

La viralité et les capacités d'amplification des médias sociaux ont facilité la diffusion rapide de la rhétorique populiste et nationaliste, qui s'appuie souvent sur des appels émotionnels et des récits simplifiés qui trouvent un écho auprès de segments désenchantés de la population. Ce phénomène a contribué à l'amplification de la rhétorique de division, à l'exacerbation des clivages sociaux et à l'érosion de la confiance dans les institutions traditionnelles, remodelant ainsi le tissu politique et social des nations.

L'influence des médias sociaux s'étend au-delà des sphères nationales, car les acteurs politiques exploitent ces plateformes pour la communication et la coordination transnationales, en forgeant des alliances et en amplifiant leurs programmes au-delà des frontières. La propagation rapide des idéologies extrémistes et la pollinisation croisée des mouvements populistes illustrent la nature interconnectée de la mobilisation politique à l'ère numérique, transcendant les frontières géographiques et remodelant la dynamique politique mondiale.

Alors que les médias sociaux continuent d'évoluer, les décideurs politiques et les sociétés sont confrontés à l'impératif d'atténuer les externalités négatives d'un discours numérique non contrôlé tout en préservant les principes fondamentaux de la liberté d'expression et de l'engagement démocratique. Trouver un équilibre entre l'impératif de contrôle réglementaire et la préservation d'un dialogue ouvert représente un défi de taille à une époque définie par l'omniprésence de la connectivité en ligne et l'influence qu'elle exerce sur l'action politique et la cohésion sociale.

Paradigmes politiques : Immigration, protectionnisme commercial et politique étrangère

Dans le domaine des paradigmes politiques, l'impact du populisme de droite et du nationalisme sur l'immigration, le protectionnisme commercial et la politique étrangère a été profond. En ce qui concerne l'immigration, la montée des leaders populistes en Occident a conduit à une réévaluation des mesures de contrôle aux frontières et des politiques d'acceptation des réfugiés. Le discours sur l'immigration s'est orienté vers une application plus stricte de la loi, une sécurisation accrue et une rhétorique nationaliste mettant l'accent sur la protection des intérêts nationaux.

Le protectionnisme commercial est devenu un principe fondamental du populisme de droite, illustré par la résurgence des mesures protectionnistes, l'escalade des tarifs douaniers et la renégociation des accords commerciaux internationaux. Cette évolution vers le nationalisme économique a suscité des débats sur l'impact sur les chaînes d'approvisionnement mondiales, les prix à la consommation et les implications plus larges pour le commerce international et la coopération.

Simultanément, l'agenda de la politique étrangère, sous l'influence des sentiments populistes et nationalistes, a connu un recalibrage. En adoptant l'approche "America First", les principaux dirigeants ont cherché à donner la priorité aux intérêts nationaux plutôt qu'aux engagements multilatéraux, ce qui a entraîné des frictions avec les alliés traditionnels et les organisations internationales. L'accent mis sur la prise de décision unilatérale et le scepticisme à l'égard des partenariats mondiaux ont créé des défis diplomatiques et remodelé le paysage géopolitique.

Les paradigmes politiques associés au populisme de droite et au nationalisme s'écartent des approches conventionnelles et suscitent un examen et un débat intenses dans les contextes nationaux et internationaux. Alors que ces idéologies continuent de façonner les programmes politiques, il est essentiel d'explorer leurs ramifications pour comprendre l'évolution de la dynamique de la gouvernance, de la diplomatie et de l'interconnexion mondiale.

Implications nationales : Divisions sociétales et changements culturels

La montée du populisme et du nationalisme dans les pays occidentaux a eu d'importantes répercussions sur le plan national, se manifestant notamment par des divisions sociétales et des changements culturels. Au sein de ces nations, la polarisation politique s'est accentuée, entraînant une augmentation des tensions sociales et une rupture des alliances traditionnelles. Les citoyens sont de plus en plus polarisés sur des lignes idéologiques, avec des attitudes divergentes sur des questions telles que l'immigration, la diversité ethnique et l'identité nationale. Cette situation a engendré un sentiment de désunion au sein de la société, posant des défis à la cohésion sociale et à la capacité d'un dialogue constructif.

La vague de populisme et de nationalisme a précipité des changements culturels marqués au sein de ces sociétés. Les normes et valeurs traditionnelles ont fait l'objet d'un examen et d'une réévaluation, la rhétorique des leaders populistes prônant souvent un retour aux idéaux nationalistes perçus. Cela a déclenché des débats sur la définition de l'identité nationale, le multiculturalisme et le rôle de la diversité dans la formation du tissu social. Par conséquent, il existe une tension palpable entre ceux qui défendent des valeurs progressistes et inclusives et ceux qui prônent une éthique plus protectionniste et excluante.

Les effets de ces changements culturels sont palpables dans divers domaines, de l'éducation et des médias au discours public et à l'engagement civique. Les établissements d'enseignement et les plateformes médiatiques sont devenus des champs de bataille où des récits concurrents se disputent la prééminence, reflétant les clivages sociopolitiques plus larges. Une rhétorique émotive et polarisante a imprégné le discours public, engendrant un environnement où la recherche de consensus est de plus en plus difficile et où l'enracinement idéologique est prévalent.

L'émergence de sentiments populistes et nationalistes a influencé les modèles d'engagement civique et d'activisme. La société civile s'est mobilisée en réponse à ces dynamiques, avec des mouvements de base et des groupes de défense qui se sont constitués pour défendre des valeurs diverses et pluralistes. Simultanément, on a assisté à une montée en puissance des mouvements réactionnaires qui épousent le nativisme et l'ethnocentrisme, soulignant ainsi les divisions sociétales exacerbées par le climat politique.

À la lumière de ces développements, il est impératif d'évaluer de manière critique l'impact durable du populisme et du nationalisme sur les structures nationales. Alors que ces idéologies continuent de façonner le paysage sociopolitique, la nécessité d'une réconciliation significative et de la construction de ponts devient de plus en plus urgente. Il est essentiel de comprendre les nuances des divisions sociétales et des changements culturels pour formuler des stratégies visant à favoriser l'unité, l'inclusion et un sentiment partagé d'identité nationale.

Réactions internationales : Réactions des alliés et des adversaires

Alors que la résurgence du populisme et du nationalisme en Occident se manifeste, la communauté internationale suit de près ces changements géopolitiques et y réagit. Alliés et adversaires formulent leurs réponses à l'évolution du paysage politique, qui a des implications considérables pour la diplomatie mondiale et les alliances stratégiques.

Les alliés traditionnels des démocraties occidentales, notamment l'Union européenne, le Canada et le Japon, ont exprimé leur inquiétude face à la montée des leaders populistes et à la rhétorique nationaliste qui l'accompagne. Ces préoccupations découlent des implications potentielles pour les cadres multilatéraux établis, les accords commerciaux et les accords de sécurité collective. L'érosion des valeurs démocratiques libérales et la montée des politiques protectionnistes dans certains pays occidentaux ont suscité des débats sur l'avenir des partenariats transatlantiques et l'unité de l'ordre international libéral.

À l'inverse, les adversaires de l'Occident, tels que la Russie et la Chine, ont observé de près les divisions internes des sociétés occidentales. Ils ont cherché à exploiter ces divisions en amplifiant les lignes de fracture existantes et en se positionnant comme des partenaires alternatifs pour les pays désillusionnés par le leadership occidental traditionnel. Cette approche calculée vise à affaiblir l'unité et l'influence de l'Occident sur la scène mondiale, ce qui pose de nouveaux défis aux dynamiques géopolitiques établies.

Les réactions des alliés et des adversaires sont diverses et multiformes. Certains pays ont adopté une approche prudente, cherchant à s'adapter à l'évolution du paysage politique tout en soulignant la valeur durable des principes démocratiques partagés et de la coopération économique. D'autres ont ouvertement exprimé leurs inquiétudes quant aux conséquences des mouvements populistes et nationalistes sur la stabilité mondiale et l'ordre international fondé sur des règles.

Dans le même temps, la communauté internationale a observé des réactions diverses au sein même des sociétés occidentales. Les organisations de la société civile, les groupes de réflexion et les missions diplomatiques ont intensifié leurs efforts pour s'engager dans le discours public et les débats politiques, dans le but de défendre les principes de la démocratie libérale, des droits de l'homme et de la coopération internationale. Simultanément, ils cherchent à répondre aux griefs et aux inquiétudes légitimes qui sous-tendent la poussée populiste, en reconnaissant la complexité des transformations sociales, économiques et culturelles à l'origine de ces mouvements.

L'interaction complexe entre les réactions internationales, les intérêts géopolitiques et les dynamiques nationales souligne l'importance de comprendre les ramifications plus larges du populisme et du nationalisme. En particulier, les réactions des alliés et des adversaires ont une influence considérable sur la trajectoire future de la gouvernance mondiale, des accords de sécurité et des relations économiques. En tant que telle, la navigation dans ces interactions complexes nécessite un engagement diplomatique astucieux, une prévoyance stratégique et une compréhension nuancée des précédents historiques et des dynamiques de pouvoir contemporaines.

Évaluer l'impact économique : Gains à court terme et risques à long terme

La résurgence du populisme et du nationalisme, illustrée par le retour de leaders tels que Donald Trump aux États-Unis et la montée des mouvements politiques de droite en Europe, a inauguré une période d'incertitude économique. Si ces mouvements promettent souvent des gains à court terme grâce à des politiques protectionnistes et à des stratégies économiques axées sur le repli sur soi, les risques à long terme associés à ces approches deviennent de plus en plus évidents.

Des gains à court terme sont souvent promis par des mesures telles que le protectionnisme commercial, les droits de douane sur les produits importés et la promotion de la fabrication nationale. Les partisans de ces mesures affirment qu'elles revitaliseront les industries nationales, créeront des emplois et soutiendront les économies nationales. Cependant, la réalité est bien plus complexe. Si les politiques protectionnistes peuvent temporairement protéger certains secteurs de la concurrence étrangère, elles peuvent également entraîner des mesures de rétorsion de la part des partenaires commerciaux, ce qui débouche sur des guerres commerciales qui nuisent à toutes les économies concernées. Ces politiques peuvent perturber les chaînes d'approvisionnement mondiales, augmenter les prix à la consommation et éroder la confiance et la coopération internationales.

Dans ce contexte, les risques à long terme d'une position économique isolationniste se profilent à l'horizon. En se repliant sur elles-mêmes et en évitant la coopération internationale, les nations risquent de passer à côté des avantages de l'interconnexion mondiale. L'innovation collaborative, le partage des ressources et les relations commerciales mutuellement bénéfiques sont des moteurs essentiels d'une croissance économique soutenue dans notre monde de plus en plus interdépendant. Le nationalisme économique menace de démanteler ces réseaux vitaux, réduisant ainsi les possibilités de croissance et de prospérité.

L'impact de ces politiques économiques dépasse les frontières nationales. La nature interconnectée de l'économie mondiale signifie que les mesures prises dans un pays ont des répercussions dans le monde entier. Ainsi, la montée du populisme et des politiques économiques nationalistes est susceptible de créer une instabilité généralisée, de perturber les marchés financiers et d'engendrer des tensions géopolitiques. Le climat d'incertitude qui en résulte peut décourager les investissements étrangers, freiner les progrès technologiques et entraver les efforts visant à relever les défis mondiaux urgents tels que le changement climatique et les pandémies.

En fin de compte, l'attrait des gains économiques à court terme doit être analysé dans le contexte plus large de la durabilité à long terme et de l'interconnexion mondiale. Si les programmes populistes et nationalistes peuvent capitaliser sur les frustrations et les griefs immédiats, il est impératif de prendre en compte les conséquences durables de ces politiques sur le paysage économique international et le bien-être des générations futures.

Conclusion : Relever les défis d'un paysage politique polarisé

Pour relever les défis posés par un paysage politique polarisé, il faut une compréhension nuancée de l'interaction complexe entre les sentiments populistes et nationalistes, les réalités économiques et les dynamiques géopolitiques. La résurgence du populisme et du nationalisme en Occident n'a pas seulement remodelé la politique intérieure, elle s'est également répercutée sur les relations internationales, posant des défis complexes aux décideurs politiques et aux dirigeants. Au terme de notre examen de cette tendance, il devient évident qu'une navigation réussie sur ce terrain turbulent dépend d'approches proactives et à multiples facettes.

Tout d'abord, il est essentiel de reconnaître les griefs et les préoccupations légitimes qui alimentent la montée du populisme et du nationalisme. Le fait de rejeter ces sentiments comme étant injustifiés ou irrationnels ne fait qu'aggraver les fractures sociétales. Les dirigeants doivent s'efforcer de s'attaquer aux causes profondes sous-jacentes par un dialogue inclusif, des réformes politiques et des initiatives socio-économiques visant à favoriser une plus grande cohésion sociale et à lutter contre les inégalités.

Le renforcement de la résilience face à la rhétorique de division et à l'érosion des normes démocratiques nécessite des garanties institutionnelles solides. Le renforcement des institutions démocratiques, le respect de l'État de droit et l'intégrité des médias sont des éléments essentiels pour atténuer les effets néfastes de la polarisation. Le respect des principes démocratiques va de pair avec une gouvernance efficace, la transparence et la responsabilité, et constitue un rempart contre l'empiétement des tendances autoritaires.

Parallèlement, la promotion d'un engagement constructif et d'une diplomatie coopérative, tant au niveau national qu'international, est prometteuse pour désamorcer les tensions et surmonter la polarisation. Mettre l'accent sur les points communs et les objectifs partagés peut atténuer la nature conflictuelle de la politique contemporaine. Les efforts de collaboration pour relever les défis transnationaux, tels que le changement climatique, les crises sanitaires mondiales et l'instabilité économique, peuvent favoriser l'unité et l'action collective, en transcendant les agendas nationalistes étroits.

La promotion d'une culture de la pensée critique, de l'éducation aux médias et de l'éducation civique fait partie intégrante de l'autonomisation d'une citoyenneté informée. En encourageant la participation active à la société civile, en préconisant un discours fondé sur les faits et en favorisant l'empathie, on peut contrecarrer l'influence polarisante de la désinformation et des chambres d'écho. L'éducation, tant formelle qu'informelle, joue un rôle essentiel en dotant les individus des outils nécessaires pour discerner le vrai du faux et naviguer dans les complexités d'un monde globalisé et interconnecté.

En fin de compte, la voie à suivre implique un équilibre délicat entre la préservation des valeurs du libéralisme, de l'inclusion et de la diversité, tout en répondant aux préoccupations légitimes des segments désenchantés de la société. L'effort pour surmonter les défis d'un paysage politique polarisé exige non seulement un leadership visionnaire, mais aussi la volonté collective des citoyens de transcender les divisions et de se faire les champions du bien commun. En adoptant cette approche à multiples facettes, les sociétés peuvent aspirer à retrouver l'unité dans la diversité, à renforcer les fondements de la démocratie et à progresser vers un avenir plus harmonieux et plus équitable.

9

Coopération économique et concurrence

Commerce et investissement

Introduction aux liens économiques transatlantiques

Les relations économiques entre les États-Unis et l'Union européenne (UE) témoignent de l'imbrication de leurs marchés. S'étendant sur plusieurs décennies, ce partenariat a évolué depuis les efforts de reconstruction de l'après-Seconde Guerre mondiale jusqu'à l'établissement d'un réseau sophistiqué de commerce et d'investissement. Enracinés dans des valeurs communes de démocratie, de liberté et de libre marché, les liens économiques transatlantiques ont favorisé des niveaux de collaboration inégalés, tout en traversant des périodes de tension et de différends. L'ampleur des investissements mutuels et des flux commerciaux reflète la profondeur et la complexité de cette relation, qui sous-tend la stabilité et la prospérité de l'économie mondiale. Des industries automobile et aérospatiale aux services technologiques et financiers, les deux parties ont bénéficié des investissements transatlantiques, des échanges technologiques et de l'accès aux marchés. Si les alliances historiques telles que l'OTAN ont renforcé la coopération en matière de sécurité, l'interdépendance économique a joué un rôle tout aussi essentiel dans le renforcement des relations diplomatiques et de l'influence de la puissance douce.

L'harmonisation des normes réglementaires et la facilitation des échanges par le biais d'accords tels que le Partenariat transatlantique de commerce et d'investissement (TTIP) ont notamment cherché à rationaliser les transactions et à améliorer l'accès au marché. Face aux changements géopolitiques et aux avancées technologiques rapides, les États-Unis et l'Union européenne ont fait preuve de résilience en adaptant leurs stratégies économiques, en encourageant l'innovation et en relevant des défis communs. Malgré des divergences occasionnelles dans les politiques commerciales ou les cadres réglementaires, l'engagement primordial de favoriser un ordre économique ouvert et fondé sur des règles reste la pierre angulaire des liens économiques transatlantiques. Alors que le paysage économique mondial continue d'évoluer, les États-Unis et l'Union européenne sont prêts à franchir de nouvelles frontières, en réaffirmant leur engagement en faveur d'une relation économique solide et coopérative qui transcende les défis temporels et souligne la force durable de leur lien.

Contexte historique : Un héritage de collaboration et de conflit

Les relations historiques entre les États-Unis et l'Europe ont été marquées par une interaction complexe de collaboration et de conflit, qui a façonné le paysage économique transatlantique. Les racines de cette dynamique complexe remontent au lendemain de la Seconde Guerre mondiale, lorsque les États-Unis ont joué un rôle essentiel dans la reconstruction de l'Europe déchirée par la guerre grâce au plan Marshall. Cet acte de générosité a jeté les bases d'un partenariat économique solide et posé les jalons d'une coopération future. Toutefois, les premières années de l'après-guerre ont également été marquées par des tensions, en particulier dans le domaine du commerce, les deux parties cherchant à protéger leurs industries et leurs agriculteurs tout en s'adaptant aux complexités d'une économie mondiale en rapide évolution.

La création d'institutions telles que l'Accord général sur les tarifs douaniers et le commerce (GATT) et, plus tard, l'Organisation mondiale du commerce (OMC), a fourni un cadre pour la gestion des différends commerciaux et la promotion d'une plus grande intégration économique. Tout au long de la seconde moitié du XXe siècle, les relations transatlantiques ont connu des tensions périodiques, notamment des désaccords sur les subventions agricoles, les droits de propriété intellectuelle et l'accès au marché. Néanmoins, les valeurs partagées de la démocratie, de la libre entreprise et de l'État de droit sont restées les piliers d'un terrain d'entente qui a favorisé le maintien des liens économiques.

La fin de la guerre froide a marqué le début d'une nouvelle ère de mondialisation, ouvrant de nouvelles perspectives au commerce et aux investissements transatlantiques. La croissance des multinationales présentes des deux côtés de l'Atlantique a renforcé l'interdépendance économique, entraînant une augmentation des fusions, des acquisitions et des entreprises communes transfrontalières. Dans le même temps, l'expansion de la technologie et du commerce numérique a posé de nouveaux défis dans des domaines tels que la confidentialité des données, la cybersécurité et la réglementation du commerce électronique, ajoutant de nouvelles couches de complexité aux relations économiques transatlantiques. À l'aube du XXIe siècle, le contexte historique de collaboration et de conflit continue de façonner les contours de la coopération économique transatlantique, fournissant des indications précieuses sur les dynamiques complexes en jeu et jetant les bases des futurs efforts en matière de commerce et d'investissement.

Accords commerciaux : Évolution et impact

Les accords commerciaux entre les États-Unis et l'Union européenne ont joué un rôle essentiel dans l'élaboration des relations économiques transatlantiques, avec un impact significatif sur la dynamique du commerce mondial. L'évolution de ces accords reflète les changements du paysage géopolitique et économique, ainsi que les priorités changeantes des deux parties.

Le contexte historique des accords commerciaux remonte au lendemain de la Seconde Guerre mondiale, lorsque le plan Marshall a jeté les bases de la coopération économique et du redressement de l'Europe déchirée par la guerre. Des accords ultérieurs, tels que l'Accord général sur les tarifs douaniers et le commerce (GATT) et son successeur, l'Organisation mondiale du commerce

(OMC), ont ouvert la voie à des règles et des négociations commerciales multilatérales. Les accords bilatéraux, notamment le partenariat transatlantique de commerce et d'investissement (PTCI) et les efforts actuels pour négocier un accord commercial global, ont cherché à approfondir l'intégration économique tout en s'attaquant aux divergences réglementaires.

L'impact de ces accords commerciaux va au-delà des réductions tarifaires et de l'accès au marché. Ils ont facilité la circulation des biens, des services et des investissements de part et d'autre de l'Atlantique, favorisant ainsi le rapprochement des entreprises et des consommateurs. L'harmonisation des normes et des réglementations vise à améliorer la compatibilité et l'efficacité du commerce transatlantique, ce qui permet aux entreprises d'opérer plus facilement sur les deux marchés.

Des défis sont également apparus dans le sillage de ces accords. Les différends concernant les subventions agricoles, les droits de propriété intellectuelle et les barrières non tarifaires reflètent la complexité de la conciliation d'intérêts économiques et de cadres réglementaires divers. La montée des sentiments protectionnistes et des politiques nationalistes a posé de nouveaux obstacles à l'avancement du libre-échange.

À l'avenir, l'évolution des accords commerciaux continuera d'être façonnée par des questions émergentes telles que le commerce numérique, les considérations climatiques et l'intersection du commerce et de la géopolitique. L'impact des futurs accords sur la création d'emplois, l'innovation et le développement durable sera examiné de près, en particulier dans le contexte de l'évolution des chaînes d'approvisionnement mondiales et des incertitudes économiques.

En résumé, l'évolution et l'impact des accords commerciaux entre les États-Unis et l'Union européenne sont emblématiques de l'interaction complexe entre la coopération et la concurrence économiques. Alors que les deux partenaires font face aux défis et aux opportunités d'une économie mondiale en mutation rapide, l'importance des accords commerciaux en tant qu'instruments de prospérité et d'alignement stratégique reste indéniable.

Flux d'investissements : Avantages et défis réciproques

Alors que les échanges commerciaux entre les États-Unis et l'Union européenne sont de plus en plus interconnectés, les flux d'investissements ont joué un rôle crucial dans le renforcement des liens économiques. L'investissement direct étranger (IDE) entre ces deux grandes économies a engendré des avantages et des opportunités réciproques, mais il a également posé des défis importants qui nécessitent un examen approfondi. L'échange de capitaux, de technologies et d'expertise a stimulé l'innovation, la création d'emplois et la croissance économique des deux côtés de l'Atlantique. Cette relation mutuellement bénéfique a renforcé la compétitivité des industries, facilité le transfert de connaissances et encouragé la collaboration transfrontalière. La diversification des portefeuilles d'investissement a contribué à une plus grande stabilité financière et à une meilleure résistance face aux fluctuations des marchés mondiaux. Toutefois, l'interdépendance croissante des flux d'investissement transatlantiques a suscité des inquiétudes concernant la souveraineté nationale, la sécurité et les intérêts stratégiques.

L'afflux de capitaux étrangers dans des secteurs clés tels que les télécommunications, l'énergie et les infrastructures a suscité des débats sur la propriété, le contrôle et les vulnérabilités potentielles.

Les différences de cadres réglementaires et d'approches politiques ont constitué des obstacles pour les investisseurs qui cherchent à s'orienter dans des environnements juridiques et des cultures d'entreprise complexes. Les questions liées aux droits de propriété intellectuelle, aux normes de travail et aux réglementations environnementales ont souligné la nécessité d'une coopération et d'une coordination accrues.

Malgré les avantages partagés découlant des flux d'investissement, l'émergence de mesures protectionnistes et de tensions géopolitiques a jeté une ombre d'incertitude sur la trajectoire future des relations économiques transatlantiques. La recherche de la réciprocité et de l'équité dans les politiques d'investissement reste un défi permanent, qui exige un dialogue réfléchi, de la transparence et un engagement à promouvoir des conditions de concurrence équitables. Alors que les États-Unis et l'Union européenne cherchent à recalibrer leurs stratégies économiques dans un paysage mondial en évolution rapide, l'équilibre entre la promotion de l'ouverture des marchés et la sauvegarde des intérêts nationaux sera essentiel pour assurer la prospérité et la stabilité continues de leurs économies imbriquées les unes dans les autres.

Le rôle des multinationales dans l'élaboration des politiques

Les entreprises multinationales jouent un rôle essentiel dans l'élaboration des décisions politiques et influencent la dynamique du commerce et de l'investissement au niveau mondial. En tant qu'acteurs clés des relations économiques transatlantiques, ces entités exercent une influence considérable sur les politiques gouvernementales, les accords commerciaux et les cadres réglementaires. Leur portée étendue, leurs activités diversifiées et leurs ressources financières considérables leur permettent de s'engager activement auprès des décideurs politiques, de défendre leurs intérêts et de contribuer à la formulation des politiques économiques. Par leurs activités de lobbying, les multinationales cherchent souvent à aligner les environnements réglementaires sur leurs objectifs commerciaux, en plaidant pour des initiatives qui favorisent un meilleur accès au marché, des procédures commerciales rational-isées et des régimes fiscaux favorables. Ces efforts sont motivés par la recherche d'avantages concurrentiels, d'efficacité opérationnelle et de rentabilité. Les multinationales s'engagent fréquemment dans des partenariats public-privé, tirant parti de leur expertise et de leurs ressources pour collaborer avec les gouvernements sur des initiatives liées au développement des infrastructures, à l'innova-tion et aux pratiques durables. En participant de manière proactive aux dialogues politiques et en encourageant la coopération entre les secteurs public et privé, elles s'efforcent de créer un environ-nement propice au commerce et à l'investissement transfrontaliers sans entraves.

Malgré leur potentiel de changement positif, les entreprises multinationales font également l'objet d'un examen minutieux concernant leur impact sur les normes du travail, la durabilité environnementale et l'équité sociale. Leurs détracteurs affirment que leur recherche de rentabilité peut conduire à l'exploitation du travail, à la dégradation de l'environnement et à l'exacerbation des disparités socio-économiques. Cette dynamique souligne l'impor-tance d'une conduite responsable des entreprises et de pratiques commerciales éthiques.

Dans le contexte des relations transatlantiques, les entreprises multinationales opèrent dans un paysage complexe caractérisé par des approches réglementaires variées, des systèmes fiscaux divergents et une dynamique commerciale en constante évolution. À ce titre, elles sont confrontées à des défis multiples découlant des tensions géopolitiques, des mesures protectionnistes et des perturbations technologiques. L'interaction entre les entreprises multinationales et les organes gouvernementaux souligne la nature complexe de leur influence sur la formulation et la mise en œuvre des politiques. Dans le paysage en constante évolution du commerce international, il est impératif que les parties prenantes s'engagent dans des dialogues constructifs qui répondent aux divers intérêts et préoccupations en jeu. Parvenir à une approche harmonisée qui concilie les impératifs économiques et le bien-être de la société reste une entreprise permanente à l'intersection des sociétés multinationales et de l'élaboration des politiques.

Tarifs douaniers et guerres commerciales : les leçons de l'histoire récente

L'imposition de droits de douane et l'éclatement de guerres commerciales ont été des facteurs déterminants du paysage économique transatlantique au cours des dernières années. En tant que puissances économiques mondiales, les États-Unis et l'Union européenne ont connu des moments de tension et de discorde lorsqu'ils ont été confrontés à des questions de concurrence loyale, de droits de propriété intellectuelle et d'accès au marché. L'utilisation des droits de douane comme outil de politique économique a souvent conduit à des mesures de rétorsion, déclenchant des conflits commerciaux et affectant diverses industries de part et d'autre de l'Atlantique. L'histoire récente fournit des enseignements précieux pour comprendre les conséquences de telles actions, leur impact sur les entreprises et les consommateurs, et les implications plus larges pour le commerce mondial.

L'escalade des tarifs douaniers peut créer un environnement d'incertitude, entraver les investissements et perturber les chaînes d'approvisionnement. Cet effet d'entraînement peut s'étendre au-delà de secteurs spécifiques, affectant la stabilité économique globale et la confiance des investisseurs. Les guerres commerciales peuvent peser sur les relations diplomatiques, provoquer des perturbations dans les forums multilatéraux et entraver les efforts de coopération sur des questions mondiales essentielles.

Il est essentiel d'analyser l'expérience des conflits commerciaux récents et leurs résultats afin d'élaborer des mécanismes plus efficaces pour résoudre les différends et favoriser la croissance économique mutuelle. Ces enseignements joueront un rôle essentiel dans l'élaboration des futures politiques commerciales et dans l'atténuation des risques associés aux mesures protectionnistes. Ils soulignent l'importance du dialogue et de la négociation pour remédier aux déséquilibres commerciaux et favoriser un climat de prospérité partagée. En se plongeant dans la dynamique complexe des droits de douane et des guerres commerciales, les décideurs politiques, les entreprises et les parties prenantes peuvent acquérir des connaissances qui les guideront vers un engagement constructif et une coopération économique durable.

Innovation technologique et droits de propriété intellectuelle

L'intersection de l'innovation technologique et des droits de propriété intellectuelle est devenue un point central dans le paysage économique transatlantique. Alors que les progrès technologiques continuent de stimuler la croissance économique et la compétitivité mondiale, la protection de la propriété intellectuelle est devenue une considération essentielle tant pour les États-Unis que pour l'Union européenne. La uestion qui se pose concerne les multiples facettes de la dynamique entourant l'innovation technologique et les droits de propriété intellectuelle, ce qui exige l'exploration de l'équilibre complexe entre la promotion de l'innovation et la sauvegarde des droits de propriété.

Le rythme rapide de l'évolution technologique a créé de nombreuses opportunités pour les entreprises et les entrepreneurs de développer des produits, des services et des processus révolutionnaires. Toutefois, cette prolifération de l'innovation a renforcé l'importance de la protection de la propriété intellectuelle, car l'utilisation ou la reproduction non autorisée peut saper les incitations à poursuivre la recherche et le développement. Les États-Unis et l'Union européenne reconnaissent l'importance de favoriser un environnement qui encourage l'innovation tout en respectant les droits de propriété intellectuelle. Par conséquent, leurs cadres juridiques respectifs prévoient des mesures strictes pour protéger les brevets, les marques, les droits d'auteur et les secrets commerciaux, garantissant ainsi que les innovateurs sont dûment récompensés pour leurs contributions.

Outre les mesures de protection, la coopération bilatérale en matière de droits de propriété intellectuelle joue un rôle essentiel dans le renforcement des liens économiques transatlantiques. Les efforts de collaboration visant à harmoniser les systèmes de brevets, à renforcer les mécanismes d'application et à relever les nouveaux défis dans le domaine numérique illustrent l'engagement à favoriser un environnement propice à l'innovation. L'engagement dans les forums et les dialogues internationaux permet aux États-Unis et à l'UE de plaider en faveur d'une protection solide de la propriété intellectuelle à l'échelle mondiale, influençant ainsi le cadre plus large du commerce et de l'investissement internationaux.

L'émergence des technologies numériques a introduit de nouvelles complexités dans le domaine des droits de propriété intellectuelle. La numérisation des contenus et la prolifération des plateformes en ligne ont posé des défis réglementaires concernant l'application des droits d'auteur, le piratage numérique et la confidentialité des données. C'est pourquoi les États-Unis et l'Union européenne ont lancé des initiatives politiques ciblées pour adapter les réglementations en matière de propriété intellectuelle à l'ère numérique, en conciliant les impératifs de l'innovation et la nécessité de garanties globales.

L'exploration collaborative des technologies émergentes, telles que l'intelligence artificielle, la blockchain et la biotechnologie, nécessite une approche prospective de la gouvernance de la propriété intellectuelle. Anticipant le potentiel perturbateur de ces innovations, des efforts concertés pour façonner des cadres juridiques agiles et adaptatifs sont essentiels pour nourrir les écosystèmes d'innovation qui sous-tendent la prospérité économique. En abordant conjointement l'évolution des paysages technologiques et des paradigmes de la propriété intellectuelle, les États-Unis et l'Union européenne peuvent renforcer les synergies dans leurs écosystèmes d'innovation, renforçant ainsi leur avantage concurrentiel sur le marché mondial.

Le discours actuel sur l'innovation technologique et les droits de propriété intellectuelle représente une confluence d'intérêts partagés et d'aspirations mutuelles entre les États-Unis et l'Union européenne. En jetant les bases d'une protection solide de la propriété intellectuelle, en encourageant les initiatives de collabora-

tion en matière de recherche et de développement et en adoptant le potentiel de transformation des technologies émergentes,
les partenaires transatlantiques peuvent galvaniser leurs économies
axées sur l'innovation, façonnant ainsi la trajectoire future du leadership technologique mondial.

L'économie numérique : Opportunités et préoccupations réglementaires

L'économie numérique offre une myriade de possibilités de collaboration transatlantique et de croissance économique. Avec la
prolifération des technologies numériques, les entreprises des deux
côtés de l'Atlantique ont élargi leur champ d'action et transformé les paysages industriels traditionnels. Le commerce électronique, l'informatique en nuage, l'analyse des données et l'internet des objets ne sont que quelques exemples des innovations
numériques qui ont révolutionné la manière dont les entreprises opèrent et interagissent avec les consommateurs. L'essor des
plateformes numériques a permis aux petites et moyennes entreprises (PME) d'accéder aux marchés mondiaux et de rivaliser
sur un pied d'égalité avec les grandes entreprises, favorisant ainsi
l'esprit d'entreprise et l'innovation. Cependant, parallèlement à ces
opportunités, d'importantes préoccupations réglementaires sont
apparues dans le domaine numérique. Des questions telles que la
confidentialité des données, la cybersécurité et la protection des
consommateurs ont incité les décideurs politiques à réévaluer les
cadres réglementaires existants et à établir de nouvelles normes
pour relever les défis en constante évolution de l'ère numérique.

Le règlement général sur la protection des données (RGPD) de l'Union européenne et la loi californienne sur la protection de la vie privée des consommateurs (CCPA) aux États-Unis illustrent les tentatives visant à sauvegarder les droits à la vie privée des individus et à tenir les organisations responsables des pratiques de traitement des données. Les politiques antitrust et de concurrence ont fait l'objet d'un examen minutieux car les géants de la technologie exercent une influence considérable et font face à des allégations de comportement monopolistique. Les approches divergentes de la réglementation de l'économie numérique entre l'UE et les États-Unis ont suscité des débats sur l'équilibre approprié entre l'innovation et la réglementation.

Alors que les partenaires transatlantiques s'attaquent à ces questions complexes, l'harmonisation des approches réglementaires et la promotion de la coopération dans l'établissement de normes numériques mondiales pourraient renforcer les bases d'un partenariat économique numérique durable et mutuellement bénéfique. L'UE et les États-Unis ont un intérêt commun à promouvoir un marché numérique ouvert et compétitif tout en préservant les droits fondamentaux et en garantissant des pratiques commerciales équitables et transparentes. Pour répondre à ces préoccupations réglementaires, des efforts de collaboration sont nécessaires afin de concilier les différences, d'instaurer la confiance et de mettre en place un cadre cohérent qui favorise l'innovation tout en respectant les valeurs d'équité, de responsabilité et d'inclusion. En travaillant ensemble, l'alliance transatlantique peut renforcer sa position en tant que force motrice dans l'élaboration de l'économie numérique et démontrer son engagement à favoriser une transformation numérique responsable et éthique.

Divergence transatlantique : Politiques fiscales et antitrust

Les relations transatlantiques se caractérisent depuis longtemps par des valeurs économiques et une coopération communes, mais ces dernières années, des divergences importantes sont apparues dans les domaines de la fiscalité et des politiques antitrust. Les politiques fiscales des deux côtés de l'Atlantique sont devenues un sujet de tension croissante, avec des débats autour des taux d'imposition des sociétés, de la fiscalité numérique et des implications des efforts de réforme fiscale au niveau mondial. Les États-Unis et l'Union européenne se sont trouvés en désaccord sur la taxation des géants multinationaux de la technologie, l'UE imposant des taxes sur les services numériques et les États-Unis s'inquiétant des mesures discriminatoires et de leur impact potentiel sur les entreprises américaines.

Ce décalage dans les approches fiscales a exacerbé les tensions et mis en évidence la nécessité d'un cadre international coordonné pour relever les défis posés par l'économie numérique. Les politiques antitrust constituent également un point de divergence entre les États-Unis et l'UE. Si les deux entités visent à promouvoir une concurrence loyale et à empêcher les pratiques monopolistiques, leurs approches diffèrent sensiblement. L'UE a adopté une position plus agressive à l'égard des géants de la technologie, en imposant de lourdes amendes et en préconisant une réglementation plus stricte, tandis que les États-Unis ont été critiqués pour leur application jugée laxiste et leur volonté de s'accommoder de la position dominante de certains acteurs du secteur. Ces différences d'approche ont donné lieu à des conflits réglementaires et à des débats sur la compétence, ce qui a suscité des inquiétudes quant à la fragmentation des normes mondiales et au risque de distorsion du marché.

Alors que les partenaires transatlantiques naviguent entre ces divergences de politiques fiscales et antitrust, il est impératif de trouver un terrain d'entente et d'établir des cadres de coopération qui respectent les principes d'équité, de transparence et de concurrence. Les efforts de collaboration pour résoudre ces divergences seront essentiels non seulement pour la stabilité et l'intégrité de la relation économique transatlantique, mais aussi pour l'ordre économique mondial au sens large. Trouver une approche équilibrée qui respecte la souveraineté de chacun tout en promouvant des politiques harmonisées sera crucial pour garantir un partenariat économique durable et mutuellement bénéfique.

Vers un partenariat économique durable : Orientations futures

Alors que le paysage économique transatlantique continue d'évoluer, il est impératif d'identifier et de poursuivre de manière proactive les orientations futures qui peuvent conduire à un partenariat économique durable et mutuellement bénéfique entre les États-Unis et l'Union européenne. Pour atteindre cet objectif, plusieurs domaines clés méritent une attention et une planification stratégique. Tout d'abord, le renforcement de la coopération et de l'harmonisation réglementaires dans divers secteurs est essentiel pour réduire les barrières commerciales et favoriser un marché plus intégré. Il s'agit d'aligner les normes et les réglementations relatives à des domaines tels que la sécurité des produits, la protection de l'environnement et les services financiers, afin de promouvoir des conditions de concurrence équitables pour les entreprises des deux côtés de l'Atlantique.

L'avenir du partenariat économique dépend en grande partie de la promotion de l'innovation et de la coopération technologique. L'élaboration de stratégies communes et l'investissement dans les technologies émergentes peuvent ouvrir la voie à une croissance économique soutenue, à la création d'emplois et à la compétitivité mondiale. La collaboration dans des domaines tels que l'intelligence artificielle, les technologies énergétiques propres et l'infrastructure numérique offre des possibilités prometteuses d'avancées synergiques susceptibles de produire des avantages collectifs.

La poursuite des objectifs de développement durable et des initiatives de résilience climatique nécessite un engagement actif et des efforts de collaboration. Relever les défis environnementaux par la recherche, l'innovation et l'investissement conjoints dans les énergies renouvelables et les pratiques durables contribue non seulement à la gestion de l'environnement, mais ouvre également de nouvelles perspectives économiques et améliore le bien-être de la société. En donnant la priorité à la durabilité et aux technologies vertes, le partenariat économique transatlantique peut montrer l'exemple en promouvant des pratiques commerciales mondiales responsables et tournées vers l'avenir.

L'évolution des chaînes d'approvisionnement et de la logistique mondiales exige des stratégies cohérentes pour renforcer la résilience et l'adaptabilité. Le renforcement de la résilience de la chaîne d'approvisionnement, la diversification des options d'approvisionnement et l'exploitation de la numérisation et de l'analyse avancée peuvent atténuer les perturbations et améliorer l'efficacité opérationnelle. Une approche concertée de l'optimisation de la chaîne d'approvisionnement et de la gestion des risques contribuera à la stabilité économique et renforcera le partenariat économique transatlantique face à des défis imprévus.

Enfin, la recherche d'un partenariat économique inclusif et équitable nécessite de répondre à des préoccupations sociétales telles que les droits du travail, la diversité et l'inclusion. Donner la priorité à des pratiques de travail équitables, à l'égalité des sexes et à une représentation diversifiée de la main-d'œuvre favorise la cohésion sociale et renforce le tissu moral de l'alliance économique transatlantique. Le fait d'intégrer la responsabilité sociale dans l'élaboration des politiques économiques témoigne d'un engagement en faveur de valeurs partagées et d'une croissance inclusive.

En traçant la voie vers ces orientations futures, les États-Unis et l'Union européenne peuvent forger un partenariat économique résistant, innovant et durable qui servira de catalyseur à la prospérité et au progrès dans le monde.

10

La quête d'autonomie stratégique de l'UE

Introduction à l'autonomie stratégique

Le concept d'autonomie stratégique incarne l'ambition de l'Union européenne de se tailler un rôle plus important dans la géopolitique mondiale et les processus décisionnels. Partant du constat que l'UE dépend d'autres acteurs pour sa sécurité et ses intérêts stratégiques, la notion d'autonomie stratégique vise à renforcer la capacité de l'UE à agir de manière indépendante, en particulier dans les domaines de la défense, de la sécurité et de la politique étrangère. Cet effort englobe non seulement le développement des capacités militaires, mais aussi la poursuite de la souveraineté économique, technologique et institutionnelle. En recherchant l'autonomie stratégique, l'UE aspire à affirmer son identité et ses principes uniques sur la scène mondiale, tout en sauvegardant ses intérêts et ses valeurs sans être excessivement dépendante de puissances extérieures. Cette aspiration reflète la réponse de l'UE à l'évolution de la dynamique internationale et le désir de jouer un rôle plus décisif dans l'orientation des affaires mondiales. Grâce à une approche holistique englobant diverses dimensions de l'autonomie, l'UE cherche à adopter une position cohérente et affirmée pour relever les défis géopolitiques et faire progresser ses objectifs stratégiques.

Le concept d'autonomie stratégique représente un effort de transformation, exigeant de l'UE qu'elle renforce son unité et sa coordination entre les États membres tout en favorisant des partenariats plus étroits avec des alliés partageant les mêmes idées. La réalisation de l'autonomie stratégique exige un équilibre délicat entre l'autosuffisance et la collaboration, étayé par un sens commun de l'objectif et de la solidarité entre les États membres de l'UE. Alors que l'UE continue de naviguer dans les méandres d'un paysage mondial en rapide évolution, la poursuite de l'autonomie stratégique constitue un élément déterminant de son programme stratégique, façonnant les contours de son engagement dans le monde et soulignant ses aspirations à une plus grande influence et à une plus grande résilience.

Contexte historique et évolution de l'autonomie de l'UE

Le concept d'autonomie stratégique européenne s'inscrit dans un contexte historique riche qui a évolué au fil du temps, sous l'effet des changements géopolitiques, des préoccupations en matière de sécurité et de l'évolution de la dynamique mondiale. Au lendemain de la Seconde Guerre mondiale, le continent européen était dévasté, ce qui a conduit à la création d'institutions visant à encourager la coopération et à prévenir les conflits futurs. Le traité de Rome de 1957 a jeté les bases de l'intégration économique en créant la Communauté économique européenne (CEE), qui s'est ensuite transformée en Union européenne (UE). La formation de la CEE a marqué une étape cruciale dans l'approfondissement des liens économiques entre les États membres, dans le but de promouvoir la stabilité et la prospérité. Toutefois, ce n'est qu'à la fin de la guerre froide que l'idée d'une autonomie stratégique a commencé à faire son chemin, l'Europe cherchant à obtenir une plus grande indépendance dans l'élaboration de ses politiques étrangères et de sécurité.

Avec la dissolution de l'Union soviétique et l'évolution de la dynamique des relations internationales, l'UE s'est engagée sur la voie de l'affirmation de son rôle en tant qu'acteur mondial. Cette période a également vu l'évolution de la politique étrangère et de sécurité commune (PESC) et de la politique de sécurité et de défense commune (PSDC), reflétant une ambition croissante de renforcer la capacité de l'Europe à agir de manière autonome en matière de sécurité et de défense. L'élargissement de l'UE à de nouveaux États membres a encore remodelé le paysage géopolitique , offrant à la fois des opportunités et des défis pour la poursuite de l'autonomie stratégique.

L'expérience des conflits dans les Balkans et des crises dans les régions voisines a souligné la nécessité pour l'UE de développer des mécanismes solides de gestion des crises et de prévention des conflits, renforçant ainsi l'impératif d'autonomie en matière de sécurité. La stratégie européenne de sécurité de 2003 et ses mises à jour ultérieures ont articulé la vision de l'UE pour une approche globale de la sécurité, soulignant l'importance de la résilience, de la coopération et de l'engagement pour relever les défis mondiaux. L'évolution historique de l'autonomie de l'UE reflète une adaptation continue à un environnement international complexe et dynamique, façonné par des facteurs internes et externes qui ont modelé l'identité de l'Europe en tant qu'acteur stratégique sur la scène mondiale.

Stratégies de défense et de sécurité

La poursuite de l'autonomie stratégique par l'Union européenne est étroitement liée à ses stratégies de défense et de sécurité. Alors que l'UE cherche à renforcer sa position en tant qu'acteur mondial, l'accent a été mis sur l'amélioration de ses capacités de défense et sur l'élaboration d'une politique de sécurité plus cohérente. L'évolution du paysage géopolitique, marquée par l'incertitude et l'émergence de nouvelles menaces, a incité l'UE à réévaluer son approche de la défense et de la sécurité. Les défis traditionnels en matière de sécurité persistant aux côtés des nouvelles menaces hybrides et des vulnérabilités cybernétiques, la nécessité d'une posture de défense globale et unifiée est devenue de plus en plus évidente.

L'un des aspects clés de la stratégie de défense de l'UE consiste à renforcer ses capacités militaires et à favoriser une plus grande coopération entre les États membres. Des efforts ont été faits pour améliorer l'interopérabilité, moderniser les équipements de défense et rationaliser les processus d'acquisition de matériel de défense. La mise en place du cadre de la Coopération structurée permanente (PESCO) représente une étape importante vers une intégration plus profonde de la défense entre les pays participants de l'UE. Cette initiative de collaboration vise à améliorer la recherche en matière de défense, à harmoniser les besoins militaires et à promouvoir la coopération industrielle dans le domaine de la défense, contribuant ainsi à une plus grande autonomie et résilience en matière de défense.

Outre le renforcement des capacités de défense conventionnelle, l'UE s'attache également à relever les défis non militaires en matière de sécurité, tels que le terrorisme, les cybermenaces et les guerres hybrides. L'élaboration d'une stratégie de sécurité globale qui englobe les dimensions militaires et civiles reflète l'engagement de l'UE à garantir la sécurité et la stabilité de ses États membres et de leurs citoyens. Les initiatives visant à améliorer la cybersécurité, à contrer la désinformation et à renforcer les capacités de gestion des crises témoignent de la position proactive de l'UE dans la sauvegarde de ses intérêts de sécurité collective.

Les stratégies de défense et de sécurité de l'UE sont étroitement liées à ses partenariats avec des acteurs extérieurs, notamment l'OTAN et d'autres organisations internationales. Alors que les relations transatlantiques continuent d'évoluer, l'UE cherche à maintenir une coordination étroite avec l'OTAN tout en poursuivant simultanément son propre programme de défense. La complémentarité entre les efforts de l'UE et le rôle de l'OTAN pour assurer la sécurité euro-atlantique souligne l'importance de la planification de la défense en collaboration et du partage des charges.

Le dialogue en cours sur la défense et la sécurité souligne également l'importance de la coopération transatlantique pour relever les défis communs en matière de sécurité. En favorisant les synergies et les complémentarités entre l'UE et les États-Unis, ainsi que les alliés outre-Atlantique, l'UE s'efforce de contribuer au maintien d'un ordre international fondé sur des règles et à la préservation de la paix et de la sécurité mondiales. En définitive, les stratégies de défense et de sécurité de l'UE jouent un rôle crucial dans la poursuite de son autonomie stratégique et dans la définition de son rôle en tant que fournisseur responsable de sécurité au niveau mondial.

Résilience économique et politique industrielle

Alors que l'Union européenne poursuit son autonomie stratégique, une composante essentielle de ses efforts consiste à favoriser la résilience économique et à façonner la politique industrielle dans un paysage mondial en rapide évolution. En réponse aux incertitudes géopolitiques et aux défis économiques, l'UE a cherché à renforcer ses fondations économiques et à réduire les vulnérabilités susceptibles de compromettre son autonomie. L'élaboration d'une stratégie industrielle solide, qui non seulement favorise l'innovation et la compétitivité, mais protège également les secteurs clés essentiels à la souveraineté européenne, est au cœur de cet effort.

Le concept de résilience économique englobe la capacité à résister aux chocs économiques et à s'en remettre rapidement, qu'ils proviennent de sources internes ou externes. L'accent mis par l'UE sur la résilience économique souligne l'impératif d'atténuer les risques, de diversifier les chaînes d'approvisionnement et de renforcer les capacités nationales. Grâce à des investissements stratégiques, à des cadres réglementaires et à un soutien ciblé aux industries émergentes, l'UE vise à renforcer son tissu économique contre les perturbations tout en favorisant une croissance et une prospérité durables.

La politique industrielle joue un rôle essentiel dans l'avancement du programme d'autonomie stratégique de l'UE. En définissant une vision claire pour des secteurs stratégiques tels que la fabrication de pointe, les technologies numériques et les énergies renouvelables, l'UE cherche à cultiver une base industrielle résiliente et dynamique, capable de stimuler l'innovation et de créer des emplois de qualité. Il s'agit de tirer parti des partenariats public-privé, d'encourager la recherche et le développement et de promouvoir l'adoption de technologies de pointe afin de renforcer les atouts industriels de l'Europe sur la scène mondiale.

En recherchant la résilience économique et la politique industrielle, l'UE est confrontée à des défis multiples, y compris la navigation dans la dynamique du commerce mondial, la prise en compte de la durabilité environnementale et l'avancement de la transformation numérique tout en respectant les normes éthiques et réglementaires. La cohésion et la coordination entre les États membres de l'UE, les parties prenantes de l'industrie et les décideurs politiques sont essentielles pour orchestrer une stratégie industrielle cohérente et efficace qui respecte les principes de l'autonomie stratégique.

À l'avenir, la position proactive de l'UE en matière de résilience économique et de politique industrielle souligne non seulement son engagement à sauvegarder ses intérêts économiques, mais reflète également son aspiration à affirmer une plus grande autonomie dans les domaines du commerce, de la technologie et de l'innovation industrielle. Alors que l'UE navigue à travers les complexités de la mondialisation et des bouleversements technologiques, la convergence de la résilience économique et de la politique industrielle soutiendra sa quête d'autonomie stratégique, redessinant les contours de son paysage économique et renforçant sa position dans l'économie mondiale.

Souveraineté technologique : Progrès du numérique et de l'IA

La poursuite de la souveraineté technologique est devenue un aspect essentiel de la quête d'autonomie stratégique de l'Union européenne, en particulier dans le domaine des avancées numériques et de l'IA. Alors que le paysage mondial continue d'être façonné par des innovations technologiques rapides, l'UE reconnaît qu'il est impératif de maintenir ses propres capacités numériques et de réduire sa dépendance à l'égard des fournisseurs de technologies externes. Il faudra examiner les multiples facettes de la souveraineté technologique, qui englobe des aspects tels que la gouvernance des données, la cybersécurité, l'infrastructure numérique et le développement de l'intelligence artificielle.

Au cœur de l'approche de l'UE en matière de souveraineté technologique se trouve l'ambition de veiller à ce que les entreprises et les citoyens européens aient accès aux technologies numériques avancées tout en préservant la vie privée, la sécurité et les normes éthiques. Pour y parvenir, l'UE formule de manière proactive des politiques et des réglementations visant à favoriser un écosystème numérique prospère à l'intérieur de ses frontières. Soulignant la nécessité de protéger les infrastructures numériques essentielles, l'UE a mis au point des mesures de cybersécurité solides pour contrer les menaces et les vulnérabilités potentielles, renforçant ainsi sa résilience face aux cyberattaques et aux perturbations.

L'UE investit activement dans la recherche et l'innovation pour renforcer ses capacités en matière d'intelligence artificielle, reconnaissant le potentiel de transformation de l'IA dans divers secteurs. En encourageant le développement responsable et éthique des technologies de l'IA, l'UE cherche à exploiter les avantages de l'IA tout en respectant les valeurs et les droits fondamentaux. Des initiatives telles que l'Acte européen sur l'IA témoignent de la volonté de l'UE de créer un cadre réglementaire qui concilie innovation et responsabilité, en veillant à ce que les systèmes d'IA fonctionnent dans le respect des principes centrés sur l'être humain.

Parallèlement, la question de la gouvernance des données est primordiale dans la quête de souveraineté technologique de l'UE. L'UE a mis en œuvre des mécanismes de protection des données tels que le règlement général sur la protection des données (RGPD) afin de protéger la vie privée des personnes et de réglementer les flux transfrontaliers de données à caractère personnel. Alors que les données continuent d'alimenter l'innovation numérique et la croissance économique, l'UE s'efforce d'établir un cadre de gouvernance des données qui permette une utilisation sûre, équitable et transparente des données tout en atténuant les risques associés à l'accès et à l'exploitation non autorisés.

En conclusion, la poursuite de la souveraineté technologique résume la détermination de l'UE à affirmer un plus grand contrôle sur son avenir numérique, en veillant à ce qu'elle reste à la pointe des développements numériques et de l'IA tout en défendant ses valeurs et ses intérêts. Grâce à une stratégie globale englobant la réglementation, l'investissement et l'innovation, l'UE vise à se frayer un chemin distinct vers l'autonomie technologique, en renforçant sa position dans un paysage technologique mondial de plus en plus interconnecté et concurrentiel.

Les politiques commerciales dans un monde multipolaire

Dans l'économie mondiale interconnectée d'aujourd'hui, les politiques commerciales jouent un rôle central dans l'élaboration des relations internationales et la stimulation de la croissance économique. L'émergence d'un monde multipolaire caractérisé par des puissances économiques concurrentes a redéfini la dynamique du commerce international. Alors que l'Union européenne cherche à affirmer son autonomie stratégique, la politique commerciale devient un outil essentiel pour naviguer dans ce paysage complexe. Avec la montée en puissance de nouveaux acteurs économiques tels que la Chine, l'Inde et le Brésil, l'UE élabore une approche nuancée pour s'engager dans le commerce qui reflète ses valeurs et ses intérêts tout en atténuant les risques géopolitiques.

Le renforcement du multilatéralisme et l'adhésion aux normes commerciales internationales établies constituent un élément clé de la stratégie commerciale de l'UE. L'UE s'est engagée à défendre un système commercial ouvert, fondé sur des règles, qui favorise la concurrence loyale et le développement durable. Cette position sous-tend les négociations de l'UE avec les principaux partenaires commerciaux et les blocs régionaux, en soulignant l'importance des avantages mutuels et du respect des normes en matière de travail et d'environnement.

Parallèlement, l'UE est consciente de la nécessité de diversifier ses relations commerciales et de réduire sa dépendance à l'égard d'un marché unique. Cette stratégie de diversification permet à l'UE de s'adapter à des alignements géopolitiques changeants et d'atténuer les vulnérabilités potentielles. En encourageant les partenariats commerciaux dans diverses régions, l'UE vise à renforcer sa résilience économique et à maintenir un certain niveau d'influence dans la négociation de conditions commerciales favorables.

Les politiques commerciales de l'UE dans un monde multipolaire sont façonnées par un engagement à exploiter l'innovation numérique et les technologies émergentes tout en préservant la confidentialité et la sécurité des données. L'économie numérique étant de plus en plus imbriquée dans les flux commerciaux traditionnels, l'UE cherche à trouver un équilibre entre la libéralisation et la protection des informations sensibles et de la propriété intellectuelle. L'harmonisation des réglementations et la promotion de l'interopérabilité avec des partenaires partageant les mêmes idées sont au cœur de la quête de l'UE pour des pratiques commerciales durables et axées sur la technologie.

Les politiques commerciales de l'UE sont également influencées par l'évolution de la dynamique géopolitique, en particulier dans le contexte des partenariats et des rivalités stratégiques. L'approche de l'UE en matière de commerce avec les grandes puissances implique un calibrage minutieux des intérêts économiques avec des considérations géopolitiques plus larges. La gestion d'intérêts divergents dans un contexte de tensions géopolitiques nécessite une diplomatie habile et une compréhension nuancée de l'interaction entre le commerce et les préoccupations en matière de sécurité.

En conclusion, la recherche par l'UE d'une autonomie stratégique par le biais de politiques commerciales dans un monde multipolaire reflète un mélange sophistiqué de pragmatisme économique, d'idéalisme normatif et de prévoyance stratégique. Naviguer dans les complexités du commerce mondial tout en défendant les valeurs et les intérêts de l'UE exige un délicat exercice d'équilibre qui englobe la finesse diplomatique, l'agilité réglementaire et l'engagement proactif avec les diverses parties prenantes.

Cadres institutionnels et gouvernance

Dans le contexte de la quête d'autonomie stratégique de l'Union européenne, les cadres institutionnels et la gouvernance jouent un rôle central dans l'élaboration des politiques et des stratégies. L'UE fonctionne au sein d'une architecture institutionnelle complexe qui comprend de multiples organes décisionnels, des entités bureaucratiques et des mécanismes de représentation des États membres. Cette structure complexe reflète les divers intérêts et priorités des 27 États membres de l'UE, chacun contribuant à la formulation et à la mise en œuvre des politiques liées à l'autonomie stratégique. Au cœur du cadre institutionnel de l'UE se trouve la Commission européenne, qui détient le pouvoir exécutif de proposer des lois, de superviser la mise en œuvre des politiques de l'UE et de représenter l'UE dans les négociations internationales. En collaboration avec le Parlement européen, le Conseil de l'Union européenne et le Conseil européen, la Commission navigue dans le réseau complexe de la gouvernance de l'UE pour faire avancer l'agenda de l'autonomie stratégique. Le Service européen pour l'action extérieure (SEAE) joue un rôle crucial dans la coordination des politiques étrangères et de sécurité de l'UE, en fournissant un soutien diplomatique et en contribuant à la projection de l'influence mondiale de l'UE. Le rôle de l'Agence européenne de défense (AED) et sa collaboration avec les États membres en matière de recherche et de développement des capacités de défense soulignent les efforts institutionnels visant à renforcer les capacités de défense de l'UE. Parallèlement à ces institutions, le principe de subsidiarité garantit que les décisions sont prises au niveau le plus efficace, tout en maintenant un équilibre entre l'autorité centrale et la souveraineté nationale. Les mécanismes de gouvernance de l'UE s'étendent également aux partenariats avec les organisations internationales, telles que l'OTAN, et aux dialogues stratégiques avec les principaux acteurs mondiaux, signalant l'engagement de l'UE en faveur du multilatéralisme tout en poursuivant son autonomie stratégique. Des initiatives telles que la Coopération structurée permanente (PESCO) et le Fonds européen de défense (FED) soulignent les aspirations de l'UE à une coopération renforcée en matière de défense et à l'investissement dans les capacités de défense. Les efforts visant à rationaliser les processus décisionnels, à renforcer les synergies entre les États membres et à promouvoir une action cohérente dans le domaine de la sécurité et de la défense reflètent l'évolution actuelle des cadres institutionnels et de la gouvernance au sein de l'UE. Cependant, des défis persistent, notamment la nécessité d'un plus grand consensus entre les États membres, l'harmonisation des divers intérêts nationaux et l'alignement des objectifs stratégiques sur l'évolution de la dynamique géopolitique. Pour relever ces défis, il faut trouver un équilibre délicat entre la prise de décision collective et le respect de la souveraineté nationale, en s'appuyant sur la transparence, la responsabilité et des mécanismes de gouvernance efficaces. Alors que l'UE poursuit son chemin vers l'autonomie stratégique, l'efficacité de ses cadres institutionnels et de sa gouvernance sera déterminante pour façonner le futur paysage de la sécurité, de la prospérité et de l'engagement mondial de l'Europe.

Relations transatlantiques et autonomie stratégique

Les relations transatlantiques sont depuis longtemps une pierre angulaire de la géopolitique mondiale, façonnant le paysage international et soutenant l'ordre mondial. L'interaction dynamique entre la quête d'autonomie stratégique de l'Union européenne et ses relations avec les États-Unis est d'une importance capitale pour comprendre le système international contemporain. Alors que l'UE s'efforce de renforcer son autonomie stratégique, elle doit naviguer dans les complexités de son partenariat transatlantique, en équilibrant les intérêts de sécurité collective et les aspirations à une indépendance et une souveraineté accrues.

L'alliance transatlantique a historiquement servi de rempart aux valeurs et principes occidentaux, l'UE et les États-Unis partageant des objectifs communs de promotion de la démocratie, des droits de l'homme et de l'économie de marché. Toutefois, ces dernières années ont été marquées par une certaine divergence dans les priorités et les approches, ce qui soulève des questions quant à la trajectoire future de la coopération transatlantique. La quête d'autonomie stratégique de l'UE a parfois été perçue comme une source potentielle de frictions dans les relations transatlantiques, en particulier dans les domaines de la défense, de la sécurité et du commerce.

Du point de vue de la sécurité, les efforts de l'UE pour renforcer son autonomie stratégique ont suscité des discussions sur la capacité du continent à relever les défis régionaux et mondiaux en matière de sécurité indépendamment de l'influence des États-Unis. Si les États-Unis restent un partenaire de sécurité essentiel pour l'Europe, les divergences de vues sur les dépenses de défense, les engagements de l'OTAN et les interventions militaires ont mis en évidence la nécessité d'un rééquilibrage du paradigme de la sécurité transatlantique. Les initiatives de l'UE visant à développer ses propres capacités et mécanismes de défense ont suscité des délibérations sur la division des responsabilités et les implications pour le rôle de l'OTAN dans l'architecture de sécurité euro-atlantique.

Dans le domaine des relations commerciales et économiques, la poursuite de l'autonomie stratégique a également engendré des délibérations concernant l'équilibre entre l'interdépendance transatlantique et la recherche d'une plus grande souveraineté économique. Les tensions autour de questions telles que la fiscalité numérique, les réglementations en matière de confidentialité des données et les accords commerciaux ont mis en évidence les complexités inhérentes à la gestion de cadres réglementaires et d'objectifs politiques divergents. Alors que l'UE cherche à sauvegarder ses intérêts économiques et à promouvoir une concurrence loyale, l'interaction entre l'autonomie stratégique et la dynamique commerciale transatlantique est devenue un domaine d'une grande importance.

Il est impératif de souligner que la poursuite de l'autonomie stratégique par l'UE n'est pas intrinsèquement conflictuelle avec les États-Unis. Elle reflète plutôt l'évolution de la dynamique de la gouvernance internationale et les impératifs d'adaptation à un paysage mondial en mutation rapide. En naviguant sur le terrain des relations transatlantiques et de l'autonomie stratégique, l'UE et les États-Unis sont confrontés au défi de concilier leurs intérêts respectifs tout en défendant les valeurs communes qui ont historiquement sous-tendu leur partenariat. En fin de compte, la manière dont les partenaires transatlantiques gèrent l'interaction entre l'autonomie stratégique et la sécurité collective façonnera de manière décisive les contours de la politique mondiale au 21e siècle.

Défis et critiques de l'autonomie stratégique

Alors que l'Union européenne (UE) s'efforce d'acquérir une autonomie stratégique, elle est confrontée à une multitude de défis et de critiques qui façonnent la complexité de cette entreprise. L'un des principaux défis se situe dans le domaine de la sécurité et de la défense. La poursuite de l'autonomie stratégique de l'UE a suscité des inquiétudes quant à la duplication ou à la divergence potentielle des efforts de l'OTAN, ce qui a conduit à s'interroger sur la cohérence et l'efficacité de la coopération transatlantique en matière de sécurité. L'absence d'une approche européenne commune en matière de défense, ainsi que les différents niveaux de capacités militaires des États membres, constituent des obstacles importants à la réalisation d'un front unifié en matière de sécurité. La dépendance à l'égard de fournisseurs extérieurs pour les technologies et les équipements de défense essentiels entrave la capacité de l'UE à affirmer une indépendance totale en matière de capacités de défense.

Un autre défi concerne la résilience économique et la politique industrielle. Pour parvenir à l'autonomie stratégique, il faut une économie robuste et résiliente, capable de résister aux chocs et aux pressions extérieures. Cependant, les interdépendances économiques avec les puissances mondiales, en particulier dans les domaines du commerce et de l'investissement, ont un impact sur la capacité de l'UE à se détacher complètement et à agir de manière autonome dans la poursuite de ses intérêts. Les intérêts nationaux divergents, les disparités réglementaires et l'influence des multinationales posent de formidables défis à l'harmonisation des politiques visant à renforcer la souveraineté économique de l'UE.

À l'ère du numérique, la souveraineté technologique apparaît comme une préoccupation essentielle. L'UE doit faire face à la domination croissante des géants technologiques non européens et aux risques associés à la dépendance à l'égard des technologies étrangères dans des secteurs vitaux tels que la cybersécurité, l'intelligence artificielle et les télécommunications. Trouver un équilibre entre la promotion de l'innovation et la protection des données et des infrastructures sensibles pose un dilemme important à l'UE dans sa quête d'autonomie stratégique.

Le débat sur l'autonomie stratégique englobe également les politiques commerciales dans un monde multipolaire. Alors que l'UE cherche à diversifier ses partenariats commerciaux et à promouvoir un ordre international fondé sur des règles, les tensions géopolitiques, les mesures protectionnistes et la concurrence entre les puissances mondiales introduisent des complexités qui compliquent la poursuite par l'UE de politiques commerciales autonomes. L'équilibre entre les intérêts économiques et les normes et réglementations internationales, tout en faisant face à la dynamique asymétrique du commerce mondial, met en évidence les défis complexes auxquels l'UE est confrontée.

Les cadres institutionnels et la gouvernance présentent des défis inhérents à la réalisation de l'autonomie stratégique. La nécessité d'une coordination et d'une cohérence efficaces entre les institutions de l'UE et les États membres est une tâche formidable, surtout si l'on tient compte de la diversité des intérêts et des orientations politiques au sein de l'Union. Les débats en cours sur les processus de prise de décision, l'allocation des ressources et la répartition des compétences amplifient les complexités et les critiques entourant les aspirations de l'UE à l'autonomie stratégique.

En conclusion, les défis et les critiques de l'autonomie stratégique sont multiples, englobant les préoccupations de sécurité, les dépendances économiques, les vulnérabilités technologiques, les complexités commerciales et les dilemmes de gouvernance institutionnelle. Pour relever ces défis, il faut une approche soigneusement calibrée qui navigue dans le réseau complexe des facteurs internes et externes, tout en conciliant les intérêts divergents pour faire progresser les aspirations de l'UE à l'autonomie.

Perspectives d'avenir pour la souveraineté européenne

Les perspectives d'avenir de la souveraineté européenne sont à la fois prometteuses et difficiles, car l'Union européenne poursuit sa quête d'autonomie stratégique dans un paysage mondial en rapide évolution. Au cours des prochaines décennies, l'UE sera confrontée à une myriade d'opportunités et d'obstacles qui façonneront sa position en tant qu'acteur souverain sur la scène mondiale.

L'un des aspects clés qui influencent l'avenir de la souveraineté européenne est la poursuite d'une architecture de défense et de sécurité plus intégrée. Face à la persistance des menaces extérieures et à l'émergence de nouveaux défis en matière de sécurité, l'UE est prête à consolider ses capacités et à renforcer son rôle de fournisseur de sécurité. Les efforts de collaboration en matière de recherche, de développement et d'acquisition dans le domaine de la défense, ainsi que les initiatives telles que la PESCO (Coopération structurée permanente), témoignent de l'engagement de l'UE à renforcer son autonomie stratégique dans le domaine de la sécurité. À l'avenir, l'alignement des États membres sur des priorités et des investissements communs en matière de défense sera essentiel pour façonner la capacité de l'UE à agir de manière autonome en matière de sécurité.

La résilience économique et la politique industrielle resteront au cœur de la trajectoire future de la souveraineté européenne. Les efforts de l'UE pour parvenir à une plus grande autosuffisance économique, réduire sa dépendance à l'égard des acteurs extérieurs et protéger les industries stratégiques témoignent d'une approche proactive visant à garantir sa souveraineté. Les investissements stratégiques dans les infrastructures essentielles, les technologies de pointe et l'innovation seront essentiels pour renforcer l'autonomie économique de l'UE. Il s'agit de favoriser un marché intérieur compétitif, de promouvoir une croissance durable et de faire progresser la transformation numérique pour que l'UE conserve sa place sur la scène économique mondiale.

Un autre aspect important concerne la souveraineté technologique de l'UE, en particulier dans les domaines de la numérisation et de l'intelligence artificielle. Alors que les technologies numériques pénètrent de plus en plus de secteurs, la capacité de l'UE à fixer ses propres normes, à réglementer les technologies émergentes et à exploiter les données conformément à ses valeurs sera essentielle pour préserver sa souveraineté. Garantir une approche de l'IA centrée sur l'humain, sauvegarder les droits à la vie privée et renforcer les mesures de cybersécurité sont des éléments impératifs du voyage de l'UE vers l'autonomie technologique.

Les politiques commerciales et les alliances influenceront considérablement l'évolution future de la souveraineté européenne au sein d'un ordre mondial multipolaire. À mesure que la dynamique du pouvoir mondial se transforme, les efforts de l'UE pour forger des partenariats stratégiques, tirer parti de son poids économique et affirmer ses normes dans le commerce international façonneront son autonomie dans le commerce mondial. La gestion des différends commerciaux, la promotion de chaînes d'approvisionnement résistantes et l'affirmation du pouvoir réglementaire de l'UE dans ses relations avec les principaux blocs commerciaux et économies détermineront la mesure dans laquelle l'UE exercera une influence et maintiendra sa souveraineté dans le domaine du commerce.

En conclusion, les perspectives d'avenir de la souveraineté européenne dépendent de la capacité de l'UE à naviguer dans des changements géopolitiques complexes, à concilier des intérêts divergents au sein de l'Union et à s'adapter à l'évolution des défis mondiaux. En traçant une voie cohérente vers la sécurité, la résilience économique, l'innovation technologique et l'engagement commercial, l'UE peut s'efforcer de consolider sa position en tant qu'acteur autonome et influent. Néanmoins, la poursuite de l'autonomie stratégique doit s'accompagner d'une reconnaissance pragmatique des interdépendances et de l'impératif d'une coopération multilatérale efficace pour faire avancer les intérêts communs et défendre la souveraineté collective dans un monde interconnecté.

11
Divergences politiques
Confidentialité des données, fiscalité et réglementation

Introduction aux divergences politiques

Les relations transatlantiques entre les États-Unis et l'Union européenne sont historiquement fondées sur des valeurs mutuelles, des objectifs partagés et l'interdépendance économique. Toutefois, ces dernières années, un fossé croissant s'est creusé entre les perspectives politiques concernant la confidentialité des données, la fiscalité et la réglementation, ce qui pose des défis importants à ce partenariat de longue date. Ce chapitre a pour but d'examiner la complexité des divergences politiques entre les États-Unis et l'UE, en se concentrant sur les différences fondamentales dans les approches des lois et réglementations relatives à la protection de la vie privée.

Au cœur de cette divergence se trouvent des points de vue opposés sur les droits individuels à la vie privée et sur le rôle du gouvernement dans leur protection. L'UE a été à l'avant-garde de la promulgation de lois robustes sur la protection des données, notamment avec l'introduction du règlement général sur la protection des données (RGPD). Le GDPR est réputé pour ses exigences strictes en matière de manipulation et de traitement des données, ainsi que de consentement, ce qui permet aux individus de mieux contrôler leurs informations personnelles. En revanche, les États-Unis ont adopté un cadre plus décentralisé, caractérisé par des réglementations sectorielles et des lois d'État variables, dont la loi californienne sur la protection de la vie privée des consommateurs (California Consumer Privacy Act, CCPA) est un exemple notable.

Ce contraste entre les paradigmes réglementaires reflète non seulement des fondements idéologiques différents, mais aussi des attitudes culturelles distinctes à l'égard de la vie privée et de la protection des données. Ces disparités ont donné lieu à des frictions dans les flux de données transatlantiques, avec des implications pour les entreprises, les consommateurs et les décideurs politiques des deux côtés de l'Atlantique. Le transfert transfrontalier de données à caractère personnel et le fonctionnement des entreprises multinationales sont devenus des sujets de discorde, soulignant l'urgence de s'attaquer à ces divergences politiques.

Les divergences s'étendent aux politiques fiscales, en particulier dans le contexte des services numériques et des sociétés multinationales. L'UE s'est efforcée de réformer les lois fiscales afin que les géants du numérique paient leur juste part, ce qui a donné lieu à des débats sur l'imposition des services numériques et sur la nécessité d'une coopération internationale pour empêcher l'évasion fiscale. En revanche, les États-Unis ont exprimé leur inquiétude quant à ces mesures unilatérales, plaidant pour une solution globale par le biais des initiatives en cours de l'OCDE pour relever les défis fiscaux découlant de la numérisation de l'économie.

Ces tensions politiques persistantes soulignent l'interaction complexe entre la souveraineté nationale, la dynamique du marché et la recherche de conditions équitables dans l'économie mondiale. L'impact de ces divergences dépasse les simples aspects techniques de la législation ; il englobe des questions fondamentales concernant la gouvernance, l'autorité juridictionnelle et l'équilibre des pouvoirs à l'ère numérique. Pour naviguer sur ce terrain complexe, il est impératif de replacer ces divergences politiques dans le contexte de changements géopolitiques plus larges et de visions divergentes d'un ordre international fondé sur des règles. En fin de compte, la résolution de ces divergences politiques nécessitera une diplomatie astucieuse, un dialogue et une volonté de trouver un terrain d'entente pour sauvegarder les intérêts des citoyens et des entreprises de part et d'autre de l'Atlantique.

Les fondements des lois sur la protection de la vie privée dans l'UE et aux États-Unis

La confidentialité des données est devenue une question cruciale à l'ère numérique, qui a donné lieu à des mesures législatives dans l'Union européenne (UE) et aux États-Unis. Les fondements des lois sur la confidentialité des données dans ces régions reflètent des influences historiques, juridiques et culturelles distinctes. Dans l'UE, le Règlement général sur la protection des données (RGPD) fait figure de législation historique visant à harmoniser les réglementations en matière de confidentialité des données dans les États membres et à donner aux individus le contrôle de leurs données personnelles. Promulgué en 2018, le GDPR incarne un cadre complet pour la protection des données, établissant des normes élevées en matière de transparence, de consentement et de droits individuels. L'accent mis sur la protection de la vie privée dès la conception et par défaut a redéfini les pratiques des entreprises et élevé la référence mondiale en matière de réglementation de la confidentialité des données. À l'inverse, les États-Unis n'ont pas mis en œuvre de loi fédérale omnibus sur la protection des données à caractère personnel comparable au GDPR. Au lieu de cela, c'est une mosaïque de lois et de règlements sectoriels qui régissent la confidentialité des données, la loi californienne sur la protection de la vie privée des consommateurs (California Consumer Privacy Act, CCPA) en étant un exemple frappant au niveau de l'État. La CCPA accorde aux consommateurs le droit de connaître, de supprimer et de refuser la vente de leurs informations personnelles, bien qu'avec des variations et des limitations par rapport au GDPR.

Historiquement, l'approche américaine de la protection de la vie privée a été ancrée dans des lois sectorielles axées sur des industries spécifiques telles que les soins de santé, la finance et la protection de la vie privée des enfants en ligne. Cette structure fragmentée reflète un modèle plus décentralisé et axé sur l'industrie que l'approche centralisée et fondée sur les droits de l'UE. L'interaction des attitudes culturelles, des traditions juridiques et des intérêts économiques a contribué à la divergence des lois sur la protection de la vie privée entre l'UE et les États-Unis. Alors que l'UE met fortement l'accent sur la protection de la vie privée en tant que droit humain fondamental, les États-Unis ont tendance à trouver un équilibre entre les préoccupations en matière de protection de la vie privée, l'innovation commerciale et la liberté d'expression. Des interprétations différentes de la vie privée et de la propriété des données ont conduit à des philosophies réglementaires opposées concernant le rôle du gouvernement, des entreprises et des individus dans l'élaboration des normes de protection de la vie privée. Ces différences fondamentales mettent en lumière la complexité de la réconciliation des points de vue transatlantiques sur la confidentialité des données et soulignent la nécessité d'un dialogue et d'une coopération pour relever les défis posés par l'écosystème numérique.

Analyse comparative : GDPR versus CCPA

L'analyse comparative du Règlement général sur la protection des données (RGPD) et du California Consumer Privacy Act (CCPA) offre un aperçu précieux des approches divergentes en matière de réglementation de la confidentialité des données dans l'UE et aux États-Unis. Le GDPR, promulgué en 2018, se présente comme la législation sur la protection des données la plus complète et la plus influente à l'échelle mondiale, visant à responsabiliser les individus et à harmoniser les lois sur la confidentialité des données à travers l'Europe. Ses principes clés tournent autour du consentement, de la minimisation des données, de la limitation des finalités et de la responsabilité, en mettant l'accent sur les droits des personnes concernées et en imposant des obligations strictes aux responsables du traitement des données et aux sous-traitants. En revanche, la CCPA, qui est entrée en vigueur en 2020, représente une étape importante dans le paysage réglementaire américain en accordant aux consommateurs californiens un contrôle accru sur les informations personnelles qu'ils détiennent auprès des entreprises. Tout en ressemblant à certains aspects du GDPR, le CCPA introduit des caractéristiques distinctes telles que le droit de refuser les ventes, les droits de non-discrimination et un droit d'action privé en cas de violation des données.

Le GDPR et le CCPA présentent des différences en termes de champ d'application, d'applicabilité, de mécanismes de mise en œuvre et de nature des droits conférés aux individus. Une différence notable réside dans la portée territoriale, puisque le GDPR s'applique de manière extraterritoriale aux entités traitant des données à caractère personnel liées à l'offre de biens ou de services à des personnes dans l'UE, tandis que le CCPA se concentre principalement sur les entreprises opérant en Californie qui atteignent des seuils spécifiques de revenus ou de traitement des données. Le GDPR contient une définition plus étroite des données personnelles et des catégories de données sensibles par rapport au champ d'application plus large du CCPA, ce qui reflète les différences de traditions juridiques et d'attitudes culturelles à l'égard de la protection de la vie privée entre l'UE et les États-Unis. Les mécanismes d'application constituent un autre élément de contraste, le GDPR permettant aux autorités de contrôle d'infliger des amendes substantielles en cas de non-respect, tandis que la CCPA s'appuie sur le procureur général de Californie et sur des droits d'action privés limités pour l'application de la loi. Les droits conférés aux personnes dans chaque cadre mettent l'accent sur des priorités distinctes, le GDPR mettant l'accent sur le consentement éclairé et le droit à l'oubli, et le CCPA sur le droit à la divulgation et le droit à l'opt-out.

Les implications de ces cadres législatifs divergents sont multiples et dépassent les frontières juridictionnelles. Les entreprises opérant à la fois dans l'UE et en Californie sont confrontées à des défis complexes lorsqu'il s'agit de se conformer aux exigences, de s'adapter à des définitions et à des normes différentes et de gérer les flux de données transfrontaliers. Ces disparités réglementaires contribuent à la complexité des transferts de données transatlantiques, d'où le besoin pressant de procéder à des évaluations de convergence ou d'équivalence pour faciliter des flux de données ininterrompus tout en garantissant des normes solides de protection des données. Alors que la confidentialité des données continue d'évoluer rapidement en réponse aux avancées technologiques et aux attentes de la société, l'analyse comparative du GDPR et de la CCPA sert de référence cruciale pour les décideurs politiques, les entreprises et les individus qui cherchent à comprendre, réconcilier et combler les divergences politiques transatlantiques dans le domaine de la protection des données.

Politiques fiscales : Combler les différences transatlantiques

Les politiques fiscales constituent un domaine de divergence important entre l'Union européenne (UE) et les États-Unis, présentant des défis et des opportunités pour les relations transatlantiques. Les différences entre les systèmes fiscaux, en particulier en ce qui concerne l'impôt sur les sociétés, ont été une source de désaccord durable, avec des implications pour les entreprises multinationales, la compétitivité économique et le commerce transfrontalier. Il est essentiel de comprendre la dynamique nuancée de la politique fiscale de part et d'autre de l'Atlantique pour favoriser la coopération et remédier aux disparités.

L'UE a été à l'avant-garde des réformes fiscales visant à remédier aux déséquilibres perçus et à faire en sorte que les entreprises numériques opérant sur son territoire paient leur juste part d'impôts. Cela a conduit à la proposition d'une taxe sur les services numériques, visant à cibler les revenus générés par les activités numériques. Parallèlement, des discussions autour d'une assiette commune consolidée pour l'impôt sur les sociétés (ACCIS) sont apparues comme un mécanisme visant à harmoniser les règles de l'impôt sur les sociétés dans les États membres de l'UE, dans le but d'atténuer la concurrence fiscale ( ) et le transfert de bénéfices. Il est impératif d'analyser les implications de ces initiatives sur les géants de la technologie basés aux États-Unis et sur le paysage économique transatlantique au sens large.

À l'inverse, les États-Unis ont poursuivi leurs propres efforts de réforme fiscale, illustrés par le Tax Cuts and Jobs Act (TCJA) de 2017, qui a introduit des changements significatifs dans la structure de l'impôt sur les sociétés, notamment une réduction du taux fédéral d'imposition des sociétés et un passage à un système d'imposition territorial pour les sociétés multinationales. Ces réformes ont suscité un vaste débat concernant leur impact sur les flux d'investissement mondiaux et le positionnement concurrentiel des entreprises américaines sur les marchés internationaux.

Pour surmonter ces divergences, les décideurs politiques, les économistes et les chefs d'entreprise sont contraints de chercher un terrain d'entente tout en reconnaissant la souveraineté et les priorités uniques de chaque juridiction. Les efforts visant à combler les différences transatlantiques en matière de politiques fiscales peuvent s'appuyer sur des forums de dialogue, tels que le Conseil économique transatlantique, afin de favoriser les échanges constructifs et d'explorer les domaines de convergence potentiels. Des initiatives de recherche en collaboration et des évaluations conjointes de l'impact économique peuvent permettre de mieux comprendre les ramifications des ajustements de la politique fiscale sur les schémas d'échanges et d'investissements transatlantiques.

Les plateformes multilatérales, telles que l'Organisation de coopération et de développement économiques (OCDE) et le G20, jouent un rôle essentiel dans l'avancement de la coopération fiscale internationale et la formulation de normes mondiales pour relever les défis fiscaux posés par la numérisation. Les négociations en cours sur le cadre de l'OCDE relatif à l'érosion de la base d'imposition et au transfert de bénéfices (BEPS) et la mise en place d'un impôt minimum mondial représentent des moments cruciaux pour redéfinir les normes fiscales et atténuer les disparités entre les juridictions.

En fin de compte, combler les différences transatlantiques en matière de politiques fiscales nécessite un effort concerté pour trouver un équilibre entre la promotion d'un environnement commercial compétitif et la garantie d'une contribution équitable aux finances publiques. Alors que le discours sur la politique fiscale continue d'évoluer, l'interaction complexe des facteurs géopolitiques, économiques et technologiques souligne l'impératif de favoriser une approche collaborative pour atténuer les divergences et renforcer la résilience des liens économiques transatlantiques.

Débats sur la fiscalité numérique : Un terrain contesté

L'économie numérique a révolutionné la façon dont les affaires sont menées à l'échelle mondiale, présentant des défis uniques pour les politiques fiscales et leur application. Alors que les économies transatlantiques se débattent avec les subtilités de la taxation des services et produits numériques, les débats autour de l'imposition des taxes numériques se sont intensifiés, créant un terrain contesté pour les décideurs politiques, les entreprises multinationales et les parties prenantes des deux côtés de l'Atlantique.

L'un des principaux points de discorde porte sur l'approche traditionnelle de la fiscalité fondée sur le nexus, qui repose sur la présence physique, par opposition à une approche fondée sur le marché ou l'utilisateur, qui englobe l'espace numérique. La nature transfrontalière de l'économie numérique brouille les frontières des juridictions fiscales traditionnelles, ce qui donne lieu à des différends sur le lieu de création de la valeur et sur la manière dont elle doit être évaluée à des fins fiscales.

Les divergences entre les politiques fiscales de l'UE et des États-Unis ont rendu les débats sur la fiscalité numérique encore plus complexes. L'Union européenne a été la première à plaider en faveur d'une taxe sur les services numériques, visant à garantir que les géants du numérique paient leur juste part d'impôts, reflétant la valeur générée par les interactions avec les utilisateurs et la collecte de données. En revanche, les États-Unis se sont inquiétés de l'impact potentiel de telles mesures sur les entreprises technologiques américaines et ont privilégié une solution multilatérale par l'intermédiaire d'organisations telles que l'OCDE.

L'évolution du paysage de la fiscalité numérique recoupe des dynamiques géopolitiques et commerciales plus larges, comme en témoignent les tensions résultant de l'imposition unilatérale de taxes sur les services numériques par certains pays. Ces mesures ont déclenché des menaces de représailles et suscité des craintes quant au risque de conflits commerciaux, ce qui met en évidence l'interaction complexe des considérations économiques, politiques et réglementaires dans ce domaine.

Les débats sur la fiscalité numérique ont souligné la nécessité d'une coopération internationale et de la recherche d'un consensus pour relever les défis posés par l'évolution rapide de l'économie numérique. Tout en reconnaissant les préoccupations légitimes liées à l'équité fiscale et à la génération de recettes, les décideurs politiques doivent trouver un équilibre entre ces intérêts et la promotion de l'innovation et de la croissance économique.

Alors que les parties prenantes s'engagent dans des discussions sur le paysage fiscal numérique, il sera essentiel de trouver un terrain d'entente et de créer un cadre qui tienne compte des divers points de vue et objectifs de toutes les parties. L'objectif principal devrait être de créer un cadre fiscal durable et équitable qui tienne compte des caractéristiques uniques de l'économie numérique tout en respectant les principes d'équité, de transparence et de prévisibilité.

Approches réglementaires : Convergence ou divergence ?

Les approches réglementaires en matière de confidentialité des données, de fiscalité et de réglementation numérique des deux côtés de l'Atlantique ont fait l'objet d'un examen approfondi ces dernières années. Le règlement général sur la protection des données (RGPD) de l'Union européenne est un exemple clé de cadre juridique complet visant à protéger les données personnelles et le droit à la vie privée des individus au sein de l'UE et de l'EEE. Le GDPR a établi une norme élevée pour la protection des données, exigeant des organisations qu'elles adhèrent à des règles strictes en matière de collecte, de traitement et de stockage des données, tout en accordant aux individus un plus grand contrôle sur leurs informations personnelles.

En revanche, les États-Unis ont suivi une voie différente, avec une réglementation variable au niveau fédéral et au niveau des États. Si des lois fédérales telles que la loi sur la portabilité et la responsabilité en matière d'assurance maladie (HIPAA) et la loi sur la protection de la vie privée des enfants en ligne (COPPA) offrent certaines protections à des secteurs spécifiques, il n'existe pas de loi fédérale globale sur la protection des données à caractère personnel semblable au GDPR. Au lieu de cela, les réglementations relatives à la confidentialité et à la sécurité des données aux États-Unis sont généralement mises en œuvre par le biais de lois sectorielles et de l'autorégulation de l'industrie.

La divergence des approches réglementaires soulève des questions sur la compatibilité et l'interopérabilité des lois sur la protection des données entre l'UE et les États-Unis. De telles divergences n'ont pas seulement un impact sur la vie privée des individus, mais posent également des défis aux entreprises qui opèrent à travers les frontières. Pour les multinationales, le respect des deux ensembles de réglementations peut s'avérer complexe et coûteux, ce qui suscite des inquiétudes quant à l'accès au marché et aux barrières commerciales transatlantiques.

De même, la question de la fiscalité numérique a été une source de tension, l'UE et les États-Unis étant en désaccord sur la manière de taxer les entreprises numériques qui génèrent des revenus importants sur les marchés internationaux. Alors que l'OCDE travaille à l'élaboration d'une solution globale pour relever les défis fiscaux liés à la numérisation de l'économie, les divergences d'opinion sur l'attribution des droits d'imposition et les seuils de présence imposable ont alimenté les débats sur l'imposition juste et équitable.

Alors que le paysage numérique continue d'évoluer, les divergences réglementaires se sont étendues aux questions de modération des contenus, de responsabilité des plateformes et de politique de la concurrence. La loi sur les services numériques et la loi sur les marchés numériques de l'UE visent à établir des règles plus claires pour les plateformes en ligne, tandis que les États-Unis sont aux prises avec des débats concernant la section 230 de la loi sur la décence des communications et des actions antitrust contre les grandes entreprises technologiques.

En naviguant dans ces paysages réglementaires, les décideurs politiques, les entreprises et les parties prenantes des deux côtés de l'Atlantique sont confrontés au défi de trouver un terrain d'entente tout en respectant les valeurs sociétales, les traditions juridiques et les intérêts économiques divergents. La recherche d'une convergence réglementaire reste essentielle pour faciliter l'innovation, sauvegarder les droits fondamentaux et favoriser des relations économiques transatlantiques solides.

Impact des divergences politiques sur le commerce transatlantique

Les relations commerciales transatlantiques ont été considérablement affectées par les approches réglementaires divergentes adoptées par l'Union européenne (UE) et les États-Unis. Le contraste entre les lois sur la confidentialité des données, les politiques fiscales et les cadres réglementaires a créé des défis et des incertitudes pour les entreprises multinationales opérant dans ces juridictions. Ces différences de politiques ont non seulement affecté les opérations commerciales, mais aussi façonné la dynamique du commerce transatlantique, entraînant des complexités et des coûts de mise en conformité accrus. Les réglementations divergentes en matière de confidentialité des données, telles que le Règlement général sur la protection des données (RGPD) dans l'UE et le California Consumer Privacy Act (CCPA) aux États-Unis, ont obligé les entreprises à naviguer dans un réseau complexe d'exigences diverses, entraînant des charges de conformité supplémentaires et la nécessité de stratégies complexes de gestion des données. Les disparités fiscales et les débats en cours sur la fiscalité numérique ont ajouté des couches de complexité au commerce transfrontalier, ce qui a eu un impact sur le paysage financier des sociétés multinationales. En conséquence, les entreprises ont été confrontées à des difficultés pour aligner leurs opérations sur les diverses législations fiscales et les scénarios de double imposition potentiels. Les divergences réglementaires ont également influencé le développement et la mise en œuvre des normes et des pratiques, ce qui a eu un impact sur la compatibilité des produits et l'accès au marché. Les réglementations contradictoires ont créé des barrières à l'entrée et des obstacles au commerce, affectant la compétitivité globale des entreprises dans les deux régions. L'incertitude découlant de l'absence de convergence réglementaire a contribué à décourager les investissements et a entravé l'expansion de la coopération économique transatlantique. L'impact des divergences politiques sur le commerce transatlantique s'est étendu, à l'adresse , au-delà des défis au niveau des entreprises, à des ramifications économiques plus larges, contribuant aux tensions commerciales et empêchant la réalisation du plein potentiel du commerce transatlantique. Les efforts visant à atténuer les effets négatifs des divergences réglementaires sont devenus impératifs, soulignant la nécessité de dialogues et d'initiatives visant à favoriser un meilleur alignement et une plus grande coopération entre l'UE et les États-Unis. Pour relever ces défis, il faut collaborer à l'harmonisation des réglementations, à l'amélioration de la transparence et à la promotion de la cohérence réglementaire afin de créer un environnement plus propice au commerce et à l'investissement transatlantiques. La convergence réglementaire peut engendrer des avantages mutuels, en favorisant la croissance économique, l'innovation et le développement durable, tout en renforçant le partenariat de longue date entre l'UE et les États-Unis.

Les entreprises multinationales : Naviguer dans le paysage réglementaire

Dans le contexte des divergences entre les États-Unis et l'Union européenne en matière de confidentialité des données, de fiscalité et de politiques réglementaires, les entreprises multinationales sont confrontées à des défis importants lorsqu'elles naviguent dans le paysage réglementaire. Ces sociétés opèrent au-delà des frontières et sont soumises à une multitude de cadres juridiques souvent contradictoires. Le réseau complexe de réglementations concerne non seulement la protection des données et la confidentialité numérique, mais aussi la conformité fiscale et les réglementations sectorielles. L'harmonisation des politiques devient donc un facteur essentiel pour déterminer la facilité de faire des affaires dans la sphère transatlantique. Les multinationales se heurtent à la complexité de l'adhésion à diverses lois sur la confidentialité des données. Le règlement général sur la protection des données (RGPD) de l'UE établit des directives strictes pour la collecte, le stockage et le traitement des données à caractère personnel et s'applique de manière extraterritoriale à toute entreprise traitant des données de résidents de l'UE. À l'inverse, aux États-Unis, le paysage réglementaire est caractérisé par une approche État par État, le California Consumer Privacy Act (CCPA) étant l'un des principaux textes législatifs. Cette divergence pose un problème aux entreprises multinationales qui souhaitent établir des pratiques uniformes en matière de traitement des données. Les politiques fiscales constituent également des obstacles pour ces entreprises, car elles doivent composer avec des taux d'imposition des sociétés différents, des principes de prix de transfert et des lois sur la fiscalité numérique en constante évolution de part et d'autre de l'Atlantique. La perception de taxes sur les services numériques en Europe et le débat autour d'un taux minimum d'imposition des sociétés à l'échelle mondiale compliquent encore les choses. Les réglementations sectorielles, telles que celles qui régissent les produits pharmaceutiques ou les normes environnementales, peuvent différer considérablement entre les États-Unis et l'Union européenne, ce qui nécessite des stratégies de conformité sur mesure. Face à ces défis, les multinationales déploient des équipes juridiques, de conformité et d'affaires réglementaires chargées d'interpréter, de mettre en œuvre et de garantir le respect des diverses exigences réglementaires. Ces équipes jouent un rôle crucial dans l'orchestration de l'approche de l'entreprise en matière de conformité et dans la gestion des risques associés. Les entreprises déploient des efforts considérables en matière de lobbying et de dialogue avec les parties prenantes afin d'influencer les décideurs politiques et de favoriser la convergence des réglementations. L'expansion des canaux diplomatiques et des forums de dialogue transatlantique sur la réglementation renforce également la capacité des multinationales à plaider en faveur de politiques harmonisées. Certaines entreprises adoptent de manière proactive des mesures d'autorégulation et des normes industrielles, afin d'aligner leurs pratiques sur les exigences les plus strictes et d'atténuer l'incertitude juridique. En fin de compte, une navigation réussie dans les paysages réglementaires nécessite une compréhension holistique des environnements juridiques dans lesquels les sociétés multinationales opèrent et souligne l'importance de l'harmonisation des politiques pour faciliter un commerce transatlantique sans faille.

Efforts d'harmonisation des politiques et canaux diplomatiques

Alors que les multinationales naviguent dans les paysages réglementaires complexes de l'Union européenne et des États-Unis, la nécessité d'harmoniser les politiques devient de plus en plus évidente. La mise en place d'un cadre unifié pour la confidentialité des données, la fiscalité et la réglementation est essentielle pour promouvoir le commerce transatlantique et garantir une concurrence loyale entre les entreprises opérant de part et d'autre de l'Atlantique.

Les efforts d'harmonisation des politiques consistent à aligner les mesures législatives et réglementaires afin de minimiser les divergences et de rationaliser les processus de conformité pour les sociétés multinationales. Cet effort implique un dialogue et une coordination approfondis entre les entités gouvernementales, les parties prenantes du secteur et les organisations internationales. Il est essentiel de parvenir à une compréhension commune des objectifs réglementaires et de favoriser les mécanismes de coopération pour remédier efficacement aux divergences entre les politiques.

Les voies diplomatiques constituent des canaux essentiels pour faciliter les discussions sur l'harmonisation des politiques. Les dialogues bilatéraux et multilatéraux entre l'UE et les États-Unis permettent aux décideurs politiques de délibérer sur les cadres potentiels qui harmonisent les lois sur la confidentialité des données, les politiques fiscales et les normes réglementaires. Ces discussions diplomatiques constituent des plateformes pour l'échange de bonnes pratiques, la mise en évidence des défis mutuels et l'établissement de normes qui favorisent la cohérence réglementaire.

L'engagement diplomatique va au-delà des interactions gouvernementales et englobe la participation active des représentants du secteur privé. Les associations industrielles, les coalitions d'entreprises et les groupes de pression jouent un rôle essentiel dans la transmission des perspectives et des préoccupations des entreprises multinationales aux décideurs politiques. En s'engageant dans la diplomatie, ces entités contribuent à la formulation de solutions pragmatiques et efficaces qui répondent à la complexité des divergences politiques transatlantiques.

Outre les négociations diplomatiques, l'harmonisation des politiques nécessite également de tirer parti des institutions internationales pour favoriser la convergence. Les initiatives de collaboration au sein de forums tels que l'OCDE, l'OMC et le G20 permettent d'aligner les normes mondiales et les meilleures pratiques en matière de confidentialité des données, de fiscalité et de cadres réglementaires. Ces plateformes offrent la possibilité d'élaborer des principes et des lignes directrices communs qui peuvent faciliter une approche plus cohérente et homogène de l'élaboration des politiques à travers les frontières.

En fin de compte, l'harmonisation des politiques exige de la prévoyance stratégique, de la persévérance et un engagement à faire progresser les principes de gouvernance partagée. En utilisant les voies diplomatiques et en collaborant avec des partenaires internationaux, l'UE et les États-Unis peuvent s'efforcer de combler leurs divergences politiques, jetant ainsi les bases d'un marché transatlantique plus intégré et plus cohérent. Grâce à des efforts concertés et à un engagement constructif, la recherche d'un cadre unifié pour la confidentialité des données, la fiscalité et la réglementation peut apporter des avantages significatifs, renforçant le lien durable entre les deux puissances économiques.

Conclusion : Vers un cadre unifié ?

En conclusion, le chemin vers l'établissement d'un cadre unifié pour la confidentialité des données, la fiscalité et la réglementation entre l'UE et les États-Unis est indéniablement complexe et à multiples facettes. S'il est évident que les deux entités sont déterminées à défendre leurs valeurs et leurs intérêts respectifs, la nécessité de trouver un terrain d'entente est devenue de plus en plus pressante dans notre paysage mondial interconnecté. Les efforts d'harmonisation des politiques et les canaux diplomatiques étudiés dans cet ouvrage offrent une lueur d'espoir pour combler les divergences transatlantiques.

En comprenant les fondements historiques, juridiques et économiques de ces politiques, les parties prenantes des deux côtés de l'Atlantique peuvent se faire une idée des motivations et des préoccupations sous-jacentes qui ont façonné les paysages réglementaires actuels. L'analyse comparative de législations clés telles que le règlement général sur la protection des données (RGPD) et la loi californienne sur la protection de la vie privée des consommateurs (CCPA) montre clairement qu'en dépit des différences, il existe également des possibilités d'alignement et de convergence.

Les objectifs qui se recoupent, à savoir garantir la confidentialité et la sécurité des données tout en favorisant l'innovation et la croissance économique, soulignent la possibilité de trouver un terrain d'entente. Dans le domaine de la fiscalité, les débats autour de la fiscalité numérique soulignent l'urgence de relever les défis transfrontaliers dans une économie numérique qui évolue rapidement.

Pour aller de l'avant, il est impératif que les décideurs politiques et les chefs d'entreprise s'engagent dans un dialogue et une collaboration ouverts afin de naviguer dans les complexités de la divergence réglementaire. Les entreprises multinationales, en particulier, sont confrontées à la tâche redoutable d'adhérer à des cadres réglementaires disparates, ce qui crée des inefficacités et des charges de conformité. Un cadre unifié atténuerait ces difficultés et favoriserait un environnement commercial transatlantique plus harmonieux.

Toutefois, la voie de la convergence doit être abordée en tenant compte des différents points de vue des parties prenantes et des priorités nationales. Cela exige un équilibre délicat entre le respect de la souveraineté et la recherche de solutions mutuellement bénéfiques. Il est nécessaire d'adopter une approche proactive pour faire face aux avancées technologiques émergentes et à leurs implications pour la formulation et la mise en œuvre des politiques.

Une question primordiale se pose : L'UE et les États-Unis peuvent-ils tracer la voie vers un cadre unifié qui respecte les droits individuels, promeut l'innovation et soutient la compétitivité économique ? En réfléchissant à cette question, il devient évident que la recherche d'un cadre unifié va au-delà des dimensions juridiques et réglementaires ; elle incarne un engagement à renforcer les relations transatlantiques et à préserver les valeurs communes dans un monde en constante évolution.

Bien que des défis nous attendent, la perspective d'évoluer vers un cadre unifié nous donne l'occasion de faire preuve de leadership dans l'élaboration de normes et de standards mondiaux. Cela signifie un engagement à exploiter le potentiel des technologies numériques tout en sauvegardant les principes fondamentaux. En s'engageant dans cette voie, l'UE et les États-Unis peuvent inspirer et influencer les efforts internationaux visant à promouvoir un écosystème numérique sûr, innovant et fondé sur l'éthique. Alors que nous nous engageons dans cette voie, la vision d'un cadre transatlantique unifié témoigne du partenariat durable et des aspirations mutuelles de deux alliés influents.

12
Pressions géopolitiques
L'influence croissante de la Chine

Introduction à la stratégie globale de la Chine

L'émergence de la Chine en tant que puissance économique mondiale s'est accompagnée d'une vision stratégique qui s'étend bien au-delà de ses frontières. Grâce à des initiatives telles que "la Ceinture et la Route" (BRI) et la Banque asiatique d'investissement pour les infrastructures (AIIB), la Chine a fait part de son intention de façonner le paysage géopolitique et d'étendre son influence à l'échelle mondiale. Ces efforts s'appuient sur une stratégie délibérée visant à promouvoir le développement économique, à renforcer la connectivité et à cultiver des relations avec des pays d'Asie, d'Afrique, d'Europe et d'ailleurs. Au cœur idéologique de la stratégie mondiale de la Chine se trouve le principe de la coopération gagnant-gagnant, qui met l'accent sur le bénéfice mutuel et la prospérité partagée. Elle reflète le désir d'établir un nouveau paradigme de relations internationales fondé sur le respect, l'équité et l'inclusion.

Dans le cadre de cette stratégie expansive, la Chine cherche à tirer parti de ses prouesses économiques pour resserrer ses liens avec diverses nations, en utilisant le commerce et l'investissement comme outils pour approfondir les liens diplomatiques et culturels. La BRI, en particulier, incarne l'engagement de la Chine en faveur du développement des infrastructures et de la connectivité, en encourageant l'intégration économique et la coopération régionale. En investissant dans des réseaux de transport essentiels, des projets énergétiques et des infrastructures numériques, la Chine vise à renforcer les perspectives économiques des pays partenaires tout en facilitant l'expansion des routes commerciales et l'accès aux marchés.

Au-delà du domaine économique, la stratégie mondiale de la Chine englobe une approche globale visant à exercer une puissance douce et à renforcer son empreinte culturelle. Cela inclut des initiatives telles que l'expansion mondiale de l'enseignement du chinois et la promotion de la médecine traditionnelle chinoise et des arts martiaux. L'influence grandissante des médias chinois et des industries du divertissement sert également à projeter des récits culturels et à façonner les perceptions à l'étranger, complétant ainsi les efforts diplomatiques plus larges de la Chine.

Les efforts stratégiques de la Chine s'étendent à l'exploitation de l'innovation technologique comme moyen d'améliorer sa position mondiale. En mettant l'accent sur les technologies émergentes telles que l'intelligence artificielle, les télécommunications et l'infrastructure numérique, la Chine vise à renforcer sa présence dans le domaine numérique, en se positionnant comme une force de premier plan pour façonner l'avenir de la technologie et de la connectivité. L'engagement proactif de la Chine dans les organisations internationales et les forums multilatéraux souligne sa volonté de façonner les structures de gouvernance mondiale et de participer à la formulation de règles et de normes qui reflètent ses intérêts et sa vision de l'ordre international.

Au fur et à mesure que la stratégie mondiale de la Chine se déploie, elle suscite diverses réactions et réponses de la part des autres grandes puissances, engendrant des débats sur ses implications pour les normes établies et la dynamique du pouvoir. Par conséquent, il est essentiel de comprendre les contours de la stratégie mondiale multiforme de la Chine pour saisir la dynamique évolutive de la géopolitique mondiale et l'interaction des intérêts entre les nations.

L'expansion économique et l'initiative "la Ceinture et la Route"

L'expansion économique de la Chine et son ambitieuse initiative "la Ceinture et la Route" (ICR) ont attiré l'attention du monde entier et suscité de nombreux débats sur les plans géopolitique, économique et du développement. La BRI (Belt and Road Initiative), proposée par le président Xi Jinping en 2013, cherche à revigorer les anciennes routes commerciales de la soie et à établir un réseau de projets d'infrastructure couvrant l'Asie, l'Afrique et l'Europe, dans le but de renforcer la connectivité, le commerce et l'investissement entre les pays participants. Cette initiative représente l'un des plus importants projets de politique étrangère et économique jamais entrepris par la Chine et témoigne de sa détermination à exercer une influence à l'échelle mondiale.

Le champ d'application de la BRI est vaste, englobant les réseaux de transport, les pipelines d'énergie, les infrastructures de télécommunications et les ports, ce qui présente d'immenses opportunités pour les pays participants en termes de création d'emplois, de développement économique et d'amélioration de l'intégration régionale. Cependant, les critiques et les sceptiques dans le monde occidental s'inquiètent de la viabilité de la dette, de la transparence, de l'impact environnemental, des implications géopolitiques et du risque d'encourager la dépendance des pays bénéficiaires. Les questions relatives à l'adhésion aux normes internationales (établies par l'Occident) et aux principes de gouvernance ont alimenté les discussions sur les véritables intentions qui sous-tendent l'élan expansif de la Chine.

L'expansion économique de la Chine, associée aux objectifs stratégiques de la BRI, a également suscité des mesures de riposte et des ajustements stratégiques de la part d'autres puissances mondiales, notamment les États-Unis et l'Union européenne. Ces acteurs considèrent l'influence économique croissante de la Chine à la fois comme une opportunité et comme un défi, ce qui les incite à s'engager, à rivaliser ou à affirmer des approches alternatives dans les régions concernées par la BRI. L'intersection des intérêts économiques et de la dynamique géopolitique a créé un paysage complexe dans lequel les implications de l'expansion de la Chine sont étroitement liées aux relations internationales plus larges et aux structures de gouvernance économique mondiale.

Au milieu de ces considérations à multiples facettes, il devient impératif pour les décideurs politiques, les universitaires et les parties prenantes de chercher à comprendre de manière nuancée les ramifications de l'expansion économique de la Chine et de la BRI. Des analyses approfondies doivent être menées pour déterminer les effets potentiels sur les modèles commerciaux, les trajectoires de développement, la sécurité énergétique, la coopération technologique et les flux financiers à l'échelle régionale et mondiale. Alors que la Chine poursuit sa vision économique, des évaluations complètes et un dialogue éclairé sont des éléments essentiels pour élaborer des politiques conformes aux principes du développement durable, de l'avantage mutuel et de la collaboration transparente.

Avancées technologiques et diplomatie numérique

Les avancées technologiques rapides de la Chine ont consolidé sa position de leader mondial dans le paysage numérique. De l'intelligence artificielle à l'informatique quantique, en passant par l'infrastructure 5G et l'exploration spatiale, la Chine a fait des progrès considérables dans divers domaines technologiques. Ces avancées renforcent non seulement ses capacités nationales, mais jouent également un rôle essentiel dans la définition de sa position internationale. Grâce à des investissements judicieux dans les technologies de pointe, la Chine a pu tirer parti de la diplomatie numérique pour étendre son influence sur la scène mondiale. La diplomatie numérique englobe l'utilisation stratégique de la technologie, des canaux de communication et de la diffusion de l'information pour atteindre des objectifs diplomatiques et faire progresser les intérêts nationaux.

Dans le contexte de la politique étrangère de la Chine, elle implique l'utilisation de plateformes et d'outils numériques pour s'engager avec d'autres nations, façonner l'opinion publique et projeter une puissance douce. L'habileté de la Chine à exploiter les plateformes numériques à des fins diplomatiques est évidente dans son approche proactive de l'établissement de partenariats à l'étranger par le biais de projets d'infrastructure numérique, d'initiatives cybernétiques et de la diffusion d'informations.

Tirant parti de ses prouesses technologiques, la Chine s'est efforcée d'établir une connectivité numérique et d'étendre sa portée à travers les continents par le biais d'initiatives telles que la Route de la soie numérique, qui complète son initiative plus large de la Ceinture et de la Route. Toutefois, l'intégration croissante des technologies numériques dans les efforts diplomatiques de la Chine a suscité des inquiétudes parmi les nations occidentales concernant "la sécurité des données, les droits de propriété intellectuelle et l'exploitation potentielle à des fins géopolitiques". L'interaction entre les avancées technologiques et la diplomatie numérique est également devenue un facteur crucial dans les relations sino-occidentales, se manifestant dans les débats sur la confidentialité des données, la cybersécurité et la réglementation des technologies émergentes. La position affirmée de la Chine dans la promotion de son programme numérique au niveau mondial a suscité des appels à une plus grande coordination et coopération entre les nations occidentales afin de contrebalancer son influence et de défendre des valeurs communes. Il est donc essentiel de comprendre l'intersection des capacités technologiques et de la diplomatie numérique dans la stratégie de politique étrangère de la Chine pour saisir l'évolution de son rôle sur la scène internationale et naviguer dans les complexités de la géopolitique moderne.

Modernisation militaire et défis stratégiques

Alors que la Chine poursuit son développement économique rapide, elle a également entrepris une modernisation militaire importante visant à renforcer ses capacités stratégiques. L'Armée populaire de libération (APL) a réalisé des investissements substantiels dans des armes de pointe, notamment des missiles hypersoniques, des missiles balistiques antinavires et des avions furtifs, tout en développant sa flotte navale et en modernisant ses forces terrestres. Ce renforcement est en train de transformer la Chine en une puissance régionale redoutable, capable de projeter une force militaire au-delà de ses frontières.

Les investissements de la Chine dans les technologies de guerre cybernétique et spatiale posent de nouveaux défis aux doctrines de sécurité traditionnelles. L'accent mis par l'APL sur les opérations interarmées intégrées et la guerre réseau-centrée souligne encore la sophistication de sa stratégie militaire. Cette modernisation ne se limite pas aux capacités conventionnelles ; la Chine renforce également son arsenal nucléaire, poursuit ses progrès en matière de systèmes de défense antimissile et développe des capacités cybernétiques offensives.

Ces évolutions ont suscité l'inquiétude des planificateurs de la défense américains et européens, qui sont aux prises avec les implications des ambitions stratégiques de la Chine. Le défi posé par la modernisation militaire de la Chine va au-delà des domaines militaires conventionnels. Sa présence croissante dans des régions stratégiquement vitales, telles que la mer de Chine méridionale, a accru les tensions avec les États Unis. La position affirmée adoptée par la Chine dans les différends territoriaux, associée à ses efforts pour sécuriser les voies maritimes et les intérêts maritimes, a suscité l'appréhension des puissances maritimes mondiales rivales. L'expansion militaire et les ambitions mondiales de la Chine ont entraîné une réévaluation des architectures de sécurité et des postures de défense dans toute la région indo-pacifique. Alors que la Chine étend son empreinte militaire , l'équilibre géopolitique hérité de l'après-guerre (1945) dans cette zone cruciale est fondamentalement remodelé, ce qui entraîne des dilemmes de sécurité complexes pour les partenaires américains, européens et régionaux. Dans ce contexte, l'interaction nuancée entre la dynamique de la sécurité, les avancées technologiques et les stratégies diplomatiques dessine les contours de la future concurrence géopolitique. Pour relever ces défis complexes, il faut comprendre en profondeur l'évolution de la posture militaire de la Chine et ses implications pour les accords de sécurité mondiaux.

L'influence dans les organisations internationales

L'influence mondiale de la Chine ne cessant de s'étendre, sa présence et son impact au sein des organisations internationales sont devenus de plus en plus significatifs. L'engagement de la Chine dans les institutions multilatérales, telles que l'Organisation des Nations unies (ONU), l'Organisation mondiale du commerce (OMC), le Fonds monétaire international (FMI) et la Banque mondiale, a attiré l'attention en raison de l'évolution de son rôle dans l'élaboration de la gouvernance et des normes mondiales. Forte de son poids économique croissant et de ses prouesses diplomatiques, il est normal que la Chine cherche à tirer parti de sa position au sein de ces forums pour faire avancer ses objectifs stratégiques, en remettant souvent en question les initiatives menées par l'Occident et en plaidant en faveur de réformes conformes à ses intérêts, tout comme ses rivaux le font.

L'un des principaux domaines dans lesquels la Chine a exercé son influence est celui du financement du développement et des projets d'infrastructure. Par le biais de plateformes telles que la Banque asiatique d'investissement dans les infrastructures

(BAII) et la Nouvelle banque de développement (NDB), la Chine a lancé des initiatives visant à fournir des sources alternatives de financement pour le développement des infrastructures dans les économies émergentes, ce qui a soulevé des questions quant à l'impact potentiel sur les institutions financières internationales établies et sur l'ordre économique mondial au sens large.

La participation de la Chine à des opérations de maintien de la paix sous l'égide des Nations unies, ainsi que ses contributions à l'aide internationale et aux efforts humanitaires, soulignent ses aspirations à être considérée comme une partie prenante responsable dans la promotion de la stabilité et du développement sur la scène mondiale.

Au sein des agences et organismes spécialisés, la Chine a activement cherché à occuper des positions de leadership et à façonner les cadres réglementaires régissant des domaines allant des télécommunications et de la propriété intellectuelle à la conservation de l'environnement et à la santé publique. L'initiative "la Ceinture et la Route" (ICR), projet phare de la politique étrangère, recoupe de nombreux mécanismes multilatéraux et organisations régionales, offrant des possibilités de coopération et soulevant des inquiétudes occidentales quant aux ramifications géopolitiques et économiques potentielles.

L'engagement de la Chine dans les organisations internationales reflète son ambition de recalibrer les normes et les institutions mondiales afin de mieux répondre à son ascension en tant que grande puissance. Alors que la dynamique du multilatéralisme continue d'évoluer dans un contexte de rivalités géopolitiques et d'alliances changeantes, la compréhension de l'influence de la Chine dans ces cadres est cruciale pour les décideurs politiques, les universitaires et les praticiens qui naviguent dans les complexités des relations internationales au 21e siècle.

Soft Power : Culture, éducation et médias

Alors que la Chine continue d'étendre son influence mondiale, l'utilisation stratégique d'outils de soft power tels que la culture, l'éducation et les médias est devenue de plus en plus évidente. Grâce à des initiatives telles que les Instituts Confucius, la Chine a cherché à promouvoir sa langue et son patrimoine culturel à l'étranger, favorisant ainsi une meilleure compréhension culturelle et pouvant influencer l'opinion publique.

Les investissements de la Chine dans les échanges éducatifs et les bourses d'études ont permis à un nombre croissant d'étudiants internationaux d'étudier dans les universités chinoises, créant ainsi des relations et des réseaux à long terme qui peuvent servir de vecteurs à l'influence chinoise. La prolifération des médias d'État chinois, comme le CGTN (China Global Television Network), a également facilité la diffusion des points de vue de la Chine sur les événements mondiaux, façonnant ainsi les récits et les discours internationaux. Cela a suscité des inquiétudes en Occident quant au contrôle de l'information et à la propagande, poussant ces pays à s'interroger sur l'impact potentiel de médias chinois sur la credibilite du discours politico-mediatique occidental. Pour

Les pays occidentaux, y compris les États-Unis et les pays européens, ont été confrontés aux implications de la puissance douce de la Chine. Les efforts déployés pour trouver un équilibre entre la promotion des échanges culturels et de la collaboration universitaire et la protection contre les influences étrangères indues ont donné lieu à des débats sur la réglementation des instituts Confucius et sur la transparence des partenariats éducatifs. Les nations occidentales ont pris des mesures pour contrer les efforts de puissance douce de la Chine en renforçant leur propre diplomatie culturelle, en promouvant les possibilités d'éducation et en élargissant la portée des médias indépendants pour offrir d'autres perspectives. La concurrence pour les cœurs et les esprits par le biais de la puissance douce est donc devenue un aspect essentiel de la rivalité géopolitique plus large entre l'Occident et la Chine.

Réponses des États-Unis et de l'Europe aux affirmations de la Chine

L'ascension de la Chine sur la scène mondiale a suscité des réponses concertées de la part des États-Unis et de l'Europe, faisant écho à des préoccupations communes concernant l'affirmation croissante de la Chine et son impact sur les relations internationales. Ce sentiment a conduit à un recalibrage évolutif des politiques étrangères et des partenariats stratégiques visant à répondre aux différentes dimensions de l'ascension de la Chine.

Au niveau fondamental, les réponses américano-européennes ont cherché à mettre l'accent sur un front uni dans la défense d'un ordre international fondé sur des règles qui promeut la transparence, l'équité et la réciprocité dans les relations commerciales et économiques avec la Chine. Les efforts englobent le soutien mutuel aux cadres multilatéraux tout en renforçant les mécanismes de politique intérieure pour se prémunir contre les pratiques commerciales déloyales,

Dans le domaine de la sécurité et de la défense, il y a eu une convergence d'intérêts notable dans la reconnaissance et la réponse à la modernisation militaire de la Chine et à ses implications pour la stabilité régionale. Cela s'est traduit par une coopération accrue en matière d'échange de renseignements, d'exercices militaires conjoints et de renforcement des capacités de défense, en particulier dans la région indo-pacifique. Les liens de plus en plus étroits entre les États-Unis et les alliés européens à cet égard témoignent d'un engagement collectif en faveur du maintien d'architectures de sécurité héritées de la fin de la deuxième guerre modiale même si elles sont prerimées et ne répondent plus aux attentes des peuples.

Conscients de l'influence plus large exercée par la Chine dans les organisations et les forums internationaux, les États-Unis et l'Europe ont cherché à tirer parti de leur poids diplomatique respectif pour plaider en faveur de réformes et de normes qui reflètent leurs propres croyances et valeurs. Ils se sont efforcés d'amplifier les récits sociopolitiques qui soulignent l'importance de la gouvernance libérale et des libertés individuelles, en s'opposant aux récits de la Chine sur l'efficacité du socialisme pour les pays en developpement.

Un aspect nuancé de la réponse concerne l'interdépendance économique, l'accent étant mis sur l'atténuation des risques associés à une dépendance excessive à l'égard des chaînes d'approvisionnement et des flux d'investissement chinois. Ainsi, les discussions en cours sont centrées sur la diversification des relations commerciales, le renforcement des contrôles à l'exportation et l'amélioration des mécanismes de sélection des investissements afin de protéger les infrastructures et les technologies critiques d'une influence indue.

Le rôle des accords de sécurité indo-pacifiques

Alors que l'influence de la Chine s'étend dans la région indo-pacifique, le rôle des accords de sécurité dans le maintien de la stabilité et la gestion de la concurrence stratégique fait l'objet d'une attention croissante. La dynamique de la sécurité dans la région indo-pacifique est façonnée par une interaction complexe d'intérêts économiques, militaires et géopolitiques, les grandes puissances se disputant l'influence et le contrôle. Les États-Unis, alliés traditionnels de la région depuis la fin de la seconde guerre mondiale, ont réaffirmé leur engagement à faire respecter l'ordre qu'ils ont fondé et à garantir la liberté de navigation sur les principales voies maritimes.

En réponse au comportement affirmé de la Chine, les États-Unis ont intensifié leurs partenariats de sécurité et leur présence dans la région indo-pacifique, notamment par le biais d'exercices militaires conjoints, de ventes d'armes aux alliés régionaux et d'une coopération élargie en matière de défense. La Quadrilatérale, composée des États-Unis, du Japon, de l'Inde et de l'Australie, s'est imposée comme un forum stratégique visant à favoriser une plus grande collaboration en matière de sécurité et à promouvoir une vision commune d'un "Indo-Pacifique libre, ouvert et inclusif".

Parallèlement à ces efforts, l'Union européenne reconnaît de plus en plus l'importance stratégique de la région indo-pacifique et a défini sa propre vision pour la région, en mettant l'accent sur la protection du droit international, la connectivité et le développement durable . Des institutions multilatérales telles que l'ANASE et le sommet de l'Asie de l'Est jouent un rôle essentiel en facilitant le dialogue et en encourageant les mesures de confiance entre les acteurs régionaux. Toutefois, l'évolution du paysage sécuritaire dans la région indo-pacifique pose également des défis, notamment parce que la Chine affirme ses revendications territoriales et étend son empreinte militaire, ce qui suscite les inquiétudes des gouvernements occidentaux quant au risque de déstabilisation.

Relations de la Chine avec les pays en développement

Les relations de la Chine avec les pays en développement ont des implications significatives pour le paysage géopolitique mondial et ont été au centre du discours international ces dernières années. En tant que deuxième économie mondiale, la Chine s'est engagée dans une vaste action diplomatique et des partenariats économiques avec un large éventail de pays en développement d'Asie, d'Afrique et d'Amérique latine. Cette approche stratégique s'aligne sur les ambitions plus larges de la Chine d'étendre son influence, d'accéder à de nouveaux marchés et de s'assurer des ressources naturelles vitales.

L'une des principales facettes de l'engagement de la Chine auprès des nations en développement est la coopération économique par le biais d'initiatives telles que l'initiative "la Ceinture et la Route" (BRI). Cet ambitieux programme d'infrastructure et d'investissement vise à favoriser la connectivité et le commerce entre la Chine et les pays partenaires, sur plusieurs continents. En finançant et en construisant de grands projets d'infrastructure tels que des ports, des autoroutes et des chemins de fer, la Chine cherche à soutenir le développement économique des nations participantes tout en renforçant simultanément ses propres intérêts économiques et son influence géopolitique.

Outre la collaboration économique, les relations de la Chine avec les pays en développement englobent divers secteurs, notamment la technologie, l'éducation, les soins de santé et l'agriculture. Grâce aux transferts technologiques, aux échanges éducatifs et aux programmes d'assistance médicale, la Chine étend sa portée et cultive la bonne volonté parmi les pays partenaires. Les investissements agricoles et le transfert d'expertise de la Chine contribuent à relever les défis de la sécurité alimentaire dans les régions en développement, ce qui favorise les avantages mutuels et cultive les liens bilatéraux.

Toutefois, l'empreinte croissante de la Chine dans les pays en développement a également fait l'objet d'un examen minutieux et suscité des inquiétudes au sein de la communauté internationale. Des critiques ont été émises quant à l'endettement potentiel des pays partenaires en raison des prêts chinois accordés pour des projets d'infrastructure, ce qui a donné lieu à des débats sur la durabilité et l'accroissement de la dépendance financière. Les questions de transparence, d'impact environnemental, de normes de travail et de gouvernance liées aux investissements chinois ont suscité un débat public et des délibérations politiques entre les parties prenantes.

Les ramifications géopolitiques des engagements croissants de la Chine avec les pays en développement ont attiré l'attention, notamment en ce qui concerne les alliances existantes et la dynamique du pouvoir. Les partenariats stratégiques et les collaborations de la Chine avec des pays de régions telles que l'Asie du Sud-Est et l'Afrique subsaharienne recoupent l'influence occidentale établie, ce qui suscite des discussions sur l'évolution des sphères d'influence et les réalignements géopolitiques potentiels.

À ce titre, les relations multiformes de la Chine avec les pays en développement représentent un domaine d'analyse essentiel dans le cadre plus large de la diplomatie, de l'économie et de la gouvernance mondiales. L'exploration des complexités et des opportunités inhérentes à ces relations nécessite un examen minutieux et la prise en compte de perspectives et d'intérêts divers, reflétant l'interaction complexe de la géopolitique, des aspirations en matière de développement et de la coopération internationale.

Conclusion : Naviguer dans les tensions sino-occidentales

À mesure que l'ordre mondial évolue, il devient de plus en plus crucial pour les décideurs politiques et les parties prenantes des deux côtés de naviguer dans le réseau complexe des tensions sino-occidentales. L'interaction dynamique entre la Chine et les puissances occidentales présente une myriade de défis et d'opportunités qui requièrent une diplomatie astucieuse, une prévoyance stratégique et une compréhension nuancée. Il est essentiel de reconnaître que si les tensions peuvent persister, l'engagement et le dialogue constructif sont indispensables pour gérer les différences et favoriser les domaines de coopération. Il est important d'adopter une approche équilibrée qui tienne compte des dimensions géopolitiques, économiques, technologiques et sécuritaires des relations sino-occidentales.

En conclusion, l'atténuation des tensions sino-occidentales exige une stratégie à multiples facettes qui intègre l'interdépendance économique, le dialogue diplomatique et un engagement fondé sur des principes. Les efforts visant à rééquilibrer les relations devraient donner la priorité à la recherche de résultats mutuellement bénéfiques tout en sauvegardant les intérêts respectifs. Il est indispensable de renforcer la transparence, de promouvoir l'adhésion aux normes internationales toujours en évolution et d'aborder les sujets de discorde par le biais d'un dialogue solide mais pragmatique. Alors que les États-Unis, l'Union européenne et d'autres acteurs occidentaux naviguent dans leurs relations avec la Chine, une approche cohérente et coordonnée, étayée par des valeurs partagées, est essentielle. Cela exige des manœuvres habiles dans le domaine du commerce, de la technologie, de la sécurité, des droits de l'homme et de la stabilité régionale.

Cette conclusion souligne l'importance d'exploiter les forums et les alliances multilatérales en tant que mécanismes permettant de gérer et de façonner collectivement la dynamique sino-occidentale. Le renforcement des partenariats dans la région indo-pacifique, l'exploitation des liens transatlantiques existants et l'engagement des démocraties partageant les mêmes idées au niveau mondial peuvent renforcer la résilience collective face à la position affirmée de la Chine. Les initiatives bilatérales et multilatérales visant à renforcer les systèmes fondés sur des règles, à promouvoir le développement durable et à faire progresser les droits de l'homme contribuent à l'effort continu d'affirmation de normes et de principes communs dans le contexte des tensions sino-occidentales.

En résumé, tout en reconnaissant la complexité et la multidimensionnalité des tensions sino-occidentales, il faut souligner l'impératif de trouver un équilibre entre la concurrence et la coopération. Il est essentiel d'adopter une approche équilibrée, pragmatique et fondée sur des principes pour naviguer dans la dynamique évolutive des relations sino-occidentales. En fin de compte, alors que la Chine et les nations occidentales manœuvrent dans ce paysage complexe, une navigation judicieuse des tensions est vitale pour favoriser la stabilité, la compréhension mutuelle et une prospérité mondiale durable.

13

Politique climatique

À la recherche d'un leadership mondial

La politique climatique dans les relations transatlantiques

La politique climatique constitue un domaine essentiel pour le renforcement des liens transatlantiques et l'affirmation d'un leadership mondial. Alors que le monde est aux prises avec les défis du changement climatique, l'impératif de collaboration internationale devient de plus en plus évident. Dans ce contexte, l'intersection de la politique climatique et des relations transatlantiques revêt une signification profonde, reflétant l'engagement commun des États-Unis et de l'Union européenne à répondre aux préoccupations environnementales urgentes. La trajectoire historique de l'action climatique souligne l'évolution de la dynamique de coopération entre ces partenaires influents, amplifiant leur capacité à façonner le discours mondial sur la durabilité et la gestion de l'environnement. L'alliance transatlantique est emblématique d'une confluence stratégique qui va au-delà des accords bilatéraux, incarnant une éthique collective de citoyenneté mondiale responsable. Dans un contexte de crises environnementales croissantes, la dynamique de collaboration au sein des relations transatlantiques place les deux entités à l'avant-garde des efforts internationaux de lutte contre le changement climatique. Ce chapitre se penche sur la tapisserie complexe de la politique climatique, mettant en lumière son potentiel inhérent à transcender les frontières géopolitiques et à favoriser une nouvelle ère de synergie diplomatique entre les États-Unis et l'Union européenne. En explorant l'évolution historique des accords environnementaux et en examinant le paysage contemporain des ambitions partagées, cette analyse vise à élucider la confluence des intérêts et des valeurs qui sous-tendent la quête d'un leadership mondial en matière de politique climatique. Elle cherche à souligner le rôle indispensable de la coopération transatlantique dans la définition d'une trajectoire durable et équitable pour l'avenir, en mettant l'accent sur les implications considérables des efforts conjoints dans l'élaboration de l'agenda climatique mondial. En fin de compte, il faudra non seulement expliquer les subtilités de la politique climatique, mais aussi souligner son lien indélébile avec le partenariat transatlantique, en renforçant le récit d'un leadership collaboratif pour surmonter l'un des défis les plus déterminants de notre époque.

Contexte historique : Évolution des accords environnementaux

Le contexte historique des accords environnementaux dans les relations transatlantiques témoigne de l'évolution de la conscience mondiale concernant le changement climatique et la durabilité. Les débuts de la coopération internationale en matière d'environnement remontent aux années 1970, lorsque des événements majeurs tels que la conférence de Stockholm et la création du Programme des Nations unies pour l'environnement (PNUE) ont jeté les bases d'une action multilatérale sur les questions environnementales. Au cours des décennies suivantes, le monde a pris conscience de l'interdépendance des défis environnementaux, ce qui a abouti à des traités historiques tels que le protocole de Montréal et le protocole de Kyoto.

Dans le contexte transatlantique, l'évolution des accords environnementaux a reflété la dynamique changeante des alliances géopolitiques et des priorités économiques. Si, dans les années 1980, la nécessité d'une coopération transatlantique en matière d'environnement a été de plus en plus reconnue, ce sont les années 1990 qui ont été le théâtre d'avancées significatives avec des initiatives telles que l'agenda transatlantique et le nouvel agenda transatlantique, qui ont placé les préoccupations environnementales au premier plan des relations entre les États-Unis et l'Europe.

Le tournant du 21e siècle a marqué une période charnière avec l'entrée en vigueur de l'Accord de Paris, signalant un engagement mondial renouvelé dans la lutte contre le changement climatique. Cet accord historique a souligné l'impératif de l'action collective et de la responsabilité, en établissant un cadre pour les objectifs de réduction des émissions et le financement de la lutte contre le changement climatique. L'accord a également illustré la convergence d'intérêts entre les États-Unis et l'UE dans la lutte contre le changement climatique en tant que priorité commune.

L'évolution des accords environnementaux a été façonnée par les progrès scientifiques et la sensibilisation du public, ce qui a conduit à un changement de paradigme dans les attitudes mondiales à l'égard de la gestion de l'environnement. La reconnaissance du changement climatique en tant que menace existentielle a nécessité une coopération internationale plus forte, ce qui a conduit à la formulation d'initiatives ambitieuses telles que le Green Deal européen et l'engagement de l'administration Biden à rejoindre l'Accord de Paris.

En résumé, le contexte historique des accords environnementaux dans les relations transatlantiques fournit une toile de fond permettant de comprendre les politiques climatiques contemporaines. En retraçant la trajectoire de la coopération internationale en matière d'environnement, il devient évident que l'évolution des accords a reflété non seulement la compréhension scientifique de la crise environnementale, mais aussi l'interaction complexe des facteurs politiques, économiques et sociaux qui façonnent les relations transatlantiques.

Green Deal européen : un cadre global

Le Green Deal européen représente une stratégie transformatrice et ambitieuse conçue pour faciliter la transition vers une économie climatiquement neutre au sein de l'Union européenne (UE). Le Green Deal européen vise essentiellement à répondre au besoin urgent de lutter contre le changement climatique tout en promouvant une croissance économique durable et en encourageant la protection de l'environnement. Ce cadre multiforme englobe un large éventail d'initiatives politiques et de mesures réglementaires visant à atténuer les émissions de gaz à effet de serre et à promouvoir l'utilisation efficace des ressources. L'approche globale du Green Deal européen englobe non seulement les politiques environnementales, mais aussi les dimensions économiques, sociales et géopolitiques, reflétant ainsi une compréhension holistique du développement durable. Au cœur du Green Deal européen se trouve l'objectif d'atteindre la neutralité carbone d'ici 2050, conformément aux engagements énoncés dans l'Accord de Paris. À cette fin, l'Union européenne a fixé des objectifs ambitieux de réduction des émissions dans différents secteurs, notamment l'énergie, les transports et l'industrie, dans le but de réduire radicalement son empreinte carbone.

Le "Green Deal" européen souligne l'importance d'encourager l'innovation et d'investir dans les technologies propres en tant que moteurs essentiels de la transformation économique. Il s'agit notamment d'encourager les investissements verts et de promouvoir la recherche et le développement de sources d'énergie renouvelables et de solutions respectueuses de l'environnement. D'un point de vue réglementaire, le Green Deal européen implique une révision des lois existantes et l'introduction d'une nouvelle législation pour s'aligner sur ses objectifs globaux de durabilité. Cela englobe des initiatives telles que le plan d'action pour l'économie circulaire, la stratégie en faveur de la biodiversité et le programme de financement durable, qui visent tous à promouvoir la résilience écologique et à encourager les pratiques commerciales vertes. Le Green Deal européen met également l'accent sur la lutte contre les inégalités sociales et la garantie d'une transition équitable pour les travailleurs et les communautés touchés par le passage à une économie verte. Ce faisant, le cadre cherche à équilibrer les impératifs environnementaux et l'équité sociale, en reconnaissant l'interconnexion du bien-être environnemental et sociétal. D'un point de vue international, le Green Deal européen est une démonstration du leadership mondial dans la promotion des objectifs de développement durable. En créant un précédent pour une action climatique globale et en démontrant sa détermination à atteindre la neutralité climatique, l'UE vise à influencer les efforts mondiaux de lutte contre le changement climatique et à promouvoir la coopération multilatérale. En fin de compte, le Green Deal européen témoigne de l'engagement de l'UE à mener la charge vers un avenir plus vert et plus durable, en offrant un modèle d'élaboration de politiques intégrées et de changement transformateur à l'échelle mondiale.

Engagement des États-Unis à l'égard de l'accord de Paris

Le réengagement des États-Unis dans l'Accord de Paris marque un changement significatif dans leur politique climatique et signale un dévouement renouvelé au leadership environnemental mondial. Après s'être initialement retirés de l'accord sous l'administration précédente, la décision de se réengager souligne la reconnaissance de l'urgence et de la gravité de la crise climatique. Ce réengagement aligne les États-Unis sur les efforts collectifs de la communauté internationale pour faire face aux menaces croissantes posées par le changement climatique et démontre une volonté de collaborer sur une plateforme multilatérale. Le retour des États-Unis dans l'Accord de Paris ne revitalise pas seulement les perspectives d'une action climatique mondiale, mais offre également l'occasion de renforcer la coopération transatlantique. En réaffirmant leur engagement envers l'accord, les États-Unis reconnaissent la nature interconnectée des défis environnementaux et la nécessité de solutions coordonnées et inclusives. Ce réengagement reflète une volonté plus large de favoriser le développement durable, de faire progresser les technologies énergétiques propres et de réduire les émissions de gaz à effet de serre à l'échelle nationale et internationale. La réintégration des États-Unis dans l'Accord de Paris est susceptible de stimuler la dynamique en faveur d'objectifs climatiques ambitieux et d'encourager d'autres nations à renforcer leurs engagements en matière de climat. Elle ouvre la voie à des efforts de collaboration entre les États-Unis et l'Union européenne pour stimuler l'ambition climatique, promouvoir la résilience climatique et mobiliser des ressources financières pour l'adaptation au climat.

Le réengagement des États-Unis en faveur de l'Accord de Paris constitue un moment charnière dans le paysage de la gouvernance climatique mondiale, signalant un tournant potentiel vers une action collective et une responsabilité partagée pour faire face à la menace existentielle du changement climatique. En tant que première économie mondiale et influenceur clé dans l'élaboration des politiques mondiales, le rétablissement du leadership des États-Unis dans le domaine de la politique climatique a des implications substantielles pour façonner la trajectoire des efforts internationaux en matière de climat. L'engagement renouvelé des États-Unis offre l'occasion de revitaliser les canaux diplomatiques et de favoriser les partenariats stratégiques de part et d'autre de l'Atlantique, en tirant parti de l'expertise, de l'innovation et des ressources pour accélérer la transition vers un avenir durable et à faible émission de carbone. Avec la reprise du leadership américain sur la scène climatique mondiale, la perspective de tracer la voie vers un monde plus résilient et plus respectueux de l'environnement devient de plus en plus tangible, offrant l'espoir d'un effort collectif pour sauvegarder la planète pour les générations futures.

Dialogues transatlantiques : Coordonner les efforts politiques

On ne saurait trop insister sur le besoin critique de dialogues transatlantiques pour coordonner les efforts dans le domaine des politiques climatiques. Compte tenu de la nature complexe et interconnectée du changement climatique, il est impératif que les États-Unis et l'Union européenne s'engagent dans des discussions approfondies et substantielles afin d'harmoniser leurs approches pour relever ce défi mondial. Les dialogues transatlantiques permettent de partager les meilleures pratiques, d'harmoniser les mesures réglementaires et d'encourager l'innovation dans la recherche de solutions durables. Ces dialogues offrent aux décideurs politiques, aux scientifiques et aux chefs d'entreprise une plateforme leur permettant d'échanger leurs points de vue et de collaborer à des initiatives novatrices. En s'engageant dans ces dialogues, les deux entités peuvent influencer l'action mondiale en faveur du climat, en établissant une norme à suivre pour les autres nations. L'échange d'informations et d'expertise dans le cadre de ces dialogues facilite l'élaboration et la mise en œuvre de politiques efficaces, encourageant l'adoption d'objectifs et de calendriers ambitieux en matière de réduction des émissions. Grâce à des efforts coordonnés, les États-Unis et l'Union européenne peuvent faire entendre leur voix dans les forums internationaux et négocier des positions communes afin de susciter des changements significatifs sur la scène mondiale. Les dialogues transatlantiques permettent d'identifier des synergies et des domaines de coopération, tels que des projets de recherche communs, des transferts de technologie et des partenariats d'investissement, accélérant ainsi la transition vers une économie à faibles émissions de carbone. En tirant parti de leurs forces et de leurs ressources respectives, les deux parties peuvent optimiser leur impact collectif et catalyser les transformations vers des systèmes énergétiques durables, des transports plus propres et des infrastructures résilientes. Au-delà des avantages environnementaux, une collaboration renforcée en matière de politiques climatiques présente également des avantages économiques, en favorisant la création d'emplois, en stimulant l'innovation et en renforçant la compétitivité dans les industries vertes émergentes. En conclusion, les dialogues transatlantiques jouent un rôle essentiel dans la promotion de la convergence et de la cohérence des politiques climatiques entre les États-Unis et l'Union européenne. En favorisant les ambitions communes, l'apprentissage mutuel et les actions conjointes, ces dialogues contribuent à façonner la trajectoire des efforts mondiaux de lutte contre le changement climatique et à ouvrir la voie à un avenir plus durable.

Innovation technologique et transition vers l'énergie verte

La recherche de la durabilité et la réduction des émissions de carbone sont devenues primordiales dans le domaine des relations transatlantiques. Alors que le monde est confronté aux défis posés par le changement climatique, les États-Unis et l'Union européenne se tournent de plus en plus vers l'innovation technologique et la transition vers l'énergie verte comme solutions essentielles. La auestion ici concerne les développements et les initiatives complexes dans ce domaine.

L'innovation technologique est la clé d'un avenir plus vert. Les progrès réalisés dans les technologies des énergies renouvelables, telles que l'énergie solaire, l'énergie éolienne et l'énergie hydroélectrique, redessinent le paysage énergétique des deux côtés de l'Atlantique. L'émergence de technologies révolutionnaires telles que le captage et le stockage du carbone (CSC) et les systèmes avancés de stockage par batterie révolutionnent la manière dont nous exploitons et utilisons les ressources énergétiques. Ces développements soulignent l'engagement des États-Unis et de l'UE à investir dans la recherche et le développement tout en favorisant un environnement propice aux percées technologiques.

La transition vers l'énergie verte ne se limite pas au seul secteur de l'énergie. Elle s'étend à diverses industries, notamment les transports, l'industrie manufacturière et la construction. Les véhicules électriques, par exemple, s'imposent de plus en plus comme des alternatives viables aux véhicules à moteur à combustion traditionnels, d'où la nécessité d'une infrastructure de recharge robuste et d'une production durable de batteries. Les réseaux intelligents et les bâtiments à haut rendement énergétique sont essentiels pour optimiser la consommation d'énergie et réduire l'impact sur l'environnement.

Les partenariats et les projets de collaboration jouent un rôle crucial dans la progression de cette transition. La coopération transatlantique en matière de recherche et de développement, d'échange de connaissances et d'initiatives d'investissement conjointes a accéléré le rythme de l'innovation technologique et du déploiement. Le partage des meilleures pratiques et des enseignements tirés de l'expérience a facilité la mise à l'échelle des technologies vertes et accru leur accessibilité.

Il est impératif de reconnaître que la transition vers l'énergie verte n'est pas seulement une prérogative environnementale, mais aussi un pivot économique stratégique. Cette transition offre des possibilités inégalées de création d'emplois, de renforcement de la compétitivité mondiale et de croissance économique durable. Tout aussi important est le potentiel d'atténuation des tensions géopolitiques découlant des dépendances énergétiques traditionnelles et de renforcement de la sécurité énergétique grâce à des sources d'énergie diversifiées et décentralisées.

En résumé, la convergence de l'innovation technologique et de la transition vers l'énergie verte illustre l'engagement commun des États-Unis et de l'UE dans la lutte contre le changement climatique et la construction d'un avenir durable. Cette collaboration souligne l'importance de tirer parti des technologies de pointe pour résoudre les problèmes complexes liés à l'atténuation du changement climatique tout en favorisant la prospérité économique.

Les implications économiques des politiques climatiques

Les politiques climatiques sont devenues un point central dans le façonnement du paysage économique des nations, avec des implications significatives pour les industries, les marchés de l'emploi et la croissance économique globale. Alors que les pays s'efforcent d'atteindre leurs objectifs climatiques, la transition vers une économie à faible émission de carbone présente à la fois des défis et des opportunités de transformation économique. Le passage à des sources d'énergie renouvelables, telles que l'énergie éolienne, solaire et hydroélectrique, a stimulé l'innovation et l'investissement dans les technologies énergétiques propres. Cette transition crée de nouvelles opportunités d'emploi dans le secteur des énergies renouvelables tout en nécessitant la requalification et le recyclage des travailleurs des industries énergétiques traditionnelles. L'adoption accrue de technologies à haut rendement énergétique et de pratiques durables dans tous les secteurs peut conduire à des économies de coûts à long terme et à une amélioration de la productivité. D'autre part, certaines industries fortement dépendantes des combustibles fossiles pourraient être perturbées et nécessiter un soutien ciblé pendant la transition.

L'adoption de mécanismes de tarification du carbone et de systèmes d'échange de quotas d'émission introduit de nouvelles considérations financières pour les entreprises, influençant les décisions d'investissement et les stratégies opérationnelles. Au-delà de la sphère nationale, les implications économiques des politiques climatiques s'étendent au commerce international et à la compétitivité. À mesure que les pays mettent en œuvre des réglementations et des normes climatiques, la dynamique des échanges transfrontaliers est influencée par des considérations environnementales, ce qui entraîne des ajustements potentiels des chaînes d'approvisionnement mondiales et des demandes du marché. La poursuite des objectifs climatiques peut favoriser la coopération et les partenariats internationaux, en créant des opportunités de recherche et de développement conjoints, ainsi que l'échange de technologies vertes et d'expertise. Toutefois, les disparités dans la mise en œuvre et la rigueur des réglementations climatiques d'un pays à l'autre peuvent susciter des inquiétudes quant aux distorsions du marché et à la compétitivité, d'où la nécessité d'efforts d'harmonisation et d'un dialogue. Dans l'ensemble, les implications économiques des politiques climatiques soulignent l'interconnexion de la durabilité environnementale et de la prospérité économique, ce qui nécessite un équilibre délicat entre la réalisation des objectifs climatiques et la sauvegarde de la stabilité économique.

Équilibrer les intérêts nationaux et les responsabilités mondiales

Parvenir à un équilibre délicat entre les intérêts nationaux et les responsabilités mondiales est un défi essentiel dans le contexte de la politique climatique au sein des relations transatlantiques. Les nations sont intrinsèquement guidées par leurs priorités individuelles et leurs impératifs économiques, ce qui entraîne des divergences dans les approches et les engagements politiques. Dans le même temps, l'interconnexion des questions environnementales nécessite une réponse coordonnée et mondiale pour atténuer l'impact du changement climatique. La complexité de la conciliation de l'autonomie nationale avec l'impératif d'agir collectivement pour le bien de tous est à noter.

La tension entre souveraineté et responsabilité partagée est un thème récurrent dans les négociations internationales sur l'action climatique. Les pays sont souvent confrontés à des pressions internes qui les poussent à donner la priorité aux gains économiques à court terme plutôt qu'à la durabilité à long terme, en particulier lorsqu'ils sont confrontés à la nécessité d'abandonner les industries à forte intensité de carbone. Ce dilemme est particulièrement prononcé dans les secteurs qui ont traditionnellement alimenté la prospérité nationale, tels que l'extraction des combustibles fossiles et l'industrie lourde. Pour trouver un équilibre, il faut faire preuve de leadership et de prévoyance afin de naviguer dans ce paysage complexe d'intérêts divergents.

Les considérations géopolitiques compliquent encore la poursuite des objectifs climatiques mondiaux. Les alliances stratégiques, les préoccupations en matière de sécurité et la dynamique des pouvoirs influencent la volonté des nations de s'engager en faveur d'objectifs climatiques ambitieux. L'impact différent du changement climatique sur diverses régions entraîne également des disparités dans la perception de l'urgence, ce qui complique les efforts pour parvenir à un consensus sur des accords contraignants. L'évolution des relations transatlantiques ajoute une autre couche de complexité, car la dynamique entre les États-Unis et l'Union européenne façonne le discours mondial sur le climat.

La tension inhérente entre les intérêts nationaux et les responsabilités mondiales exige une approche à multiples facettes. Tout d'abord, il est essentiel de favoriser un sentiment d'objectif commun par le dialogue et la diplomatie. L'instauration de la confiance et de la compréhension entre les nations peut aider à transcender les intérêts personnels étroits et à promouvoir des solutions coopératives. L'alignement des objectifs climatiques sur les incitations économiques et l'offre d'un soutien aux industries en transition peuvent apaiser les craintes de répercussions économiques et favoriser une plus grande adhésion des parties prenantes.

Le rôle des institutions et des cadres multilatéraux ne peut être surestimé. Des plateformes telles que la Convention-cadre des Nations unies sur les changements climatiques (CCNUCC) offrent des possibilités de négociation, de collaboration et de suivi des engagements en matière de climat. Le renforcement de ces mécanismes et des principes d'équité et de responsabilités communes mais différenciées peut contribuer à combler le fossé entre la souveraineté nationale et les impératifs climatiques mondiaux. L'exploitation des progrès technologiques et le partage des connaissances peuvent inciter à la participation et faciliter la diffusion de pratiques durables au-delà des frontières.

En fin de compte, trouver un équilibre harmonieux entre les intérêts nationaux et les responsabilités mondiales nécessite un leadership visionnaire, une véritable coopération et la reconnaissance de l'interconnexion de notre planète. Il s'agit d'une danse complexe qui exige une navigation astucieuse, une réévaluation permanente et un engagement inébranlable pour s'orienter vers un avenir durable et collectif.

Défis diplomatiques dans les négociations multi-latérales sur le climat

Les négociations multilatérales sur le climat présentent une myriade de défis diplomatiques qui nécessitent une navigation astucieuse et une prise de décision stratégique. Au cœur de ces défis se trouvent les priorités et les intérêts divergents des nations participantes, chacune cherchant à préserver sa propre vitalité économique tout en contribuant à l'action climatique mondiale. Le réseau complexe de dépendances transfrontalières, d'émissions historiques et de trajectoires de développement futures complique encore le paysage des négociations, nécessitant une diplomatie habile pour favoriser le consensus et l'action collective.

L'un des principaux défis diplomatiques est la tension entre les pays développés et les pays en développement concernant le partage du fardeau et la responsabilité de la réduction des émissions. Les pays en développement défendent souvent la préservation de leur droit à l'industrialisation et à la croissance économique, soulignant que les émissions historiques des pays industrialisés sont la cause première de la crise climatique actuelle. À l'inverse, les économies avancées insistent sur la nécessité de contributions équitables de la part de toutes les parties, reconnaissant l'impératif d'une responsabilité partagée dans l'atténuation du changement climatique. Pour combler ce fossé, il faut des compétences de négociation adroites et une compréhension aiguë des dynamiques nuancées en jeu.

La question de l'assistance financière et du transfert de technologie amplifie la complexité des négociations multilatérales sur le climat. Les pays en développement soulignent souvent la nécessité d'un soutien financier et d'une coopération technologique de la part des pays développés pour faciliter leur transition vers des économies à faible émission de carbone. Pour répondre à cette préoccupation, il faut une diplomatie délicate axée sur l'instauration de la confiance, la transparence et l'alignement d'intérêts et de capacités divers.

La diversification des priorités nationales complique l'élaboration d'approches unifiées dans un cadre multilatéral. Chaque nation entame les négociations avec des agendas nationaux distincts, qu'il s'agisse de la sécurité énergétique, de la durabilité agricole ou de la compétitivité industrielle. L'équilibre entre ces considérations disparates dans un cadre cohérent nécessite un dialogue approfondi, des compromis et un leadership fondé sur des principes. Les tensions géopolitiques et les rivalités stratégiques peuvent entraver la collaboration, ce qui souligne l'acuité diplomatique nécessaire pour naviguer dans les paysages politiques litigieux et favoriser un engagement inclusif.

En conclusion, relever les défis diplomatiques inhérents aux négociations multilatérales sur le climat exige une compréhension
habile des interdépendances complexes, la capacité de concilier
des intérêts nationaux contradictoires et la vision nécessaire pour
catalyser une action collaborative. Il est nécessaire de favoriser un
environnement qui encourage la communication ouverte, le respect mutuel et l'engagement partagé en faveur de l'objectif commun de lutte contre le changement climatique. Les subtilités de
la diplomatie internationale soulignent le rôle essentiel de négo-
ciateurs et de dirigeants compétents dans l'orientation de l'action
climatique collective et durable.

Perspectives de leadership collaboratif dans le domaine du climat

Alors que les défis pressants posés par le changement climatique
ne cessent de s'intensifier, les perspectives d'un leadership collaboratif dans l'arène climatique mondiale sont devenues de plus
en plus critiques. La communauté transatlantique, composée des
États-Unis et de l'Union européenne, se trouve à un moment
charnière pour façonner la trajectoire future des politiques climatiques. Avec le réengagement des États-Unis dans l'Accord de Paris
et les objectifs ambitieux définis dans le Green Deal européen, il
existe une opportunité unique pour ces deux entités influentes de
prendre la tête d'un changement significatif.

Le leadership collaboratif dans le contexte de l'action climatique
implique non seulement un engagement commun en faveur de
mesures d'atténuation et d'adaptation, mais aussi une approche
intégrée pour faire face aux interdépendances environnementales,

économiques et sociales complexes. Grâce à un dialogue et à une coopération soutenus, les partenaires transatlantiques peuvent exploiter leur expertise combinée en matière d'innovation technologique, de développement durable et de mise en œuvre des politiques pour favoriser une culture de gestion proactive de l'environnement.

Les perspectives de leadership collaboratif dépendent essentiellement de la capacité des États-Unis et de l'Union européenne à tirer parti de leur influence pour mobiliser une coopération internationale plus large. En fixant des normes élevées de réduction des émissions, en promouvant les technologies d'énergie propre et en faisant progresser les initiatives de financement de la lutte contre le changement climatique, l'alliance transatlantique peut servir de catalyseur pour insuffler une dynamique mondiale dans la lutte contre le changement climatique.

Le modèle de leadership collaboratif nécessite une approche holistique qui va au-delà des canaux diplomatiques traditionnels. Il implique l'engagement de diverses parties prenantes, y compris la société civile, les acteurs du secteur privé et les communautés locales, dans la mise en œuvre d'une action climatique inclusive et durable. En défendant une approche ascendante de la gouvernance climatique, les partenaires transatlantiques peuvent cultiver un sentiment d'appropriation et de responsabilité partagée parmi un large éventail d'acteurs de la société.

Néanmoins, la mise en place d'un leadership collaboratif dans le domaine du climat est également confrontée à des défis inhérents. Il s'agit notamment de naviguer entre des intérêts nationaux divergents, d'équilibrer les cadres réglementaires et d'assurer une répartition équitable des charges liées à la transition vers une économie à faibles émissions de carbone. Pour surmonter ces obstacles, il faut déployer des efforts concertés afin de combler les disparités politiques et de cultiver une vision commune fondée sur le respect et la compréhension mutuels.

À l'avenir, les perspectives d'un leadership collaboratif dans le domaine du climat dépendent d'une volonté politique soutenue, d'un alignement stratégique des priorités et d'un engagement inébranlable en faveur d'un changement transformateur. Alors que les États-Unis et l'Union européenne cherchent à naviguer dans les complexités de ce paysage en évolution, la possibilité pour eux d'émerger en tant que chefs de file unifiés dans la lutte contre la crise climatique mondiale reste formidable.

14

Défis et opportunités de l'exploration spatiale

Aperçu historique de l'exploration spatiale : Poser les bases

L'histoire de l'exploration spatiale témoigne de l'innovation, de la bravoure et de la détermination de l'homme. Elle commence avec les civilisations anciennes qui observaient le ciel et cartographiaient les mouvements célestes. Cependant, ce n'est qu'au XXe siècle que l'humanité a fait des progrès significatifs en s'aventurant au-delà des limites de la Terre. Le lancement de Spoutnik 1 par l'Union soviétique en 1957 a marqué le début de l'ère spatiale et a déclenché la course à l'espace entre les superpuissances. Cet événement historique a incité les États-Unis à créer la NASA et à fixer des objectifs ambitieux pour les missions lunaires avec équipage. Le programme emblématique Apollo a culminé avec les premiers pas de Neil Armstrong sur la lune en 1969, un exploit qui a captivé le monde entier et consolidé l'exploration spatiale en tant que sommet de l'accomplissement humain. Les décennies suivantes ont vu le développement et l'expansion des robots explorateurs, tels que les sondes Voyager, qui ont fourni des informations sans précédent sur notre système solaire. La fin de la guerre froide a marqué le début d'une ère de coopération internationale dans l'espace, illustrée par la création de la Station spatiale internationale (ISS) grâce à la collaboration de plusieurs nations. Ce partenariat a non seulement fait progresser la recherche scientifique, mais a également favorisé les relations diplomatiques. L'industrie privée ayant adopté la technologie spatiale, les lancements de satellites commerciaux et les satellites de télécommunications sont devenus monnaie courante, élargissant encore la portée des activités humaines au-delà de la Terre. Le début du XXIe siècle a vu l'émergence de nouveaux acteurs dans l'exploration spatiale, notamment la Chine, l'Inde et des entreprises spatiales privées comme SpaceX et Blue Origin, ce qui témoigne d'une diversification des efforts mondiaux dans l'espace. Les percées technologiques dans les domaines des systèmes de propulsion, de la science des matériaux et des engins spatiaux miniaturisés ont ouvert la voie à de futures missions ambitieuses, notamment des missions avec équipage vers Mars et au-delà. L'héritage historique de l'exploration spatiale témoigne de la résilience humaine, de la curiosité et de la quête de connaissances au-delà de notre planète. Il représente un effort collectif qui transcende les frontières géopolitiques et unit l'humanité dans sa quête pour percer les mystères du cosmos.

Avancées technologiques : Les innovations au service du progrès

Les progrès technologiques ont joué un rôle déterminant dans la progression de l'exploration spatiale vers de nouvelles frontières, façonnant la trajectoire des découvertes scientifiques et des percées en matière d'ingénierie. L'une des avancées technologiques les plus influentes de ces dernières décennies a été le développement de la technologie des fusées réutilisables, incarnée par des entreprises telles que SpaceX et Blue Origin. En permettant de récupérer et de relancer des engins spatiaux à moindre coût, cette innovation a considérablement réduit les obstacles financiers à l'accès à l'espace, ouvrant la voie à des missions plus fréquentes et élargissant le champ de la recherche scientifique.

L'évolution des systèmes de propulsion a joué un rôle essentiel dans l'extension de la portée des missions spatiales, avec des innovations telles que la propulsion ionique qui offre une plus grande efficacité et une meilleure endurance pour l'exploration de l'espace lointain. Ces innovations ont permis aux engins spatiaux de parcourir de plus longues distances tout en consommant moins d'ergols, ce qui a révolutionné notre capacité à explorer les corps célestes lointains et à mener des missions de longue durée.

Parallèlement, les progrès de la robotique et des systèmes autonomes ont transformé les capacités des véhicules spatiaux, permettant des manœuvres complexes, des réparations et la collecte de données scientifiques dans des environnements où la présence humaine n'est pas pratique ou dangereuse. Les robots explorateurs, y compris les rovers et les atterrisseurs, ont apporté des informations sans précédent sur la composition et la géologie des corps célestes, jetant ainsi les bases de futures expéditions humaines et de l'utilisation des ressources.

Les percées dans le domaine de la science des matériaux et de la fabrication additive ont permis de développer des composants de vaisseaux spatiaux de plus en plus résistants et multifonctionnels, facilitant ainsi la construction de structures et d'instruments adaptés aux rigueurs de l'environnement spatial. L'émergence de la technologie de l'impression 3D a accru l'efficacité des missions spatiales en permettant la fabrication et la réparation sur place, en réduisant la dépendance à l'égard des chaînes d'approvisionnement terrestres et en améliorant la durabilité des missions de longue durée.

À plus grande échelle, la convergence de l'analyse des big data, de l'intelligence artificielle et de l'apprentissage automatique a enrichi la capacité à traiter de vastes quantités de données scientifiques collectées lors de missions spatiales, mettant au jour des schémas, des anomalies et des corrélations qui échappent aux méthodes d'analyse conventionnelles. Ces approches basées sur les données offrent un immense potentiel pour accélérer les découvertes scientifiques, optimiser la planification des missions et améliorer notre compréhension du cosmos.

À l'avenir, les progrès en cours dans les domaines de l'informatique quantique, des communications laser et de la navigation interplanétaire sont sur le point de redéfinir les frontières de l'exploration spatiale, promettant des bonds sans précédent en termes de puissance de calcul, de largeur de bande de communication et de précision pour les futures missions. À mesure que ces technologies transformatrices continueront d'évoluer, elles catalyseront sans aucun doute une ère de réalisations scientifiques sans précédent et d'initiatives pionnières dans le domaine de l'exploration spatiale.

Collaborations internationales : Favoriser les partenariats mondiaux

La poursuite de l'exploration spatiale a transcendé les frontières nationales, les collaborations internationales jouant un rôle essentiel dans la promotion des partenariats mondiaux. Les aspirations communes d'explorer le cosmos et d'exploiter le vaste potentiel de l'espace ont rassemblé des nations du monde entier dans des projets de collaboration. La collaboration internationale dans le domaine de l'exploration spatiale permet non seulement d'accroître les capacités scientifiques et technologiques, mais aussi de promouvoir les liens diplomatiques et la compréhension mutuelle entre les pays participants. L'un des exemples les plus remarquables de cette coopération est la Station spatiale internationale (ISS), qui témoigne des efforts collectifs des agences spatiales des États-Unis, de la Russie, de l'Europe, du Japon et du Canada. L'ISS est un symbole d'unité et de coopération, démontrant la valeur des efforts conjoints pour faire progresser la présence de l'humanité dans l'espace. Au-delà de l'ISS, de nombreuses autres missions collaboratives ont mis en évidence le pouvoir des partenariats internationaux dans l'approfondissement de notre connaissance collective de l'espace. Des missions conjointes telles que la mission Rosetta de l'Agence spatiale européenne, qui a réussi à poser une sonde sur une comète, et les rovers martiens développés grâce à la collaboration entre la NASA et des partenaires internationaux, illustrent la synergie et l'expertise qui émergent de la coopération mondiale. Ces partenariats vont au-delà de l'exploration scientifique et englobent également des objectifs communs d'utilisation de l'espace à des fins pacifiques.

La mise en commun des ressources, de l'expertise et de l'infrastructure au sein des collaborations internationales permet une allocation plus efficace des fonds et des actifs technologiques, ce qui conduit à des avancées qui profitent à toutes les parties impliquées. Au fur et à mesure que l'exploration de l'espace évolue, les différentes nations cherchent de plus en plus à relever ensemble des défis complexes et à tirer parti de leurs forces respectives pour explorer et exploiter le potentiel de l'espace.

S'engager dans l'exploration spatiale de manière coopérative favorise la confiance et la bonne volonté entre les nations, des éléments essentiels pour relever des défis mondiaux plus vastes. Conscientes de l'importance de la collaboration internationale, les nations spatiales recherchent en permanence de nouvelles voies de partenariat, que ce soit par le biais de missions conjointes, de partage de technologies ou d'initiatives de recherche en collaboration. Cet effort collectif permet non seulement d'accélérer les progrès de l'exploration spatiale, mais contribue également à construire un avenir plus interconnecté et plus collaboratif pour l'humanité au-delà des limites de la Terre.

Participation du secteur privé : Catalyseurs de croissance et de concurrence

Le rôle du secteur privé dans l'exploration spatiale a considérablement évolué ces dernières années, ouvrant la voie à une nouvelle ère d'innovation, de concurrence et de collaboration. Les entreprises privées jouent un rôle de plus en plus important dans les avancées technologiques et l'élargissement du champ de l'exploration spatiale. Sous l'impulsion d'entrepreneurs visionnaires, l'infusion de capitaux et d'expertise par les entreprises privées a déclenché une vague de développements transformateurs dans l'industrie spatiale.

L'un des principaux catalyseurs de ce changement de paradigme est l'émergence d'entreprises spatiales commerciales qui ont bouleversé les normes traditionnelles. Des entreprises comme SpaceX, Blue Origin et Virgin Galactic ont redéfini le champ des possibles, propulsant la technologie des fusées réutilisables, les missions d'exploration lunaire et la perspective du tourisme spatial commercial. Leurs projets ambitieux ont suscité une concurrence féroce, entraînant des progrès rapides et favorisant une culture de l'innovation au sein du secteur spatial privé.

La participation du secteur privé a ouvert de nouvelles perspectives de collaboration avec les agences spatiales gouvernementales. Les partenariats public-privé se sont avérés utiles pour mettre en commun les ressources, partager l'expertise et exploiter les forces complémentaires afin d'atteindre des objectifs communs. Les collaborations de la NASA avec des entités commerciales sur les vols spatiaux avec équipage, les missions de réapprovisionnement en fret et les futurs alunissages illustrent le potentiel synergique des efforts conjoints pour faire avancer les frontières de l'exploration spatiale.

Outre ses prouesses technologiques, le secteur privé apporte une approche commerciale qui met l'accent sur la rentabilité, la flexibilité et l'adaptabilité. Cet état d'esprit axé sur le marché a accéléré le développement de technologies de pointe, telles que les systèmes de propulsion avancés, la miniaturisation des satellites et les capacités d'entretien en orbite. La commercialisation des activités spatiales a stimulé la diversification des services spatiaux , y compris les télécommunications, l'observation de la Terre et la recherche scientifique, élargissant ainsi l'empreinte économique de l'industrie spatiale.

Alors que les entités privées continuent de repousser les limites et de redéfinir le statu quo, les cadres réglementaires et les considérations éthiques sont au premier plan. L'équilibre entre les protocoles de sécurité, l'impact environnemental, les droits de propriété intellectuelle et les responsabilités internationales pose des défis complexes qui nécessitent une gouvernance proactive et un dialogue mondial. L'interaction entre l'innovation du secteur privé et la surveillance réglementaire représente un domaine critique où la formulation des politiques doit évoluer pour favoriser une entreprise responsable tout en sauvegardant les intérêts plus larges de l'humanité.

À l'avenir, le paysage dynamique de l'engagement du secteur privé dans l'exploration spatiale promet de façonner la trajectoire des efforts célestes de l'humanité. En exploitant l'esprit d'entreprise, en prenant des risques calculés et en favorisant un écosystème de collaboration, la participation du secteur privé restera la pierre angulaire de la croissance et de la concurrence, propulsant l'industrie spatiale vers un avenir défini par des réalisations sans précédent et des héritages durables.

Les défis de l'exploration spatiale : Obstacles juridiques, éthiques et opérationnels

L'exploration spatiale a toujours été accompagnée d'une myriade de défis, allant des obstacles techniques et opérationnels aux dilemmes juridiques et éthiques. Alors que les entités commerciales et gouvernementales s'efforcent de repousser les limites de l'exploration spatiale, il est impératif de s'attaquer à ces obstacles pour garantir des activités responsables et durables au-delà de l'atmosphère terrestre. L'un des principaux défis est l'absence de réglementation internationale globale régissant les activités spatiales. L'absence de cadres juridiques clairs pourrait conduire à des conflits concernant la propriété des ressources extraterrestres et la juridiction dans l'espace extra-atmosphérique. Des efforts proactifs sont donc nécessaires pour établir des lignes directrices universellement acceptées qui régissent des activités telles que l'exploitation minière, la construction d'habitats et le traitement des débris spatiaux. Les considérations éthiques entourant l'exploration spatiale sont cruciales. L'impact des activités humaines sur les corps célestes et les formes de vie extraterrestres potentielles doit être soigneusement évalué afin d'éviter des dommages irréversibles et de garantir la préservation d'environnements vierges d'organismes terrestres. Les obstacles opérationnels entravent considérablement la réalisation de missions spatiales sûres et efficaces. Les conditions environnementales extrêmes et les vastes distances dans l'espace posent de formidables défis à la conception des engins spatiaux, aux systèmes de propulsion et à la sécurité des équipages. L'atténuation des risques associés aux voyages spatiaux prolongés, tels que l'exposition aux radiations et les effets psychologiques sur les astronautes, nécessite une innovation permanente et une planification méticuleuse. Les défis logistiques, notamment la gestion des ressources et le soutien logistique pour les missions prolongées, exigent des solutions robustes pour soutenir l'exploration au-delà de l'orbite terrestre basse. Pour relever ces défis à multiples facettes, il faut une collaboration entre les gouvernements, les organisations internationales et le secteur privé. Des efforts coordonnés visant à élaborer des normes mondiales pour l'exploration spatiale, à faire respecter les principes éthiques et à surmonter les obstacles opérationnels seront essentiels pour faire progresser la présence de l'humanité dans l'espace. Si les défis à relever sont considérables, ils offrent également des possibilités d'innovation, de coopération et d'élargissement de notre compréhension de l'univers.

Utilisation des ressources spatiales : Possibilités d'exploitation minière et de développement durable

L'utilisation des ressources spatiales représente un changement de paradigme dans notre approche de l'exploration spatiale. Au-delà du romantisme des voyages vers d'autres corps célestes, la faisabilité pratique de l'exploitation des ressources extraterrestres fait l'objet d'une attention croissante de la part des entités publiques et privées. Le potentiel d'identification et d'exploitation des matières premières dans l'espace présente une multitude d'opportunités et de défis qui ont des implications significatives pour la durabilité et la croissance économique. Grâce aux progrès technologiques et aux missions spatiales de plus en plus nombreuses, la perspective d'exploiter des ressources telles que l'eau, les minéraux et les métaux provenant d'astéroïdes, de la Lune ou de Mars n'est plus confinée au domaine de la science-fiction. Pour apprécier pleinement ces opportunités, il est essentiel de comprendre les dimensions techniques, juridiques et environnementales de l'exploitation minière de l'espace. Tout d'abord, le développement de techniques d'extraction et de technologies de traitement des ressources innovantes est essentiel pour exploiter le vaste potentiel des ressources extra-terrestres.

Naviguer dans le réseau complexe du droit international de l'espace et de sa réglementation représente un défi considérable pour faire valoir les droits de propriété et établir un cadre équitable pour l'allocation des ressources. L'utilisation durable des ressources spatiales nécessite un examen attentif de l'impact environnemental et des conséquences à long terme des activités minières sur les corps célestes. À l'aube de cette nouvelle frontière, la collaboration entre les secteurs public et privé est essentielle pour stimuler l'innovation et établir des normes pour une utilisation responsable des ressources. L'exploitation minière durable de l'espace n'est pas seulement prometteuse pour résoudre les problèmes liés aux ressources terrestres, mais elle peut également contribuer à l'expansion de l'infrastructure spatiale et soutenir les futurs projets scientifiques. L'intégration réussie de pratiques éthiques et de la coopération internationale dans l'utilisation des ressources spatiales jettera les bases d'une nouvelle ère de présence humaine au-delà de la Terre. En relevant les défis et en saisissant les opportunités offertes par l'utilisation des ressources spatiales, l'humanité peut faire des pas de géant vers une présence plus durable et interconnectée dans le cosmos.

Implications géopolitiques : La nouvelle course à l'espace

Le 21e siècle a connu un regain d'intérêt pour l'exploration spatiale, motivé non seulement par la curiosité scientifique et les avancées technologiques, mais aussi par des considérations géopolitiques. Cette entreprise autrefois purement scientifique s'est transformée en une arène de compétition géopolitique, souvent désignée sous le nom de "nouvelle course à l'espace". Cette nouvelle course se caractérise par la recherche d'avantages stratégiques au-delà de l'atmosphère terrestre, avec des implications pour les relations internationales, la sécurité nationale et le leadership mondial. Les nations du monde entier investissent massivement dans des initiatives spatiales, motivées par les avantages économiques et militaires potentiels associés à l'exploration de l'espace.

Au premier rang de cette compétition se trouvent les puissances spatiales traditionnelles telles que les États-Unis, la Russie et la Chine, ainsi que les nations spatiales émergentes telles que l'Inde, le Japon et l'Union européenne. Ces pays reconnaissent l'importance des enjeux géopolitiques liés à l'établissement d'une présence dans l'espace, notamment la capacité de garantir l'accès à des ressources vitales, d'élargir les opportunités économiques et de projeter une influence politique à l'échelle mondiale.

La militarisation de l'espace complique encore le paysage géopolitique, car les nations développent et déploient des biens spatiaux à double usage, brouillant ainsi les frontières entre les activités civiles et militaires. Les réseaux satellitaires de communication, de reconnaissance et de navigation font désormais partie intégrante de la guerre moderne, ce qui suscite des inquiétudes quant à la militarisation de l'espace et au risque de voir les conflits s'étendre au-delà de l'atmosphère terrestre.

Les tensions géopolitiques sur Terre se répercutent souvent sur les activités spatiales, renforçant la concurrence et exacerbant les rivalités existantes. La valeur stratégique perçue des corps célestes, tels que la Lune et Mars, a suscité une concurrence intense pour prendre pied sur ces frontières extraterrestres, ouvrant potentiellement la voie à des compétitions géopolitiques rappelant la course à l'espace de l'époque de la guerre froide.

Les interactions entre les nations dans l'espace soulèvent également des questions diplomatiques et juridiques complexes, notamment en ce qui concerne les revendications territoriales, les droits de propriété intellectuelle et la protection de l'environnement. L'espace étant de plus en plus encombré par un nombre croissant de satellites et de missions spatiales, la nécessité de normes et de réglementations internationalement reconnues régissant les activités spatiales devient de plus en plus évidente.

Pour faire face aux implications géopolitiques de la nouvelle course à l'espace, il est nécessaire d'adopter une approche à multiples facettes, englobant la diplomatie, la coopération et l'établissement de normes et de règles d'engagement claires. La collaboration entre les nations spatiales peut atténuer les risques de conflit et favoriser une compréhension commune des utilisations pacifiques et bénéfiques de l'espace extra-atmosphérique. L'élaboration de cadres pour une gouvernance responsable de l'espace sera essentielle pour garantir que l'exploration spatiale continue à faire progresser la connaissance et la prospérité humaines tout en minimisant les conflits et les menaces potentiels.

Politique et réglementation : Établir un cadre pour la sécurité et la coopération

L'exploration et l'utilisation de l'espace extra-atmosphérique présentent des défis uniques qui nécessitent des cadres politiques et réglementaires approfondis pour garantir la sécurité, la durabilité et la coopération internationale. À mesure que les capacités des nations spatiales et des entités privées se développent, le besoin de lignes directrices claires régissant les activités dans l'espace se fait de plus en plus pressant. Dans le même temps, il est essentiel de favoriser la collaboration entre les parties prenantes pour faire progresser la découverte scientifique et l'exploration au-delà de l'orbite terrestre.

L'établissement d'un cadre global pour la politique et la réglementation spatiales implique de traiter un large éventail de questions, notamment la gestion des débris orbitaux, l'attribution du spectre pour les communications par satellite, la protection de la planète, les droits de propriété intellectuelle et l'atténuation des conflits liés à l'espace. Compte tenu de la diversité de ces questions, la coordination internationale et la recherche d'un consensus sont primordiales.

Un aspect essentiel de la politique spatiale est la nécessité de prévenir la prolifération des débris spatiaux, qui présentent des risques importants pour les satellites actifs, les engins spatiaux et les missions avec équipage. Les réglementations doivent définir des lignes directrices pour une élimination responsable des engins spatiaux et limiter la création de débris supplémentaires grâce à des mesures d'évitement des collisions et à une planification durable des missions.

L'attribution du spectre des fréquences radio pour les communications par satellite nécessite des accords internationaux clairs afin d'éviter les interférences et de permettre une connectivité mondiale sans faille. L'harmonisation de l'utilisation du spectre est essentielle pour soutenir les divers services spatiaux, notamment la télédétection, la navigation et les télécommunications.

La protection planétaire, autre élément clé, vise à prévenir la contamination biologique entre les corps célestes et la Terre, à protéger la vie extraterrestre potentielle et à préserver l'intégrité scientifique des futures missions d'exploration. L'élaboration de protocoles stricts pour la stérilisation des engins spatiaux et la conduite de recherches éthiques sur d'autres planètes fait partie intégrante du respect de ces principes.

A mesure que les activités commerciales dans l'espace se développent, la législation relative aux droits de propriété intellectuelle, à l'octroi de licences et à la responsabilité devient cruciale pour créer un environnement propice aux investissements privés et à l'innovation. Des réglementations claires peuvent apporter une sécurité juridique et promouvoir une concurrence loyale tout en équilibrant les intérêts des acteurs commerciaux et ceux de la communauté scientifique au sens large.

Avec la diversité croissante des acteurs de l'espace, depuis les agences étatiques traditionnelles jusqu'aux nations spatiales émergentes et aux entreprises commerciales, le besoin de mécanismes de résolution des conflits se fait de plus en plus sentir. Les structures de gouvernance de l'espace devraient se concentrer sur la prévention et la résolution des conflits, en s'appuyant éventuellement sur les cadres juridiques internationaux existants, tout en tenant compte de la nature unique des activités et des biens spatiaux.

Globalement, une politique spatiale et un cadre réglementaire efficaces doivent s'efforcer d'équilibrer la sûreté, la sécurité et l'innovation tout en encourageant la coopération internationale. En relevant ces défis à multiples facettes, l'humanité pourra explorer et utiliser de manière responsable les possibilités infinies qu'offre le cosmos, garantissant ainsi le développement pacifique et durable de l'espace extra-atmosphérique pour les générations à venir.

Perception et soutien du public : Le rôle de l'engagement des citoyens

La perception et le soutien du public jouent un rôle essentiel dans l'avenir de l'exploration spatiale. À mesure que l'humanité s'aventure dans le cosmos, il est essentiel de gagner la confiance et l'enthousiasme des citoyens du monde entier. La compréhension et l'approbation des missions spatiales par le public permettent non seulement d'assurer un financement durable et un soutien politique, mais aussi d'inspirer la prochaine génération de scientifiques, d'ingénieurs et d'explorateurs.

Des initiatives efficaces de communication et de vulgarisation sont essentielles pour encourager l'engagement du public dans l'exploration spatiale. Les centres scientifiques, les musées et les établissements d'enseignement servent de canaux de diffusion des connaissances sur les activités spatiales, suscitant la curiosité et l'intérêt de divers publics ( ). La collaboration avec les médias pour faire connaître l'importance des missions spatiales, des découvertes et des avancées technologiques peut captiver l'imagination du public et susciter un sentiment de fierté et d'émerveillement à l'égard des activités cosmiques de l'humanité.

L'exploitation des plateformes de médias sociaux et des technologies numériques permet aux agences spatiales et aux entités privées d'interagir directement avec le public, en fournissant un accès aux coulisses, un contenu interactif et des mises à jour en temps réel sur les missions spatiales. L'exploitation de la puissance des expériences de réalité virtuelle et des récits immersifs peut transporter les individus dans le monde impressionnant de l'espace, en nourrissant un sentiment collectif de participation et de soutien à l'exploration spatiale.

Les initiatives de science citoyenne permettent au public de contribuer activement à la recherche et à l'exploration spatiales. Les astronomes amateurs, les scientifiques citoyens et les passionnés de l'espace peuvent apporter une contribution précieuse à la collecte et à l'analyse des données, voire à la découverte de phénomènes célestes, par le biais de plateformes et de projets collaboratifs. En impliquant diverses communautés dans des projets scientifiques, les agences spatiales peuvent cultiver un sentiment d'appartenance et d'inclusion, renforçant ainsi le lien entre les citoyens et le cosmos.

La prise en compte des considérations éthiques et sociétales associées à l'exploration spatiale est essentielle pour gagner et conserver la confiance du public. Les initiatives axées sur la durabilité de l'espace, la responsabilité environnementale et l'utilisation pacifique de l'espace extra-atmosphérique trouvent un écho auprès des citoyens du monde qui accordent de l'importance à la préservation des ressources célestes et à l'harmonie entre les nations spatiales. La transparence dans le partage des informations sur les risques, les bénéfices et les impacts sociétaux potentiels des activités spatiales favorise un public informé et engagé qui se sent connecté au récit plus large de l'odyssée cosmique de l'humanité.

Par essence, l'engagement des citoyens n'est pas seulement utile pour obtenir le soutien du public et plaider en faveur de l'exploration spatiale, mais il enrichit également le voyage vers l'inconnu en l'imprégnant des valeurs, des aspirations et de la diversité de l'humanité.

L'avenir de l'exploration spatiale : Projets visionnaires et objectifs à long terme

Alors que nous nous tournons vers l'avenir de l'exploration spatiale, il devient de plus en plus évident que l'humanité se trouve à l'aube de réalisations extraordinaires dans sa quête d'exploration et de colonisation de l'espace extra-atmosphérique. Des projets visionnaires et des objectifs à long terme promettent de transformer notre compréhension du cosmos et de repousser les frontières de la civilisation humaine.

L'un des objectifs à long terme les plus ambitieux de l'exploration spatiale est l'établissement de colonies humaines permanentes sur d'autres corps célestes, tels que la Lune et Mars. Cette entreprise présente non seulement de profonds défis scientifiques et technologiques, mais soulève également des questions fondamentales sur la durabilité et l'adaptabilité de la vie humaine au-delà de la Terre. Envisagées comme des missions interdisciplinaires impliquant une coopération internationale, ces entreprises visent à jeter les bases d'une société multiplanétaire tout en contribuant à notre connaissance de la science planétaire et de l'astrobiologie.

Des projets visionnaires tels que les télescopes spatiaux, comme le télescope spatial James Webb, promettent de révolutionner notre compréhension de l'univers en scrutant les profondeurs de l'espace et du temps, dévoilant les origines des galaxies, des étoiles et des exoplanètes potentiellement habitables. Ces instruments illustrent notre quête incessante de connaissances et notre engagement à percer les mystères du cosmos.

Outre ces activités, l'avenir de l'exploration spatiale englobe également le développement de technologies de propulsion avancées qui pourraient permettre des déplacements plus rapides et plus efficaces au sein de notre système solaire et au-delà. Des concepts tels que les voiles solaires, la propulsion ionique et même les moteurs de distorsion théoriques captivent l'imagination et incitent les scientifiques et les ingénieurs à repousser les limites du possible.

L'exploration et l'utilisation des ressources spatiales, telles que l'exploitation minière des astéroïdes et l'utilisation des ressources in situ, offrent un potentiel considérable pour soutenir une présence humaine durable dans l'espace. De l'extraction de minéraux précieux à l'exploitation de l'eau et d'autres ressources essentielles, ces initiatives jettent les bases de l'établissement d'industries spatiales et de colonies autosuffisantes à l'extérieur de l'espace.

En fin de compte, l'avenir de l'exploration spatiale dépend des efforts collectifs des agences gouvernementales, des entreprises privées, des institutions académiques et des collaborateurs internationaux. Une synergie harmonieuse de projets visionnaires et d'objectifs à long terme, étayée par des investissements soutenus et un dévouement sans faille, sera le moteur de l'expansion de l'humanité dans le cosmos et ouvrira la voie à un avenir où l'espace ne sera pas seulement un domaine d'émerveillement, mais une extension de la civilisation humaine elle-même.

15

L'OTAN et les préoccupations en matière de sécurité

Équilibrer les engagements

Introduction au rôle stratégique de l'OTAN

L'OTAN, l'Organisation du traité de l'Atlantique Nord, est le rempart de la défense et de la sécurité collectives de ses pays membres, jouant un rôle essentiel dans le façonnement du paysage géopolitique de la région euro-atlantique. Créée au lendemain de la Seconde Guerre mondiale, l'OTAN est devenue une alliance stratégique clé visant à dissuader les agressions, à promouvoir la stabilité et à affirmer les valeurs démocratiques dans l'ensemble de ses membres. La mission de l'organisation est ancrée dans le principe de la sécurité collective, selon lequel les États membres s'engagent à se défendre mutuellement et à coopérer, ce qui a un effet dissuasif sur les adversaires potentiels. En déployant une combinaison de force militaire, d'engagement diplomatique et de partage du renseignement, l'OTAN a relevé efficacement les défis de sécurité régionaux et mondiaux, en renforçant la cohésion et la solidarité de ses pays membres. En favorisant l'interopérabilité et les exercices conjoints, l'OTAN améliore l'état de préparation et les capacités de ses forces, étayant ainsi un dispositif défensif et une capacité de réaction robustes. En 'importance stratégique de l'OTAN s'étend au-delà des domaines militaires traditionnels pour englober les menaces émergentes telles que la cyberguerre, le terrorisme et les conflits hybrides, ce qui témoigne de la capacité d'adaptation de l'organisation à protéger ses membres. En substance, l'OTAN continue de jouer un rôle essentiel dans la préservation de la paix et de la sécurité, l'atténuation des risques et le maintien de l'ordre international fondé sur des règles. Grâce à ses engagements durables, l'OTAN reste en première ligne pour façonner un environnement sûr et stable pour ses pays membres, tout en étendant ses partenariats de coopération avec d'autres acteurs mondiaux. Alors que le paysage sécuritaire international évolue, l'OTAN reste résolument attachée à favoriser la confiance, la collaboration et la résilience entre ses membres, consolidant ainsi son statut de pierre angulaire de la sécurité transatlantique et de bastion des valeurs partagées et des idéaux démocratiques.

Contexte historique : L'évolution de la mission de l'OTAN

L'évolution historique de la mission de l'OTAN fait partie intégrante de la compréhension de son rôle stratégique actuel et de son importance pour la sécurité internationale. Formée au lendemain de la Seconde Guerre mondiale, l'OTAN a d'abord cherché à servir d'alliance de défense collective entre les pays d'Amérique du Nord et d'Europe pour contrer la menace posée par l'Union soviétique et ses ambitions expansionnistes. Le traité fondateur, le traité de l'Atlantique Nord signé en 1949, a jeté les bases d'un partenariat transatlantique en matière de sécurité qui a traversé des décennies de changements géopolitiques et de transformations mondiales.

Au fur et à mesure de l'évolution de la guerre froide, l'OTAN s'est concentrée sur la dissuasion de l'agression soviétique et le maintien de la stabilité en Europe. L'organisation a joué un rôle essentiel dans l'élaboration de l'architecture de sécurité du continent, en rassurant ses États membres et en servant de rempart contre l'expansion communiste. L'adaptation stratégique de l'OTAN au cours de cette période a consolidé sa position en tant que pierre angulaire de la politique de sécurité occidentale et a souligné l'engagement durable de ses membres en faveur de la défense collective.

La fin de la guerre froide a marqué un nouveau chapitre dans l'évolution de l'OTAN, qui a dû réexaminer sa mission et ses objectifs. Avec la dissolution de l'Union soviétique et l'émergence de nouveaux défis sécuritaires, notamment les conflits ethniques et l'instabilité régionale, l'OTAN a élargi son champ d'action au-delà du concept traditionnel de défense territoriale. L'organisation s'est engagée sur la voie de la transformation, faisant de la gestion des crises, de la sécurité coopérative et de l'élargissement des éléments centraux de son mandat en constante évolution.

Le XXIe siècle a vu apparaître une série de menaces sécuritaires sans précédent, allant du terrorisme et des cyberattaques à la guerre hybride et à la résurgence des tensions interétatiques. En réponse à ces menaces, l'OTAN a procédé à de nouvelles adaptations afin de renforcer ses capacités et d'élargir son engagement auprès des partenaires du monde entier. Le rôle de l'Alliance en Afghanistan, les efforts de lutte contre le terrorisme et le soutien aux opérations de stabilité ont souligné son engagement à faire face aux multiples facettes des défis sécuritaires contemporains.

Tout au long de son histoire, l'OTAN s'est continuellement adaptée à l'environnement de sécurité dynamique, faisant preuve de résilience et de pertinence face à l'évolution des menaces. L'évolution de la mission de l'OTAN reflète la capacité de l'organisation à rester à l'avant-garde des efforts visant à préserver la paix, à sauvegarder les valeurs démocratiques et à promouvoir la stabilité dans la région euro-atlantique. Il est essentiel de comprendre ce contexte historique pour apprécier la complexité du rôle actuel de l'OTAN dans la gestion des questions de sécurité et l'équilibre des engagements dans un paysage mondial de plus en plus incertain.

Le paysage actuel de la sécurité : Aperçu des menaces

Le paysage sécuritaire actuel présente un ensemble complexe et dynamique de menaces qui mettent en péril la stabilité et la prospérité des nations transatlantiques. Dans un monde de plus en plus interconnecté, les préoccupations sécuritaires traditionnelles coexistent avec des menaces non traditionnelles émergentes, façonnant un environnement à multiples facettes qui exige une analyse globale et des réponses stratégiques. Parmi les principaux défis auxquels l'OTAN et ses États membres sont confrontés figurent les menaces d'origine étatique, telles que les compétitions géopolitiques, les conflits régionaux et les agressions militaires. Ces menaces continuent de mettre à l'épreuve les engagements de défense collective de l'alliance et soulignent la pertinence durable de ses principes fondateurs. La prolifération des menaces asymétriques, notamment le terrorisme, les cyberattaques et les campagnes de désinformation, a ajouté de nouvelles couches de complexité à l'équation de la sécurité, exigeant des approches adaptables et innovantes pour sauvegarder les intérêts communs. Il est impératif de reconnaître la nature interconnectée de ces menaces, qui transcendent les frontières géographiques et nécessitent une action coordonnée des deux côtés de l'Atlantique.

L'impact des tendances mondiales telles que le changement climatique, la raréfaction des ressources et les pandémies ne peut être négligé, car elles sont susceptibles d'exacerber les vulnérabilités existantes et de créer de nouveaux impératifs de sécurité. Il est essentiel de comprendre l'interaction de ces diverses menaces pour concevoir des stratégies qui s'attaquent aux facteurs sous-jacents de l'instabilité tout en favorisant la résilience et la coopération entre les Alliés. Face à ce paysage sécuritaire complexe, l'OTAN doit adopter une posture tournée vers l'avenir, qui anticipe les défis futurs et privilégie l'agilité et l'innovation dans ses mécanismes de réponse. Cela exige une approche globale qui intègre les capacités militaires, les initiatives diplomatiques, le partage du renseignement, et la coopération civilo-militaire pour atténuer efficacement les risques. Le renforcement des partenariats avec des acteurs non membres de l'OTAN, y compris des organisations internationales et des entités du secteur privé, peut consolider la capacité de l'alliance à contrer des menaces en constante évolution, en tirant parti de l'expertise et des ressources au-delà des cadres de défense traditionnels. La capacité à naviguer sur ce terrain de sécurité complexe repose sur un socle de valeurs partagées, de confiance mutuelle et d'engagement inébranlable en faveur du maintien d'un ordre international fondé sur des règles. En affrontant avec cohésion et détermination les diverses menaces du paysage sécuritaire contemporain, l'OTAN et ses partenaires peuvent maintenir la paix et la sécurité tout en faisant progresser la prospérité commune des communautés transatlantiques.

Capacités de défense transatlantiques : Évaluation des engagements

Alors que le paysage sécuritaire mondial continue d'évoluer, il devient essentiel d'évaluer les capacités de défense et les engagements des partenaires transatlantiques dans le contexte de l'OTAN. Les membres de l'alliance sont confrontés à une multitude de défis sécuritaires, allant des menaces étatiques aux acteurs non étatiques et à la guerre asymétrique. Il est donc impératif d'évaluer les capacités et les contributions militaires de chaque État membre afin de garantir la force et la résilience collectives de l'alliance.

Un aspect essentiel de l'évaluation des engagements consiste à comprendre la diversité des capacités de défense que possèdent les États membres de l'OTAN. Ces capacités englobent les forces terrestres, aériennes et maritimes, ainsi que les moyens technologiques avancés et les ressources stratégiques. En procédant à une analyse approfondie des différentes contributions, l'OTAN peut mieux évaluer son état de préparation général face aux menaces et aux conflits potentiels.

L'évaluation des engagements va au-delà des capacités militaires traditionnelles et englobe les investissements financiers dans la défense et la sécurité. Le partage équitable du fardeau entre les États membres est un objectif de longue date, certains alliés supportant un fardeau plus lourd que d'autres. L'évaluation des engagements financiers et des dépenses de défense par rapport au PIB donne un aperçu de l'investissement collectif de l'alliance dans son architecture commune de défense et de sécurité.

Outre l'évaluation des capacités de défense, il est tout aussi important de prendre en compte l'alignement des priorités stratégiques et la volonté des États membres de collaborer à des initiatives et opérations militaires conjointes. La coordination dans des domaines tels que la collecte de renseignements, la logistique et les mécanismes de réaction rapide renforce l'interopérabilité et l'efficacité des efforts de défense transatlantiques.

Toutefois, pour évaluer les engagements, il faut également reconnaître la nature évolutive des menaces pour la sécurité, y compris les nouveaux défis dans le domaine cybernétique et les tactiques de guerre hybride. Le paysage de la cybersécurité représente une nouvelle frontière pour les capacités de défense, exigeant des investissements dans la résilience numérique, la sécurité des réseaux et les capacités de guerre de l'information. La prolifération des menaces hybrides, qui combinent des méthodes conventionnelles et irrégulières, souligne la nécessité de stratégies de défense adaptables et agiles.

Alors que l'OTAN navigue sur ce terrain complexe de l'évaluation des engagements de défense, l'alliance doit tirer parti des canaux diplomatiques et des dialogues stratégiques pour favoriser le consensus sur les intérêts de sécurité partagés. Le lien transatlantique reste fondamental pour faire face aux défis sécuritaires mondiaux, et une évaluation éclairée des capacités de défense est essentielle pour maintenir la mission et la pertinence de l'OTAN dans un environnement sécuritaire en constante évolution.

Menaces émergentes : Cybersécurité et guerre hybride

Dans le paysage sécuritaire complexe d'aujourd'hui, les menaces émergentes sous la forme d'atteintes à la cybersécurité et de guerres hybrides représentent des défis importants pour l'OTAN et ses États membres. La nature interconnectée du monde numérique a rendu les cybermenaces plus omniprésentes et plus sophistiquées, ce qui représente un risque sérieux pour les infrastructures critiques, la sécurité nationale et les processus démocratiques. La dépendance à l'égard de la technologie ne cessant de croître, le risque que des cyberattaques perturbent des services essentiels et sèment le chaos est une préoccupation urgente pour la sécurité transatlantique. Les acteurs étatiques et non étatiques recourent de plus en plus à des tactiques de guerre hybrides qui associent des opérations militaires conventionnelles à des campagnes de désinformation, à la coercition économique et à des perturbations cybernétiques. Cette approche hybride cherche à saper les mécanismes de défense traditionnels et à exploiter les vulnérabilités de l'espace d'information, ce qui crée de l'ambiguïté et complique les efforts de réponse. Conscients de l'évolution de ces menaces, l'OTAN et ses alliés s'emploient activement à renforcer leurs capacités de cyberdéfense et leur résilience. La coordination entre les États membres est essentielle pour faire face efficacement aux cybermenaces et pour élaborer des stratégies globales de dissuasion et de réaction. La promotion de normes et de règles internationales dans le cyberespace est essentielle pour atténuer les risques d'escalade des conflits déclenchés par des cyberprovocations. L'intégration des considérations cybernétiques dans les plans et exercices de défense au sens large est impérative pour renforcer l'état de préparation et garantir une approche unifiée de la lutte contre les menaces émergentes. L'engagement de l'OTAN à s'adapter aux réalités des conflits modernes s'étend au-delà des domaines traditionnels et englobe les défis multiformes posés par la cyberguerre et la guerre hybride. Les efforts déployés pour renforcer les cyberdéfenses collectives et la résilience témoignent de la volonté de l'Alliance de protéger ses membres contre les risques sécuritaires en constante évolution, tout en restant vigilante face aux tactiques des adversaires visant à exploiter les vulnérabilités dans le domaine numérique. Alors que la dynamique géopolitique continue d'évoluer, la réponse à ces nouvelles menaces exige une coopération, une innovation et une capacité d'adaptation soutenues au sein de la communauté transatlantique afin de sauvegarder les intérêts et les valeurs partagés.

L'impact du conflit ukrainien sur les stratégies de l'OTAN

Le conflit en Ukraine a considérablement façonné et influencé les stratégies de l'OTAN ces dernières années. L'annexion de la Crimée par la Russie en 2014 et le conflit en cours dans l'est de l'Ukraine ont représenté un défi direct pour la sécurité et la stabilité de l'Europe, ce qui a conduit à une réévaluation du rôle et des capacités de l'OTAN. La crise a mis en évidence la nécessité d'une réponse solide et unifiée de la part de l'alliance, ce qui a conduit à une série de mesures militaires et diplomatiques visant à dissuader toute nouvelle agression et à renforcer le dispositif de défense des États membres de l'OTAN. L'élément central de cette réponse a été de rassurer les alliés du flanc oriental de l'OTAN, en particulier les États baltes et la Pologne, grâce au déploiement de groupements tactiques multinationaux sur le site et à des missions de police aérienne renforcées. La crise ukrainienne a servi de signal d'alarme aux membres de l'OTAN pour qu'ils revitalisent leur engagement en faveur de la défense collective et qu'ils renforcent leur état de préparation militaire. Ce regain d'intérêt pour la dissuasion et la défense a également conduit à l'adoption du plan d'action sur l'état de préparation, conçu pour améliorer les capacités de déploiement rapide des forces de l'alliance et renforcer l'interopérabilité entre les États membres. Le conflit en Ukraine a souligné l'importance de renforcer les partenariats de l'OTAN avec les États non membres de la région, tels que la Géorgie et l'Ukraine, afin de soutenir leurs efforts de résilience et de renforcement des capacités. La crise a conduit à un examen plus approfondi des mécanismes de partage du renseignement et d'alerte rapide de l'OTAN, compte tenu de la nature évolutive de la guerre hybride et de l'utilisation croissante des tactiques de désinformation. En conséquence, l'OTAN a cherché à renforcer ses communications stratégiques et à contrer les menaces hybrides en améliorant sa connaissance de la situation et sa capacité de réaction. Le conflit ukrainien a également suscité un débat stratégique plus large au sein de l'OTAN sur la nécessité de s'adapter à un environnement de sécurité plus imprévisible et plus complexe, ce qui a conduit à mettre l'accent sur le renforcement de la résilience et sur l'intégration des technologies émergentes dans la planification de la défense. Dans l'ensemble, le conflit ukrainien a été un facteur déterminant dans l'élaboration des stratégies de l'OTAN, renforçant la cohésion et l'adaptabilité de l'Alliance face à l'évolution des défis sécuritaires.

Équilibrer le leadership des États-Unis et l'autonomie de l'Europe

En tant que pierre angulaire de l'OTAN, les États-Unis ont historiquement joué un rôle central dans la définition de l'orientation stratégique et des capacités militaires de l'alliance. Toutefois, à mesure que la dynamique mondiale évolue, l'accent est mis de plus en plus sur l'équilibre entre le leadership américain et la poursuite de l'autonomie européenne au sein de l'alliance. Cette évolution s'explique par plusieurs facteurs, notamment des priorités géopolitiques divergentes, la nature changeante des menaces pour la sécurité et le désir de l'Europe de jouir d'une plus grande indépendance en matière de prise de décision. La réalisation de cet équilibre nécessite une navigation et un dialogue prudents entre les dirigeants américains et européens, ainsi qu'une réévaluation de la dynamique du pouvoir au sein de l'alliance.

Le concept de partage du fardeau a été au cœur des discussions entourant la relation transatlantique, en particulier dans le domaine des dépenses de défense et des contributions militaires. Alors que les États-Unis ont toujours assumé une part importante des responsabilités de l'OTAN en matière de défense collective, les alliés européens reconnaissent de plus en plus la nécessité de renforcer leurs capacités militaires et d'investir de manière plus substantielle dans leur propre sécurité. Cela a conduit à des débats permanents sur le partage équitable du fardeau et le rééquilibrage des engagements en matière de défense afin de refléter l'évolution des défis sécuritaires.

La quête de l'autonomie européenne au sein de l'OTAN n'implique pas un découplage complet de l'influence américaine ou un désengagement de la coopération transatlantique. Elle reflète plutôt une ambition plus large d'affirmer une plus grande agence stratégique et une plus grande autorité décisionnelle dans des domaines ayant un impact direct sur la sécurité européenne. Cela implique de développer des capacités de défense complémentaires, d'encourager les initiatives de défense régionales et de tirer parti des ressources de l'Union européenne pour renforcer le dispositif de défense collective de l'OTAN.

La volonté d'autonomie européenne doit être envisagée dans le contexte d'un partenariat transatlantique qui se renforce mutuellement. En donnant aux pays européens les moyens d'assumer un rôle plus proactif dans leur propre défense, l'OTAN peut s'adapter à un environnement de sécurité qui évolue rapidement, tout en renforçant la cohésion et la résilience globales de l'alliance. Une collaboration efficace, le partage de l'information et la planification opérationnelle conjointe restent des éléments indispensables de ce partenariat recalibré, garantissant que les intérêts de sécurité des États-Unis et de l'Europe sont efficacement sauvegardés.

Pour trouver l'équilibre délicat entre le leadership américain et l'autonomie européenne, il est essentiel de reconnaître que la cohésion et l'unité de l'OTAN sont essentielles au maintien de la sécurité collective dans la région euro-atlantique. Par conséquent, toute recherche d'autonomie devrait être menée de manière à préserver la solidarité de l'alliance et à renforcer ses capacités de dissuasion. Un engagement diplomatique fort et un dialogue transatlantique continu sont essentiels pour favoriser une compréhension partagée de l'évolution des rôles et des responsabilités au sein de l'OTAN. En fin de compte, la poursuite d'une alliance transatlantique équilibrée et mutuellement bénéfique repose sur l'adoption d'une dynamique de partenariat qui tienne compte de manière proactive des diverses perspectives et capacités stratégiques des États-Unis et de leurs alliés européens.

Résoudre les divergences internes et les problèmes d'alignement

Dans le paysage complexe des relations transatlantiques, il est essentiel de s'attaquer aux divergences internes et aux problèmes d'alignement pour garantir l'efficacité et l'unité de l'OTAN et de ses États membres. Alors que l'environnement sécuritaire mondial continue d'évoluer, les divergences entre les priorités nationales, les perceptions des menaces et les objectifs stratégiques des alliés de l'OTAN sont devenues de plus en plus évidentes. Ces divergences se traduisent souvent par des différences dans les allocations budgétaires pour la défense, les capacités militaires et les approches privilégiées pour faire face aux nouvelles menaces pour la sécurité.

L'un des principaux défis consiste à concilier les différents niveaux d'engagement et de préparation des États membres, en particulier face aux défis asymétriques et non traditionnels en matière de sécurité. Alors que certains alliés donnent la priorité à la défense territoriale et à la dissuasion, d'autres mettent l'accent sur les contributions aux opérations internationales de maintien de la paix et à la gestion des crises. Ces priorités différentes peuvent entraîner des tensions au sein de l'Alliance et entraver sa capacité à formuler des réponses cohérentes et efficaces aux préoccupations contemporaines en matière de sécurité.

Les divergences dans les perspectives géopolitiques et les intérêts régionaux au sein de la zone euro-atlantique ajoutent à la complexité de la cohésion de l'OTAN. Les dynamiques des flancs Est et Sud présentent des considérations sécuritaires distinctes, et la recherche d'un terrain d'entente sur les politiques à l'égard de régions telles que les États baltes, la mer Noire et la Méditerranée exige des efforts diplomatiques astucieux.

Pour relever ces défis, l'OTAN doit adopter une approche nuancée et inclusive qui reconnaisse et prenne en compte les diverses perspectives et priorités de ses États membres. Cela implique de favoriser un dialogue constructif pour combler le fossé entre les différentes stratégies de sécurité nationale et de forger un consensus sur la défense collective et la gestion des crises. Le recours à des mécanismes novateurs de partage des charges et de développement des capacités peut contribuer à atténuer les disparités en matière de dépenses de défense et d'état de préparation militaire, renforçant ainsi l'unité et la résilience de l'Alliance.

Le renforcement de l'interopérabilité, le partage de l'information et les exercices d'entraînement conjoints sont essentiels pour atténuer les défis liés à l'alignement et promouvoir une éthique cohésive et axée sur la mission au sein de l'OTAN. En considérant la diversité comme une source de force plutôt que de division, l'Alliance peut tirer parti du riche éventail de compétences et de ressources offert par ses membres pour renforcer sa capacité d'adaptation et sa réactivité face à des menaces sécuritaires multiformes.

En fin de compte, il sera essentiel de s'attaquer de manière proactive aux divergences internes et aux défis de l'alignement pour préserver la solidarité et la pertinence de l'OTAN dans un paysage sécuritaire en constante évolution.

Partenariats stratégiques au-delà des frontières transatlantiques

Au XXIe siècle, le paysage sécuritaire mondial est de plus en plus interconnecté, ce qui nécessite des efforts de collaboration au-delà des alliances traditionnelles. Les partenariats stratégiques au-delà des frontières transatlantiques sont devenus des éléments cruciaux pour relever les défis sécuritaires à multiples facettes. La nature des menaces continuant d'évoluer, ces partenariats jouent un rôle essentiel dans la promotion de la stabilité et de la sécurité internationales. La présente section examine l'importance de ces relations et leurs implications pour le positionnement stratégique de l'OTAN.

L'un des principaux points d'intérêt est l'évolution de la dynamique entre l'OTAN et les États non membres, en particulier ceux qui se trouvent dans des régions confrontées à des vulnérabilités en matière de sécurité. En s'engageant avec des pays extérieurs à la sphère transatlantique, l'OTAN cherche à renforcer son influence et ses capacités à relever les défis sécuritaires mondiaux. Ces partenariats servent à partager les meilleures pratiques, les données du renseignement et les ressources, ce qui renforce en fin de compte les mécanismes de défense collective.

Notamment, les partenariats stratégiques vont au-delà de la coopération militaire et englobent des dimensions diplomatiques, économiques et technologiques. Les initiatives de collaboration en matière de cybersécurité, de lutte contre le terrorisme et de renforcement de la résilience font partie intégrante de ces partenariats. En tirant parti de la diversité des compétences et des intérêts partagés, l'OTAN et ses partenaires contribuent à façonner un ordre international plus résilient et plus sûr.

En s'engageant auprès de puissances émergentes et d'organisations régionales en dehors de la zone euro-atlantique, l'OTAN renforce sa capacité à faire face à des développements géopolitiques complexes. L'élargissement des partenariats en Asie, en Afrique et au Moyen-Orient souligne la capacité d'adaptation de l'organisation face aux défis sécuritaires mondiaux. Ces interactions permettent de promouvoir les valeurs démocratiques, les droits de l'homme et l'État de droit, renforçant ainsi l'engagement plus large de l'OTAN en faveur du respect des normes et des principes internationaux.

Alors que l'architecture de sécurité internationale continue de subir d'importantes transformations, le rôle des partenariats stratégiques devient de plus en plus vital pour la pertinence et l'efficacité de l'OTAN. Ces collaborations offrent notamment aux États membres et aux pays partenaires la possibilité d'aligner leurs objectifs, de partager les charges et d'atténuer collectivement les risques pour la sécurité. Grâce à des dialogues structurés et à des exercices conjoints, l'OTAN favorise l'interopérabilité et la compréhension mutuelle, ouvrant ainsi la voie à des réponses plus efficaces aux menaces émergentes.

À l'avenir, la trajectoire des partenariats de l'OTAN au-delà des frontières transatlantiques aura de profondes répercussions sur la gouvernance de la sécurité mondiale. Alors que l'Alliance navigue dans des réalités géopolitiques complexes, l'entretien de ces relations contribuera à renforcer le rôle de l'OTAN en tant que pierre angulaire de la sécurité internationale. La prochaine section approfondira les perspectives d'expansion de l'OTAN, en mettant en lumière l'évolution des engagements de l'organisation et son positionnement stratégique dans un monde interconnecté.

Trajectoires futures : Perspectives d'expansion de l'OTAN

L'élargissement de l'OTAN a fait l'objet d'un débat et d'une réflexion importants, en particulier dans le contexte de l'évolution de la dynamique de la sécurité mondiale. Alors que l'Alliance cherche à s'adapter à un environnement géopolitique en mutation rapide, la question de l'élargissement de ses membres à de nouveaux pays reste une question complexe aux vastes implications. Les perspectives d'expansion de l'OTAN se situent à l'intersection de considérations politiques, militaires et stratégiques, chacune jouant un rôle crucial dans la définition de la trajectoire future de l'Alliance.

Le désir de renforcer la sécurité et la stabilité dans les régions situées au-delà du champ d'action actuel de l'Alliance est l'un des principaux facteurs qui alimentent les discussions sur l'élargissement de l'OTAN. Les pays candidats potentiels considèrent souvent l'adhésion à l'OTAN comme un moyen de renforcer leurs propres capacités de défense et de s'aligner plus étroitement sur les institutions de sécurité occidentales. La perspective de l'élargissement de l'OTAN peut constituer une incitation puissante pour les pays candidats à mettre en œuvre des réformes démocratiques, à renforcer l'État de droit et à améliorer les normes de gouvernance, faisant ainsi progresser des objectifs géopolitiques plus larges.

Dans le même temps, les réalités géopolitiques et les préoccupations en matière de sécurité doivent être soigneusement pesées dans toute délibération sur l'élargissement de l'OTAN. L'inclusion potentielle de nouveaux États membres soulève inévitablement des questions quant à l'impact sur la dynamique régionale et les relations avec les pays voisins. L'élargissement de la portée géographique de l'Alliance implique des engagements substantiels en termes d'infrastructure de défense, de déploiement de forces et d'interopérabilité, qui ont tous des implications financières et logistiques significatives.

La cohésion interne de l'Alliance et le processus de prise de décision par consensus au sein de l'OTAN déterminent les paramètres des efforts d'expansion. Les États membres doivent composer avec des perspectives et des intérêts stratégiques divergents, en veillant à ce que tout nouveau membre potentiel contribue au renforcement de la sécurité collective sans nuire à la cohésion existante et à l'efficacité opérationnelle.

L'évolution du paysage sécuritaire, notamment la montée des menaces hybrides, de la cyberguerre et des défis sécuritaires non traditionnels, nécessite une évaluation approfondie de la manière dont les nouveaux membres potentiels pourraient renforcer les capacités de l'OTAN et faire face aux risques sécuritaires émergents. Cela nécessite une évaluation complète des atouts militaires, technologiques et stratégiques que les candidats membres apportent, ainsi que de leur adhésion aux valeurs démocratiques et à l'ordre international fondé sur des règles.

À l'avenir, les perspectives d'expansion de l'OTAN continueront d'être façonnées par les développements géopolitiques en cours, la dynamique de la sécurité régionale et l'évolution de la nature des relations transatlantiques. Si l'Alliance reste attachée à une politique de la porte ouverte, la voie de l'expansion exige une analyse méticuleuse, un engagement diplomatique prudent et une évaluation lucide des implications à long terme pour la défense collective et les objectifs stratégiques de l'OTAN.

16

Changements politiques intérieurs

Populisme et scepticisme à l'égard de la mondialisation

Introduction à la dynamique politique intérieure

Les dynamiques politiques nationales jouent un rôle essentiel dans le façonnement du paysage mondial, en influençant les relations internationales et en dictant le cours des principaux engagements diplomatiques. Il est essentiel de comprendre l'interaction complexe entre les forces politiques nationales et leur impact sur les affaires internationales pour appréhender le contexte plus large des relations transatlantiques. Ce chapitre élucidera le réseau complexe de facteurs qui contribuent à la dynamique politique intérieure et la manière dont ces facteurs se répercutent sur la scène internationale.

Au fond, le domaine de la dynamique politique intérieure englobe les facettes entrelacées de la gouvernance, de la politique publique, des courants idéologiques sous-jacents et des réalités socio-économiques au sein d'une nation. Le flux et le reflux des sentiments politiques, la montée de nouveaux mouvements politiques et l'érosion des structures politiques traditionnelles contribuent tous à la dynamique politique intérieure d'une nation. Ces phénomènes internes exercent une influence profonde sur les politiques étrangères d'un pays, formant la base sur laquelle les relations internationales sont établies et maintenues.

Les multiples facettes de la dynamique politique nationale sont encore aggravées par la diversité des questions qui trouvent un écho auprès de la population. Les facteurs sociaux, économiques et culturels s'entremêlent pour façonner la psyché collective d'une nation et, en fin de compte, son paysage politique. La montée du populisme, l'omniprésence des médias sociaux et l'évolution des contours de la mondialisation ont introduit de nouvelles dimensions dans le discours politique, injectant des complexités imprévues dans le tissu de la politique intérieure et influençant par la suite l'interconnexion mondiale.

Nous nous penchons ici sur l'évolution historique de la dynamique politique nationale, en retraçant l'émergence des mouvements populistes et l'évolution nuancée des idéologies politiques. Elle examinera les facteurs qui ont alimenté l'ascension du populisme, disséquant l'attrait de ces mouvements et soulignant leurs ramifications pour la gouvernance nationale et les collaborations internationales. Cette exploration mettra en lumière les critiques de la mondialisation et la manière dont le scepticisme à l'égard de l'interconnexion mondiale imprègne la politique intérieure, soulignant ainsi l'interconnexion des courants politiques intérieurs avec le thème plus large des relations internationales.

En fin de compte, notre but est de fournir un cadre global pour comprendre les dynamiques politiques nationales comme un prisme indispensable à travers lequel nous pouvons comprendre la tapisserie complexe des relations transatlantiques et la dynamique plus large des paysages géopolitiques contemporains.

Contexte historique : La montée du populisme

La montée du populisme dans les paysages politiques nationaux peut être attribuée à divers développements historiques et transformations sociétales. Les mouvements populistes émergent souvent en période de bouleversements économiques, sociaux ou culturels importants, lorsque des segments de la population privés de leurs droits cherchent à exprimer leurs griefs à l'encontre des structures politiques établies. Les précédents historiques des mouvements populistes remontent au début du XXe siècle, avec l'émergence de leaders épousant une rhétorique nationaliste et anti-establishment. Des mouvements tels que le People's Party aux États-Unis et des mouvements populistes similaires en Europe reflétaient un mécontentement profond à l'égard du statu quo et un désir de changement radical. L'entre-deux-guerres a vu la montée en puissance de leaders charismatiques qui ont capitalisé sur la désillusion du public dans un contexte de troubles économiques et d'instabilité politique. Aujourd'hui, la résurgence du populisme est alimentée par l'impact inégal de la mondialisation sur les différents segments de la société, en particulier à la suite des crises financières et des progrès technologiques rapides. Ce contexte historique montre que le populisme n'est pas simplement un phénomène passager, mais plutôt une caractéristique durable de la dynamique politique, qui apparaît en réponse à des défis et à des perturbations sociétales complexes. Comprendre les racines historiques du populisme fournit des indications cruciales sur son évolution et sa pertinence durable dans la formation de la politique moderne et des relations internationales.

Analyse de l'attrait des mouvements populistes

Les mouvements populistes ont gagné en importance ces dernières années, tant aux États-Unis qu'en Europe. L'attrait du populisme découle de divers facteurs enracinés dans la dynamique sociétale, économique et politique. L'un des éléments clés contribuant à l'attrait des mouvements populistes est le sentiment de privation des droits de certains segments de la population. Ce sentiment découle souvent de l'impression d'être négligé par les élites et les institutions politiques établies, ainsi que d'un sentiment d'insécurité économique lié à la mondialisation et aux progrès technologiques.

Les leaders populistes maîtrisent souvent l'art de cultiver un lien émotionnel fort avec leurs partisans, se positionnant souvent comme la voix des citoyens "oubliés" ou "ignorés". En présentant des solutions simples et directes à des problèmes complexes, ces leaders capitalisent sur la frustration et la désillusion qui prévalent au sein de la société. Les messages des mouvements populistes tendent à être fortement nationalistes et protectionnistes, attirant les individus qui se méfient de l'intégration mondiale et de l'érosion perçue de l'identité et de la souveraineté nationales.

La rhétorique populiste cible souvent les groupes marginalisés, en attribuant la responsabilité des défis sociétaux aux immigrés, aux entreprises mondiales ou à d'autres forces extérieures. Ce discours peut trouver un écho important auprès des personnes qui cherchent des explications faciles à leurs difficultés, renforçant ainsi l'attrait des idéologies populistes. La promesse de bouleverser l'ordre politique existant et de remettre en question le statu quo peut attirer des citoyens désillusionnés par la politique conventionnelle et en quête d'un changement radical.

L'utilisation des plateformes de médias sociaux a également joué un rôle essentiel dans l'amplification de l'attrait des mouvements populistes. Ces plateformes offrent un espace pour la diffusion de messages non filtrés et chargés d'émotion, permettant aux leaders populistes d'entrer directement en contact avec leur base et de contourner les canaux médiatiques traditionnels. Cette communication directe favorise un sentiment d'intimité et d'immédiateté, renforçant encore le lien entre les personnalités populistes et leurs partisans.

L'analyse de l'attrait des mouvements populistes nécessite une compréhension globale de ces facteurs à multiples facettes. En reconnaissant les complexités sous-jacentes à la montée du populisme, les décideurs politiques et les analystes peuvent mieux développer des stratégies pour répondre aux préoccupations des citoyens désillusionnés tout en favorisant des sociétés inclusives et durables.

Critiques de la mondialisation : Perspectives économiques et culturelles

La mondialisation a indéniablement transformé le paysage économique en permettant une circulation sans précédent des biens, des services, des capitaux et de la main-d'œuvre à travers les frontières. Toutefois, le phénomène n'a pas été exempt de critiques, qui ont exprimé diverses préoccupations d'ordre économique et culturel. D'un point de vue économique, la mondialisation a creusé l'écart de richesse entre les économies avancées et les économies en développement. Alors que les multinationales ont tiré des profits substantiels de l'externalisation et de la délocalisation, de nombreux citoyens de la classe ouvrière des pays occidentaux ont connu des déplacements d'emplois et une stagnation des salaires en raison de la concurrence accrue des pays où les salaires sont moins élevés. Cette disparité a alimenté le ressentiment et la désillusion face aux avantages perçus de la mondialisation.

La mondialisation a été accusée de privilégier le profit au détriment du bien-être social et de la durabilité environnementale, ce qui a conduit à l'exploitation de la main-d'œuvre, à l'épuisement des ressources et à la dégradation de l'environnement. Les critiques affirment que la poursuite du libre-échange et de la déréglementation a facilité la domination des entreprises au détriment des droits des travailleurs, des industries locales et de l'équilibre écologique. Ces critiques économiques ont suscité un certain scepticisme à l'égard des partenariats transatlantiques et des blocs commerciaux, certains estimant qu'ils perpétuent une dynamique de pouvoir inégale et exacerbent encore les disparités économiques mondiales.

Sur le plan culturel, la mondialisation a suscité des inquiétudes quant à l'érosion de l'identité nationale et des valeurs traditionnelles. La prolifération des médias mondiaux, des produits de consommation et l'homogénéisation technologique ont suscité des inquiétudes quant à la perte de la spécificité culturelle et à la marchandisation du patrimoine. L'afflux d'immigrants et le multiculturalisme qui accompagnent la mondialisation ont suscité la crainte d'une dilution culturelle et d'une perturbation sociale dans certains segments de la société. Ces critiques culturelles se sont manifestées par des sentiments nationalistes et protectionnistes qui cherchent à sauvegarder les coutumes et les traditions indigènes contre les menaces extérieures perçues.

L'intersection de ces critiques économiques et culturelles a mobilisé les mouvements populistes et dynamisé les forces politiques qui prônent un plus grand protectionnisme, le nationalisme et des politiques anti-mondialisation. En tant que telles, ces perspectives ont des implications significatives pour façonner le discours sur les relations transatlantiques et influencer les décisions politiques . Pour répondre à ces critiques, il faut une compréhension nuancée de l'interaction complexe entre la restructuration économique, la préservation culturelle et les réalignements géopolitiques dans le contexte d'une économie mondiale interconnectée.

Impact sur l'alignement politique transatlantique

La montée du populisme et du scepticisme à l'égard de la mondialisation a eu un impact significatif sur l'alignement des priorités politiques entre les États-Unis et l'Europe. Les mouvements populistes ayant gagné du terrain des deux côtés de l'Atlantique, le consensus traditionnel sur des questions clés, notamment le commerce, l'immigration et la sécurité, s'est sensiblement modifié. Cette divergence dans les perspectives politiques a posé des défis à la coopération transatlantique et a nécessité une réévaluation de la relation entre les deux entités géopolitiques.

Des différences importantes dans les approches politiques sont apparues, en particulier dans les domaines du commerce et de l'intégration économique. Le scepticisme à l'égard de la mondialisation a conduit à une résurgence des sentiments protection nistes et à une remise en question des accords commerciaux établis. Cette situation a généré des tensions entre les États-Unis et l'UE, comme en témoignent les différends sur les droits de douane et les barrières commerciales. Les divergences de vues sur les politiques d'immigration ont tendu les relations, les débats sur le contrôle des frontières et la réinstallation des réfugiés reflétant des priorités nationales opposées.

L'évolution du paysage politique a influencé les considérations stratégiques, ce qui a eu un impact sur la collaboration en matière de défense et de sécurité. L'accent mis sur la souveraineté nationale et la prise de décision unilatérale a entraîné des changements dans la coopération militaire transatlantique et dans les stratégies de sécurité au sens large. Ces évolutions ont nécessité une réévaluation des mécanismes de défense collective, en particulier dans le cadre de l'OTAN, car des perceptions divergentes des menaces sont apparues.

La prolifération de la rhétorique populiste sur les plateformes de médias sociaux a contribué à la polarisation de l'opinion publique des deux côtés de l'Atlantique. La diffusion de la désinformation et l'amplification des récits qui sèment la discorde ont encore entravé les efforts visant à favoriser une compréhension commune et des initiatives conjointes entre les États-Unis et l'Europe. Alors que les chambres d'écho numériques renforcent les clivages idéologiques, il devient de plus en plus difficile de trouver un terrain d'entente sur les défis communs.

Par conséquent, l'impact sur l'alignement des politiques transatlantiques a été substantiel, obligeant les décideurs politiques à naviguer dans un paysage complexe d'intérêts concurrents et de priorités divergentes. Pour remédier à ces disparités, il faut renouveler l'engagement en faveur du dialogue et de l'engagement, en cherchant des voies de convergence tout en reconnaissant les différences légitimes de points de vue. En reconnaissant la dynamique évolutive de la politique intérieure, les partenaires transatlantiques peuvent s'efforcer de construire un cadre plus résistant pour l'action collaborative, en veillant à ce que les valeurs et les objectifs partagés continuent de sous-tendre leur relation.

Le rôle des médias sociaux dans la formation de l'opinion publique

L'omniprésence des plateformes de médias sociaux a introduit une nouvelle dimension dans la formation de l'opinion publique, en particulier dans le domaine de la politique intérieure et des affaires mondiales. Alors que la connectivité transfrontalière devient transparente, les individus se tournent de plus en plus vers les médias sociaux comme source principale de nouvelles et d'informations, influençant ainsi leurs attitudes et leurs perceptions. La nature instantanée des médias sociaux favorise la diffusion rapide des contenus, ce qui permet aux récits de se répandre largement à une vitesse sans précédent. Ce phénomène a des conséquences importantes sur la formation de l'opinion publique, car les individus sont exposés à une myriade de points de vue et d'idéologies, ce qui peut entraîner une polarisation des sociétés. Les capacités de ciblage des algorithmes des médias sociaux permettent de personnaliser les messages, contribuant ainsi à l'amplification d'idéologies politiques spécifiques et de la rhétorique populiste.

L'essor du contenu généré par les utilisateurs et de la culture des influenceurs a transformé le paysage médiatique traditionnel, brouillant les frontières entre les reportages objectifs et les commentaires subjectifs. Cette dynamique pose des problèmes pour discerner la crédibilité et la fiabilité des informations présentées, ainsi que le risque de voir la désinformation proliférer sans contrôle. L'interconnexion des plateformes de médias sociaux facilite également la mobilisation rapide des mouvements de base et l'amplification des voix dissidentes, façonnant le discours sur des questions telles que la mondialisation, l'immigration et l'identité nationale.

Le phénomène des chambres d'écho et des bulles filtrantes, dans lequel les individus sont exposés principalement à des contenus qui renforcent leurs croyances existantes, contribue à l'enracinement de points de vue polarisés au sein de la société. Cela a des conséquences profondes sur la dynamique interne des relations transatlantiques, car les opinions publiques divergentes et les positions idéologiques au sein des États-Unis et des pays européens ont un impact sur la formulation et la réception des politiques qui façonnent la coopération et la diplomatie internationales.

À la lumière de ces développements, les décideurs politiques et les parties prenantes doivent évaluer de manière critique le rôle des médias sociaux dans la formation de l'opinion publique et leur impact sur les changements politiques nationaux, le populisme et le scepticisme à l'égard de la mondialisation. Il est essentiel de comprendre les mécanismes par lesquels les médias sociaux influencent le discours public pour atténuer les risques associés aux récits polarisés et à la désinformation, tout en exploitant le potentiel de ces plateformes pour favoriser un dialogue informé, inclusif et constructif sur les questions transatlantiques et les défis mondiaux.

Études de cas : Leaders et mouvements populistes clés

Pour examiner la montée du populisme et du scepticisme à l'égard de la mondialisation, il est essentiel de se plonger dans des études de cas spécifiques portant sur des dirigeants et des mouvements de premier plan qui ont façonné les paysages politiques nationaux. L'un de ces exemples notables est l'émergence de mouvements et de dirigeants populistes en Europe, notamment des figures comme Viktor Orban en Hongrie, Matteo Salvini en Italie et Marine Le Pen en France. Chacun de ces leaders a capitalisé sur les angoisses économiques, les insécurités culturelles et le désir de souveraineté pour rallier des partisans et remettre en question les normes politiques établies. Leur succès a été attribué à leur capacité à trouver un écho auprès de segments de la population privés de leurs droits, en s'appuyant sur une rhétorique anti-establishment et en promettant de répondre aux griefs liés à l'immigration, à l'identité nationale et à l'inégalité économique. Le mouvement du Brexit au Royaume-Uni, mené par Nigel Farage du Parti de l'indépendance du Royaume-Uni, a fourni une illustration frappante d'un soulèvement populiste qui a finalement abouti à une décision capitale aux implications considérables. De l'autre côté de l'Atlantique, l'ascension politique de Donald Trump et son programme "America First" ont incarné un rejet fervent de la politique traditionnelle, en mettant l'accent sur des politiques protectionnistes et une position nationaliste farouche. Son style et ses messages peu orthodoxes ont trouvé un écho profond auprès d'une partie de l'électorat américain, soulignant l'influence des sentiments populistes sur les résultats électoraux. L'analyse de ces études de cas permet de mieux comprendre la dynamique des mouvements populistes, les stratégies employées par leurs dirigeants et les facteurs sociétaux à l'origine de leur attrait. Ces exemples ouvrent une fenêtre sur l'interaction complexe entre le mécontentement national, les tendances mondiales et la nature changeante de l'engagement politique, mettant en lumière l'impact durable du populisme sur la gouvernance contemporaine.

L'érosion des partis politiques traditionnels

Les partis politiques traditionnels, qui ont longtemps constitué l'épine dorsale de la gouvernance démocratique dans de nombreuses nations occidentales, sont confrontés à des défis sans précédent dans le sillage de la montée du populisme et du scepticisme croissant à l'égard de la mondialisation. L'érosion de ces institutions établies redessine le paysage politique et a des implications considérables pour les relations transatlantiques et la dynamique mondiale.

L'un des principaux facteurs contribuant à l'érosion des partis politiques traditionnels est la désillusion des électeurs face au manque perçu de réactivité et de représentativité de ces partis. De nombreux citoyens estiment que les élites politiques en place se sont déconnectées des réalités de la vie quotidienne et n'ont pas su répondre aux préoccupations urgentes telles que l'inégalité économique, l'immigration et la sécurité de l'emploi. En conséquence, les mouvements populaires et les partis insurgés ont pris de l'ampleur, remettant en cause la domination des organisations politiques établies de longue date.

L'avènement de la communication numérique et des plateformes de médias sociaux a bouleversé les canaux traditionnels par lesquels les partis politiques communiquent avec leurs électeurs. Cela a permis aux voix alternatives et aux acteurs politiques non traditionnels d'amplifier leurs messages et d'atteindre un public plus large, souvent en contournant les structures établies des partis. La fragmentation des sources d'information et la montée des chambres d'écho ont encore polarisé le discours public, ce qui fait qu'il est de plus en plus difficile pour les partis traditionnels de s'adresser à divers segments de la population.

L'évolution du paysage socio-économique a fait apparaître de nouvelles lignes de fracture qui transcendent les frontières traditionnelles des partis. Alors que la mondialisation et les progrès technologiques continuent de remodeler les industries et les marchés du travail, les électeurs sont devenus plus fragmentés sur la base de différentes attitudes à l'égard de questions telles que le protectionnisme économique, la durabilité de l'environnement et les valeurs sociales. Cette fragmentation a affaibli les blocs d'électeurs autrefois cohésifs qui soutenaient les partis politiques traditionnels, entraînant des divisions internes et des conflits idéologiques.

L'érosion des partis politiques traditionnels a des répercussions importantes sur la coopération et la diplomatie internationales. Alors que les dirigeants et les décideurs politiques naviguent sur le terrain complexe des relations transatlantiques, il est essentiel de comprendre les dynamiques changeantes des paysages politiques nationaux pour formuler des stratégies efficaces. L'affaiblissement de l'influence des partis traditionnels peut donner lieu à une plus grande volatilité des processus de prise de décision et à un environnement politique moins prévisible. L'émergence d'acteurs et de mouvements politiques non traditionnels pourrait conduire à des approches divergentes des défis internationaux, ce qui compliquerait les efforts visant à forger un consensus et une action unifiée.

En conclusion, l'érosion des partis politiques traditionnels représente une reconfiguration fondamentale du modèle démocratique occidental. À mesure que ces institutions s'adaptent à l'évolution des demandes de leurs électeurs, leur capacité à façonner les relations transatlantiques et la gouvernance mondiale subira une profonde transformation. Reconnaître les implications de ce changement est primordial pour les décideurs politiques et les analystes qui cherchent à comprendre les complexités des paysages politiques contemporains et à relever les défis interconnectés du 21e siècle.

Implications pour la coopération internationale

L'érosion des partis politiques traditionnels et la montée des mouvements populistes ont des conséquences importantes sur la coopération internationale. Comme les dirigeants populistes donnent souvent la priorité aux intérêts nationaux plutôt qu'aux engagements mondiaux, le paysage de la diplomatie et de l'engagement multilatéral subit des changements substantiels. Cela pourrait remodeler la dynamique des relations transatlantiques et modifier les alliances traditionnelles qui ont fait partie intégrante de la stabilité et de la prospérité mondiales. Le scepticisme à l'égard de la mondialisation propagé par la rhétorique populiste pose également des défis aux accords commerciaux, aux accords sur le climat et aux efforts de collaboration pour faire face aux crises mondiales. L'imprévisibilité associée à la gouvernance populiste introduit un niveau d'incertitude dans les négociations diplomatiques et les accords internationaux, ce qui rend plus difficile le maintien de politiques étrangères cohésives et cohérentes entre les nations. Au fur et à mesure que ces changements se produisent, les pratiques diplomatiques traditionnelles doivent évoluer pour naviguer sur ce nouveau terrain. L'une des pistes à envisager est de cultiver les relations directes entre les peuples afin de maintenir la coopération internationale en dépit de paysages politiques changeants. L'engagement des organisations de la société civile, la promotion des échanges culturels et l'encouragement des initiatives locales peuvent contribuer à combler les lacunes résultant des troubles politiques et à promouvoir la compréhension et la collaboration au niveau sociétal.

Il est impératif de réévaluer les structures des organisations internationales pour répondre aux préoccupations et aux priorités des mouvements populistes tout en maintenant la coopération mondiale. Cela peut impliquer de réévaluer les processus de prise de décision et de rééquilibrer la répartition du pouvoir au sein de ces institutions. Pour faire face à ces changements, les diplomates ont la possibilité d'engager un dialogue ciblé avec les leaders populistes et leurs partisans afin de mieux comprendre leurs points de vue et de répondre à leurs appréhensions concernant la coopération internationale. La construction de cadres inclusifs qui reconnaissent les nuances de la souveraineté nationale tout en soulignant l'interconnexion des défis mondiaux peut être une voie à suivre pour soutenir la collaboration internationale. Malgré les obstacles posés par la montée du populisme et le scepticisme à l'égard de la mondialisation, les intérêts fondamentaux et les valeurs partagées qui sous-tendent les relations transatlantiques et les partenariats internationaux plus larges restent solides. En reconnaissant la nature évolutive des paysages politiques et en adaptant les stratégies diplomatiques en conséquence, il reste possible de tracer des voies vers une coopération internationale durable et une prospérité mutuelle.

Réflexions finales sur les tendances politiques futures

Alors que nous concluons notre exploration des changements politiques nationaux, il est essentiel de réfléchir aux futures tendances politiques qui pourraient façonner le paysage transatlantique. La montée du populisme et du scepticisme à l'égard de la mondialisation a sans aucun doute modifié le tissu politique traditionnel des États-Unis et de l'Union européenne. À l'avenir, plusieurs tendances clés devraient continuer à influencer la dynamique au sein et au-delà de ces régions, avec des implications substantielles pour la coopération internationale et l'alignement des politiques.

Tout d'abord, on ne saurait trop insister sur l'impact durable des médias numériques et de la technologie sur le discours politique. Les plateformes de médias sociaux ont constitué un puissant moyen de diffusion des récits populistes et de la rhétorique antimondialisation. Comprendre le rôle évolutif de la technologie dans la formation de l'opinion publique et la facilitation des mouvements sociopolitiques sera crucial pour les décideurs politiques et les analystes.

Deuxièmement, la fragilité des structures traditionnelles des partis et des systèmes électoraux peut conduire à une fragmentation et à des réalignements supplémentaires. Avec la persistance des sentiments populistes et nationalistes, les partis politiques établis sont de plus en plus contraints de s'adapter à l'évolution des préférences des électeurs, faute de quoi ils risquent de perdre leur pertinence. La reconfiguration des alliances politiques et des idéologies qui s'ensuivra pourrait redéfinir les paramètres des relations et de la coopération transatlantiques.

L'évolution du paysage économique, en particulier à la suite des crises mondiales et de la transformation numérique en cours, est susceptible d'influencer les attitudes et les priorités politiques. Les débats sur les inégalités économiques, le protectionnisme commercial et les perturbations du marché du travail continueront de façonner les perceptions du public et l'élaboration des politiques des deux côtés de l'Atlantique.

La recherche de la souveraineté et de l'autonomie nationales au milieu de défis géopolitiques complexes pourrait conduire à des approches divergentes de la politique étrangère et de l'engagement international. Alors que les États-Unis et l'Union européenne naviguent entre des intérêts et des perspectives stratégiques concurrents, l'articulation d'une vision commune pour aborder les questions mondiales, du changement climatique aux menaces sécuritaires, devient de plus en plus complexe.

L'intersection des politiques identitaires et des valeurs sociétales avec des récits politiques plus larges restera déterminante dans l'élaboration des tendances futures. La résurgence du nationalisme parallèlement aux débats sur le multiculturalisme, l'immigration et la cohésion sociale souligne la complexité de la recherche d'un consensus sur les objectifs politiques transatlantiques.

À la lumière de ces tendances, il est évident que la compréhension et la réponse à l'évolution du paysage politique nécessitent un dialogue et une collaboration proactifs entre les partenaires transatlantiques. Il est impératif de favoriser la compréhension mutuelle, le respect et l'empathie dans des contextes politiques différents afin d'atténuer les divergences potentielles et de faire progresser les intérêts communs.

Alors que nous nous préparons à traverser le terrain de la politique du 21e siècle, la capacité d'anticiper les tendances émergentes et de s'y adapter sera déterminante pour renforcer les fondements des relations transatlantiques. En adoptant la nuance, la flexibilité et l'engagement inclusif, les parties prenantes peuvent exploiter la sagesse collective nécessaire pour relever les défis et saisir les opportunités que présente la dynamique politique future.

17

Scénarios du futur

Naviguer dans un ordre mondial incertain

Aperçu du climat géopolitique actuel

Le climat géopolitique actuel se caractérise par une myriade de facteurs complexes et interconnectés qui ont un impact significatif sur les relations politiques mondiales et créent des tensions émergentes aux implications considérables. Au cœur de ce paysage se trouvent la dynamique du pouvoir entre les principaux acteurs mondiaux, l'évolution des alliances et des confrontations, et la nature changeante de l'art de gouverner face aux défis contemporains. Ces interactions sont influencées par divers éléments, notamment l'interdépendance économique, les progrès technologiques, les clivages idéologiques et les conflits régionaux, qui contribuent tous à façonner le futur terrain géopolitique. L'émergence de nouveaux centres de pouvoir mondiaux et la résurgence des centres existants conduisent à un monde multipolaire où les notions traditionnelles d'influence et de domination sont en train d'être redéfinies. Cette reconfiguration de la dynamique du pouvoir mondial a donné lieu à une concurrence stratégique, à une coopération et à des mesures de sécurité collective, les nations cherchant à naviguer dans un système international de plus en plus incertain et interdépendant.

Les technologies émergentes telles que l'intelligence artificielle, les cybercapacités et l'exploration spatiale ont introduit de nouvelles dimensions dans les interactions géopolitiques, créant à la fois des opportunités d'innovation et des vulnérabilités sans précédent. Les préoccupations environnementales telles que le changement climatique, la pénurie de ressources et la dégradation écologique sont devenues des facteurs déterminants de l'influence géopolitique, les nations étant aux prises avec les ramifications de ces défis mondiaux. Au milieu de ces complexités, les conflits régionaux et les efforts de consolidation de la paix continuent de façonner le paysage géopolitique, influençant l'ordre mondial au sens large et soulevant des questions sur l'efficacité des interventions diplomatiques et de la coopération multilatérale. À la lumière de ces développements, la compréhension et l'analyse du climat géopolitique actuel sont cruciales pour les décideurs politiques, les analystes et les parties prenantes afin d'élaborer des stratégies et des politiques éclairées susceptibles d'orienter efficacement les affaires mondiales vers la stabilité, la coopération et le progrès durable.

Planification de scénarios : Méthodologies et cadres

La planification de scénarios est un outil stratégique utilisé par les organisations et les gouvernements pour anticiper et se préparer à des développements futurs potentiels dans un paysage mondial en évolution rapide. Ce processus implique l'exploration systématique de divers scénarios plausibles, chacun représentant une combinaison différente de forces externes et de décisions internes. L'objectif n'est pas de prédire l'avenir avec certitude, mais plutôt de construire un cadre solide pour la prise de décision dans l'incertitude. Une planification efficace des scénarios englobe une série de méthodologies et de cadres qui permettent aux parties prenantes d'envisager et d'évaluer des trajectoires futures alternatives. Une approche largement utilisée est le cadre "probable, possible et préférable", qui classe les scénarios en fonction de leur probabilité et de leur caractère souhaitable. Une autre méthodologie populaire est l'analyse des "forces motrices", qui identifie les tendances clés et les incertitudes qui façonnent l'avenir. Cette méthode permet d'identifier les éléments critiques qui conduisent au changement et aide à développer des stratégies pour y faire face.

La technique de la "matrice des impacts croisés" permet d'examiner les interdépendances entre divers facteurs et événements, ce qui aide à découvrir les risques et les opportunités systémiques potentiels . En revanche, l'approche des "jokers" se concentre sur les événements à faible probabilité et à fort impact qui pourraient perturber l'avenir prévu. Ces événements inattendus sont considérés comme des "jokers" et peuvent avoir des conséquences importantes sur la dynamique mondiale. Au cours du processus de planification des scénarios, il est essentiel d'impliquer diverses perspectives et expertises afin d'améliorer la robustesse et l'exhaustivité de l'analyse. L'engagement d'une équipe pluridisciplinaire composée d'experts dans des domaines tels que la géopolitique, l'économie, la technologie et les sciences de l'environnement peut fournir une compréhension holistique des développements futurs potentiels. La planification de scénarios devrait être un processus itératif et adaptatif, intégrant en permanence de nouvelles données et connaissances pour affiner et mettre à jour les scénarios envisagés. En adoptant une telle approche dynamique, les organisations et les décideurs politiques peuvent rester agiles et réactifs face aux nouveaux défis et opportunités. En fin de compte, la planification de scénarios est un outil précieux pour naviguer dans l'incertitude et donne aux décideurs la prévoyance et la préparation nécessaires pour prospérer dans un monde de plus en plus complexe et interconnecté.

Les mutations du pouvoir mondial : Le monde multipolaire

Le concept de monde multipolaire fait référence à un paysage géopolitique mondial caractérisé par la présence de multiples centres de pouvoir. This represents a departure from the historical dominance of a single superpower or bipolar dynamics that defined much of the 20th century. Au XXIe siècle, l'émergence de nouvelles forces économiques et politiques a contribué à la décentralisation de l'influence mondiale, créant une structure de pouvoir plus complexe et interconnectée. Alors que les puissances traditionnelles telles que les États-Unis et l'Union européenne se disputent la place aux côtés de puissances montantes telles que la Chine, l'Inde et la Russie, la répartition du pouvoir est en train de subir une reconfiguration significative. Les implications de ce changement sont considérables et ont des effets profonds sur les relations internationales, la dynamique de la sécurité et la gouvernance mondiale. L'une des principales caractéristiques d'un monde multipolaire est la diversification des alliances et des partenariats stratégiques. Les nations cherchent de plus en plus à cultiver des relations avec un plus grand nombre d'acteurs afin de garantir leurs intérêts dans ce paysage en évolution. Cela a conduit à la prolifération de groupements régionaux et de forums multilatéraux, chacun rivalisant d'influence et tentant de façonner le nouvel ordre mondial. Parallèlement, la concurrence entre les grandes puissances s'est intensifiée dans divers domaines, notamment le commerce, la technologie et la sécurité. L'interaction d'intérêts et de valeurs divergents a donné lieu à des complexités diplomatiques et à des rivalités stratégiques, rendant la gestion des affaires internationales plus difficile.

Le monde multipolaire présente à la fois des opportunités et des risques pour les États de petite et moyenne taille. S'il leur offre une plus grande marge de manœuvre et la possibilité de diversifier leurs partenariats, il les expose également à des tensions géopolitiques accrues et au risque d'être entraînés dans des conflits entre grandes puissances. La reconfiguration de la dynamique du pouvoir a des répercussions sur les institutions et les normes mondiales. Les cadres établis de coopération et de gouvernance internationales sont mis à l'épreuve alors qu'ils tentent de répondre aux intérêts et aux demandes d'un ensemble d'acteurs de plus en plus diversifié. La réforme et l'adaptation de ces institutions à la réalité multipolaire seront cruciales pour maintenir la stabilité et favoriser une collaboration mondiale efficace. Alors que le monde multipolaire continue d'évoluer, la navigation dans les complexités de ce nouveau paradigme nécessitera des manœuvres diplomatiques astucieuses, un engagement proactif et un engagement en faveur du multilatéralisme. Il est essentiel pour les décideurs politiques, les entreprises et la société civile de comprendre les nuances des changements de pouvoir au niveau mondial et leurs implications afin d'agir efficacement dans cet environnement dynamique.

Les avancées technologiques et leur impact mondial

Le XXIe siècle a connu un rythme sans précédent de progrès technologiques, révolutionnant notre façon de vivre, de travailler et d'interagir à l'échelle mondiale. De la prolifération de l'intelligence artificielle et de l'apprentissage automatique au développement rapide de l'informatique quantique et de la biotechnologie, ces avancées ont de profondes implications pour l'avenir de l'ordre mondial. L'intégration des technologies de pointe dans divers secteurs, tels que les soins de santé, les transports, la communication et la fabrication, a non seulement amélioré l'efficacité et la productivité, mais a également posé des défis complexes en termes de protection de la vie privée, de sécurité et d'éthique. La dépendance croissante à l'égard de l'infrastructure numérique a remodelé le paysage géopolitique, la cyberguerre et la manipulation de l'information devenant des menaces courantes. Cette transformation numérique a créé à la fois des opportunités et des vulnérabilités pour les nations du monde entier.

L'impact global des avancées technologiques va au-delà de la prospérité économique et du développement sociétal. Alors que la technologie continue d'évoluer et de perturber les industries traditionnelles, il est impératif d'aborder les questions liées au déplacement des emplois, à l'amélioration des compétences et à la fracture numérique. L'interconnexion facilitée par les plateformes numériques a donné naissance à de nouveaux modes de collaboration et de concurrence internationales. La course à la domination technologique, en particulier dans des domaines émergents tels que les réseaux 5G et les véhicules autonomes, est devenue un point central qui façonne la dynamique géopolitique et influence les modèles commerciaux mondiaux. Les avancées dans le domaine des technologies environnementales et des solutions d'énergie renouvelable jouent un rôle crucial dans la lutte contre le changement climatique et la réalisation des objectifs de développement durable, offrant des voies vers un monde plus équilibré et plus résilient.

Dans le domaine de la gouvernance et de l'élaboration des politiques, les dimensions éthiques et réglementaires de l'innovation technologique sont devenues des considérations essentielles. Trouver un équilibre entre la poursuite de l'innovation et les cadres éthiques et juridiques représente un formidable défi pour les décideurs politiques. Des questions telles que la confidentialité des données, les biais algorithmiques et la militarisation de la technologie soulignent la nécessité d'une coopération internationale solide et de normes harmonisées. Les dilemmes éthiques posés par les percées dans le domaine du génie génétique, de l'intelligence artificielle et des technologies de surveillance nécessitent des dialogues délibérés et inclusifs entre les gouvernements, les chefs d'entreprise et la société civile.

En fin de compte, le potentiel de transformation des avancées technologiques a redéfini les contours du pouvoir et de l'influence dans l'arène mondiale. Alors que les nations naviguent dans les complexités d'un monde dominé par la technologie, la prévoyance stratégique et la gestion collaborative sont essentielles pour exploiter les avantages tout en atténuant les risques. L'adoption d'une innovation responsable et la promotion du dialogue international peuvent ouvrir la voie à un ordre mondial plus équitable et plus inclusif, où le progrès technologique devient une force pour l'émancipation humaine et la prospérité collective.

Prévisions économiques : Commerce, marchés et innovation

Dans le paysage en constante évolution de l'économie mondiale, l'interaction entre le commerce, les marchés et l'innovation est devenue de plus en plus complexe et influente. C'est pourquoi il est essentiel d'analyser les prévisions économiques qui façonnent l'avenir des relations transatlantiques. La dynamique commerciale entre les États-Unis et l'UE continue d'être au cœur de leur fortune économique, les négociations sur les droits de douane, l'accès au marché et l'alignement réglementaire influençant la stabilité et les perspectives de croissance des deux parties. L'émergence de nouveaux acteurs sur le marché mondial, en particulier en Asie, a modifié les flux commerciaux traditionnels et les schémas d'investissement, posant à la fois des défis et des opportunités pour les économies occidentales. Les changements géopolitiques, tels que l'initiative "la Ceinture et la Route", ont également remodelé la carte du commerce, exigeant une réponse stratégique de la part des puissances économiques établies. Au milieu de ces changements, l'innovation technologique est un moteur essentiel de la transformation économique. La croissance exponentielle des technologies numériques, de l'intelligence artificielle et de l'automatisation a révolutionné les processus de production, les chaînes d'approvisionnement et le comportement des consommateurs, ouvrant de nouvelles voies à l'expansion et à la perturbation économiques. L'essor de l'économie numérique a brouillé les frontières des industries traditionnelles et redéfini la compétitivité mondiale. Dans le même temps, elle a soulevé des questions pertinentes sur la confidentialité des données, la cybersécurité et les implications éthiques des avancées technologiques, qui nécessitent un examen attentif lors de la formulation des futures politiques économiques. L'innovation, tant en termes de développement de produits que de modèles d'entreprise, est devenue un facteur de différenciation essentiel sur le marché mondial. Il est donc impératif de favoriser un environnement propice aux initiatives entrepreneuriales, à la recherche et au développement, ainsi qu'à la collaboration intersectorielle, afin de conserver un avantage concurrentiel et de stimuler une croissance économique soutenue.

Changement climatique et défis environnementaux

Le changement climatique et les défis environnementaux sont devenus des facteurs critiques qui façonnent le paysage mondial. La fréquence croissante des phénomènes météorologiques extrêmes, l'élévation du niveau des mers et la perte de biodiversité constituent des menaces importantes pour les écosystèmes, les économies et le bien-être humain. Pour relever ces défis, il faut adopter une approche à multiples facettes qui englobe les actions politiques, l'innovation technologique et la coopération internationale.

Au cœur du problème du changement climatique se trouve la nécessité pressante de réduire les émissions de gaz à effet de serre et de passer à des sources d'énergie durables. Les pays et les industries reconnaissent de plus en plus les avantages économiques et sociaux liés à l'adoption de technologies énergétiques propres et à la mise en œuvre de pratiques neutres en carbone. Cette évolution offre non seulement des opportunités aux entreprises et aux investisseurs, mais contribue également à atténuer les effets néfastes du changement climatique.

La durabilité environnementale est étroitement liée à des considérations géopolitiques plus larges. La concurrence pour l'accès aux ressources naturelles, telles que l'eau et les terres arables , est susceptible d'exacerber les tensions et les conflits régionaux. Il est essentiel que les décideurs politiques développent des stratégies qui favorisent la conservation des ressources, leur distribution équitable et leur gestion coopérative afin d'éviter une plus grande déstabilisation des régions vulnérables.

Outre les efforts d'atténuation, il est impératif de s'adapter aux effets du changement climatique. Les communautés du monde entier subissent déjà des perturbations au niveau de l'agriculture, de l'approvisionnement en eau et des infrastructures en raison de l'évolution du climat. Investir dans des infrastructures résilientes, dans la préparation aux catastrophes et dans des solutions basées sur la nature peut améliorer la capacité des sociétés à résister aux chocs environnementaux et à s'en remettre.

La communauté internationale joue un rôle central dans la lutte contre le changement climatique par le biais d'accords et d'initiatives de collaboration. L'Accord de Paris, bien que confronté à des défis, reste un cadre important pour l'action climatique mondiale. Cependant, des efforts concertés sont nécessaires pour garantir que des objectifs ambitieux soient atteints et que les nations vulnérables reçoivent un soutien adéquat pour l'adaptation et le renforcement des capacités.

La technologie et l'innovation sont des moteurs essentiels dans la lutte contre le changement climatique. Les progrès réalisés dans les domaines des énergies renouvelables, du captage et du stockage du carbone et de l'agriculture durable offrent des solutions prometteuses pour réduire les émissions et favoriser la durabilité environnementale. L'exploitation des données massives (big data), de l'intelligence artificielle et de la modélisation prédictive peut améliorer notre compréhension des processus environnementaux et permettre des interventions politiques plus efficaces.

En fin de compte, la lutte contre le changement climatique et les défis environnementaux exige un leadership proactif, une responsabilité partagée et une vision à long terme. En adoptant des pratiques durables, en encourageant l'innovation verte et en donnant la priorité à la gestion de l'environnement, la communauté mondiale peut s'orienter vers un avenir plus résilient et à faible émission de carbone.

Conflits régionaux et perspectives de consolidation de la paix

Dans le paysage complexe des relations transatlantiques et de l'ordre mondial au sens large, les conflits régionaux continuent de poser des défis importants à la stabilité et à la sécurité. Qu'il s'agisse du conflit actuel au Moyen-Orient ou des tensions en Europe de l'Est et en Asie, ces conflits exigent une analyse minutieuse et des approches nuancées en matière de consolidation de la paix. Notre attention se concentre sur la dynamique complexe des conflits régionaux pour évaluer les perspectives de stratégies efficaces de consolidation de la paix.

Le Moyen-Orient est au cœur des conflits régionaux, les différends de longue date et les luttes de pouvoir contribuant à une instabilité persistante. La montée en puissance des acteurs non étatiques et des guerres par procuration complique encore les efforts de résolution pacifique. Les rivalités régionales se sont intensifiées, ce qui a des répercussions sur la sécurité énergétique et l'équilibre géopolitique général. Dans ce contexte, il est essentiel de comprendre les dimensions historiques, culturelles et religieuses des conflits pour formuler des initiatives durables de consolidation de la paix.

En Europe de l'Est, le conflit en Ukraine et ses répercussions soulignent la complexité des différends régionaux. La lutte pour le contrôle territorial, associée à des animosités historiques et à des influences extérieures, a mis à rude épreuve les efforts diplomatiques et exacerbé les tensions militaires. Il est primordial d'explorer les voies de la désescalade et de la réconciliation pour favoriser une tranquillité durable dans la région.

En ce qui concerne l'Asie, les différends territoriaux et les désaccords maritimes ont engendré des frictions régionales persistantes, en particulier dans la mer de Chine méridionale. La lutte pour l'influence stratégique et l'accès aux ressources vitales a précipité les confrontations entre les puissances régionales, nécessitant une diplomatie vigilante et des cadres d'atténuation des conflits. Les préoccupations liées à la prolifération nucléaire dans la péninsule coréenne accentuent encore l'urgence de mettre en place des mécanismes efficaces de consolidation de la paix dans la région.

Dans l'évaluation des perspectives de consolidation de la paix, le rôle des institutions et des alliances internationales apparaît comme essentiel. L'expertise et les ressources d'organisations telles que les Nations Unies, l'Union européenne et l'OTAN peuvent soutenir les efforts de maintien de la paix et de résolution des conflits. De même, la collaboration entre les partenaires transatlantiques pour soutenir les efforts de médiation régionaux et les initiatives de renforcement des capacités est primordiale.

Il est essentiel d'accorder la priorité à l'inclusion et au dialogue au niveau local pour favoriser des processus de paix durables. L'engagement des organisations de la société civile, des dirigeants locaux et des communautés concernées dans les régions touchées par les conflits favorise l'appropriation des initiatives de consolidation de la paix et cultive une résilience durable contre la résurgence de la violence.

Alors que le monde navigue dans un avenir incertain, le traitement proactif des conflits régionaux et la promotion des perspectives de consolidation de la paix restent des éléments essentiels de la sécurité et de la coopération mondiales. En reconnaissant les multiples facettes de ces conflits et en investissant dans des approches holistiques et multilatérales, la communauté transatlantique peut contribuer à des avancées significatives vers une paix et une stabilité durables dans les régions instables.

Le rôle des institutions et des alliances internationales

Les institutions et les alliances internationales jouent un rôle central dans le façonnement du paysage géopolitique mondial, en servant de mécanismes essentiels pour favoriser la coopération, résoudre les conflits et faire progresser les objectifs communs. Ces entités contribuent au maintien de la stabilité et à la promotion de la paix en offrant des voies de dialogue, de négociation et de recherche de consensus entre les nations.

L'une des institutions internationales les plus importantes est l'Organisation des Nations unies (ONU), qui sert de plateforme aux États membres pour aborder un large éventail de questions mondiales, allant de la sécurité et des droits de l'homme au développement économique et à la protection de l'environnement. Le Conseil de sécurité des Nations unies, qui a pour mandat de maintenir la paix et la sécurité internationales, joue un rôle crucial dans la réponse aux conflits et aux crises dans le monde, en mobilisant les efforts diplomatiques et, le cas échéant, en autorisant des opérations de maintien de la paix.

Outre les Nations unies, des organisations régionales telles que l'Union européenne (UE), l'Union africaine (UA) et l'Association des nations de l'Asie du Sud-Est (ANASE) contribuent de manière significative à la stabilité et à l'intégration régionales. Ces blocs servent de forums pour la coopération politique, l'intégration économique et la résolution des conflits, offrant aux États membres la possibilité de relever collectivement des défis communs tout en défendant des valeurs et des principes communs.

Les alliances internationales, telles que l'Organisation du traité de l'Atlantique Nord (OTAN) et l'Organisation du traité de sécurité collective (OTSC), sont essentielles pour assurer la défense collective et dissuader les agressions. Ces alliances renforcent la coopération militaire et l'interopérabilité entre les États membres, améliorant ainsi leur capacité à faire face aux menaces et aux défis sécuritaires qui dépassent les frontières nationales.

Les institutions économiques multilatérales telles que l'Organisation mondiale du commerce (OMC), le Fonds monétaire international (FMI) et la Banque mondiale jouent un rôle essentiel dans la promotion de la stabilité économique mondiale, de la libéralisation du commerce et de l'aide au développement. Ces organisations facilitent les négociations sur les accords commerciaux, apportent un soutien financier aux pays confrontés à des difficultés économiques et encouragent les initiatives de développement durable dans le monde entier.

L'efficacité des institutions et des alliances internationales réside dans leur capacité à favoriser la confiance, la coopération et la solidarité entre diverses nations. En créant des plateformes de dialogue, de collaboration et d'action commune, ces entités contribuent à l'établissement de normes, de règles et de réglementations qui régissent le comportement et les interactions des États au niveau international. Elles constituent des outils essentiels pour la prévention des conflits, la médiation et la reconstruction post-conflit, contribuant à atténuer l'impact des différends régionaux et des crises humanitaires.

Alors que le monde continue de se débattre avec des défis complexes tels que le changement climatique, les menaces de cybersécurité et les crises sanitaires mondiales, le rôle des institutions et des alliances internationales devient de plus en plus indispensable. Le renforcement de l'efficacité et de la légitimité de ces entités nécessite un engagement continu de la part des États membres, des réformes stratégiques visant à améliorer leurs capacités opérationnelles et une réaffirmation des principes du multilatéralisme et de la sécurité collective.

Opinion publique et influence sur les politiques mondiales

L'opinion publique joue un rôle crucial dans l'orientation des politiques mondiales et des relations internationales. Dans un monde interconnecté, l'opinion publique d'un pays peut avoir des répercussions au-delà des frontières, influençant les décisions diplomatiques, les accords commerciaux et même les interventions militaires. Comprendre la dynamique de l'opinion publique et son impact sur les politiques mondiales est essentiel pour les décideurs politiques, les diplomates et les dirigeants qui naviguent dans des paysages géopolitiques complexes. L'opinion publique peut être façonnée par une myriade de facteurs, notamment la couverture médiatique, les récits culturels, les conditions économiques et les expériences historiques. En analysant ces influences, les décideurs politiques peuvent se faire une idée des sentiments et des préférences des différentes populations, ce qui leur permet de prendre des décisions plus éclairées.

L'opinion publique sert souvent de baromètre pour la légitimité des gouvernements et de leurs actions sur la scène internationale. Un gouvernement qui ignore ou rejette l'opinion publique risque de provoquer des troubles intérieurs et de perdre sa crédibilité sur la scène internationale. L'essor des médias sociaux et des plate-formes numériques a démocratisé la diffusion de l'information et permis un discours public à l'échelle mondiale. Cela a permis aux individus et aux mouvements de base d'amplifier leur voix et de demander des comptes aux dirigeants et aux institutions. Dans le monde interconnecté d'aujourd'hui, l'opinion publique transcende les frontières nationales, ce qui donne lieu à des mouvements et des collaborations transnationaux. Par exemple, les campagnes mondiales sur le changement climatique, les droits de l'homme et les interventions humanitaires ont mobilisé des millions d'individus pour plaider en faveur du changement au niveau international. L'influence de l'opinion publique sur les politiques mondiales présente à la fois des opportunités et des défis. D'une part, les décideurs politiques peuvent exploiter le soutien du public pour promouvoir des valeurs partagées et une action collective sur les questions mondiales. D'autre part, les décideurs politiques doivent également composer avec des perspectives divergentes et des intérêts conflictuels au sein de populations diverses. L'équilibre entre les opinions publiques concurrentes de différents pays exige une diplomatie astucieuse et une communication stratégique.

L'opinion publique n'est pas statique ; elle peut évoluer en réponse à de nouvelles informations, à de nouveaux événements et à des changements sociétaux. C'est pourquoi il est essentiel d'être en permanence à l'écoute de l'opinion publique pour conserver sa légitimité et sa pertinence sur la scène internationale. Les décideurs politiques doivent donc adapter leurs stratégies pour répondre à l'évolution des sentiments du public et communiquer efficacement leurs priorités et leurs objectifs. En fin de compte, il est essentiel de comprendre et d'intégrer l'opinion publique dans la formulation des politiques mondiales afin de favoriser des approches inclusives, réactives et durables pour relever les défis mondiaux et promouvoir la coopération internationale.

Conclusion : Stratégies pour faire face à l'imprévisibilité

Pour naviguer dans un ordre mondial imprévisible, il faut adopter une approche à multiples facettes qui tienne compte de la complexité et de l'interconnexion des questions mondiales. Comme nous l'avons exploré dans cet ouvrage, l'opinion publique joue un rôle crucial dans l'élaboration des politiques et l'influence sur les relations internationales. Toutefois, elle n'est pas la seule à déterminer l'orientation de la gouvernance et de la prise de décision au niveau mondial. En conclusion, il est impératif d'envisager diverses stratégies pour faire face à l'imprévisibilité sur la scène internationale. L'une de ces stratégies consiste à favoriser un dialogue et une coopération constructifs entre les différentes parties prenantes, notamment les gouvernements, les organisations non gouvernementales, les entreprises et la société civile. En encourageant des discussions inclusives et transparentes, il devient possible de dégager un consensus sur les principaux défis et de concevoir des solutions efficaces. Une autre stratégie essentielle consiste à adopter la flexibilité et l'adaptabilité dans la diplomatie et la politique étrangère. Compte tenu de la rapidité des changements et de l'émergence de nouvelles dynamiques géopolitiques, les pays doivent être prêts à ajuster leurs approches et leurs stratégies en fonction de l'évolution de la situation. Cette capacité d'adaptation s'étend également à l'exploitation des avancées technologiques et de l'innovation pour relever les défis mondiaux. L'adoption de la diplomatie numérique, l'exploitation du potentiel de l'intelligence artificielle et de l'analyse des données de masse, et l'investissement dans les technologies durables peuvent conduire à des réponses plus agiles et plus efficaces face à l'ordre mondial incertain.

L'amélioration du multilatéralisme et le renforcement des institutions internationales restent essentiels pour gérer l'imprévisibilité. Les efforts de collaboration déployés par des organisations telles que les Nations unies, l'Organisation mondiale du commerce et les organismes régionaux permettent une action collective et fournissent des cadres pour résoudre les différends et atténuer les conflits. L'établissement de partenariats et d'alliances stratégiques avec des nations partageant les mêmes idées contribue également à renforcer la résilience et la stabilité dans un contexte d'incertitude.

La gestion proactive des risques et la planification de scénarios sont des outils indispensables pour anticiper les perturbations potentielles et s'y préparer. En procédant à des évaluations approfondies de divers scénarios futurs et en identifiant les risques et les opportunités potentiels, les décideurs politiques et les parties prenantes peuvent mieux se positionner pour répondre à des développements inattendus. Enfin, la promotion d'une culture de l'empathie, de la compréhension et du respect dans les relations internationales est essentielle pour atténuer les tensions et favoriser la paix. La diplomatie fondée sur l'empathie, qui cherche à comprendre les différentes perspectives et à donner la priorité à la sécurité humaine, peut combler les fossés et faciliter les efforts de coopération. En substance, la navigation dans un ordre mondial imprévisible exige une approche holistique et dynamique qui intègre diverses stratégies et embrasse les impératifs de la collaboration, de l'adaptabilité et de la prévoyance.

18
Études de cas
La guerre en Ukraine et la sécurité énergétique

Introduction au conflit : Un bref contexte historique

Le conflit en Ukraine est profondément ancré dans des événements historiques qui ont façonné le paysage géopolitique de l'Europe de l'Est. Pour comprendre les tensions actuelles, il est impératif de remonter aux principaux tournants et développements qui ont conduit à l'éclatement du conflit. La dissolution de l'Union soviétique en 1991, qui a marqué le début de l'indépendance de l'Ukraine, est l'un de ces événements cruciaux. La lutte qui s'en est suivie pour définir son identité nationale et son orientation vers l'Occident ou la Russie a jeté les bases des complexités qui ont suivi. Un autre facteur essentiel a été la révolution orange de 2004, une série de manifestations déclenchées par des allégations de fraude électorale, qui a mis en lumière les profondes divisions au sein de la société et de la politique ukrainiennes. Ces événements ont servi de précurseurs à l'éventuelle impasse entre les factions pro-européennes et pro-russes du pays.

L'annexion de la Crimée par la Russie en 2014 et le conflit qui s'en est suivi dans l'est de l'Ukraine ont démontré l'intensification des rivalités géopolitiques et des luttes de pouvoir dans la région. Le contexte historique des relations de l'Ukraine avec la Russie, ainsi que ses aspirations à des liens plus étroits avec l'Union européenne, ont contribué à façonner les dynamiques qui continuent d'influencer le conflit. Avec une histoire riche, entremêlée de manœuvres géopolitiques et d'intérêts nationaux conflictuels, les complexités du conflit ukrainien reflètent un récit plus large de luttes de pouvoir et d'héritages historiques dans la région.

Importance géopolitique : Le rôle de l'Ukraine dans la dynamique mondiale du pouvoir

Située au carrefour de l'Europe et de l'Asie, l'Ukraine est depuis longtemps au centre des rivalités géopolitiques et des intérêts stratégiques. Son histoire complexe, la diversité de sa population et sa position géostratégique en ont fait un pivot dans la dynamique du pouvoir mondial, façonnant les relations entre les grandes puissances et les acteurs régionaux. L'importance du pays tient à diverses dimensions géopolitiques, économiques et sécuritaires, chacune influençant le réseau complexe des relations internationales. Sur le plan géopolitique, la position de l'Ukraine en tant qu'État tampon entre la Russie et l'Europe en a fait historiquement un champ de bataille pour l'influence et le contrôle. La lutte pour la domination de l'Ukraine n'est pas seulement le reflet de luttes de pouvoir, elle se répercute également sur des dynamiques mondiales plus larges, en ayant un impact sur les alliances, les cadres de sécurité et les politiques énergétiques. Les ports ukrainiens de la mer Noire ont contribué à projeter le pouvoir et l'influence au-delà de la région, ajoutant une dimension maritime à son importance. Sur le plan économique, les vastes ressources naturelles, le potentiel agricole et la capacité industrielle de l'Ukraine en font une destination attrayante pour les puissances concurrentes qui cherchent à renforcer leur influence économique et leur sécurité énergétique.

Le rôle de l'Ukraine en tant que pays de transit pour les exportations d'énergie de la Russie vers l'Europe amplifie encore son importance économique. Les défis internes et l'instabilité politique du pays ont amplifié l'impact de l'implication extérieure, exposant la vulnérabilité de ses institutions et exacerbant les lignes de fracture existantes. L'évolution des relations de l'Ukraine avec l'Union européenne et ses efforts pour s'aligner sur les normes et les valeurs occidentales ont accru les enjeux pour Moscou et les capitales occidentales, faisant de l'Ukraine un champ de bataille symbolique pour des idéologies et des sphères d'influence concurrentes. Cette interaction complexe d'intérêts géopolitiques, économiques et stratégiques souligne le rôle central de l'Ukraine dans la dynamique du pouvoir mondial, d'où la nécessité pour les décideurs et les analystes de suivre de près et de comprendre les implications des développements dans le pays.

Les acteurs clés : Analyse des intérêts des États-Unis, de l'UE et de la Russie

Le conflit ukrainien est devenu une arène critique pour l'interaction des intérêts et des stratégies des principaux acteurs mondiaux, notamment les États-Unis, l'Union européenne et la Russie. Les États-Unis ont tout intérêt à soutenir la souveraineté et l'intégrité territoriale de l'Ukraine, qu'ils considèrent comme un champ de bataille crucial dans la lutte d'influence en Europe de l'Est. Les États-Unis cherchent à contrebalancer la domination régionale de la Russie et à maintenir leurs partenariats stratégiques avec les pays d'Europe de l'Est. L'Union européenne, quant à elle, s'est engagée à promouvoir la stabilité et la démocratie dans son voisinage, considérant la crise ukrainienne comme un test de sa capacité à affirmer son influence dans la région.

L'UE est confrontée à des défis économiques découlant du conflit en raison de sa dépendance à l'égard des approvisionnements en gaz russe, ce qui suscite des inquiétudes quant à la sécurité énergétique et aux vulnérabilités géopolitiques. De son côté, la Russie considère que l'Ukraine fait partie intégrante de sa sphère d'influence, tant sur le plan historique que stratégique, et cherche à empêcher son alignement sur les puissances occidentales. La Russie considère également l'Ukraine comme une zone tampon vitale pour sa propre sécurité et comme un moyen d'exercer une influence sur les affaires de l'Europe de l'Est. Le conflit sert de levier à la Russie dans ses négociations avec l'UE sur les politiques énergétiques et les gazoducs, renforçant ainsi sa position de principal fournisseur d'énergie de l'Europe. Le conflit d'intérêts et les manœuvres géopolitiques de ces acteurs clés illustrent l'interaction complexe des dynamiques politiques, économiques et sécuritaires dans le contexte du conflit ukrainien, qui a un impact non seulement sur la stabilité régionale, mais aussi sur la dynamique du pouvoir mondial.

Dépendances énergétiques : La dépendance de l'Europe à l'égard du gaz russe

Le paysage énergétique de l'Europe est depuis longtemps façonné par sa dépendance au gaz russe, en particulier dans le contexte des tensions géopolitiques actuelles avec la Russie. Les États membres de l'Union européenne (UE) dépendent fortement du gaz naturel pour répondre à leurs besoins énergétiques, et la Russie est un fournisseur prédominant de cette ressource cruciale. Cette dépendance a des conséquences importantes sur la sécurité énergétique et la dynamique géopolitique de la région.

La proximité géographique de la Russie avec l'Europe en fait une source de gaz naturel pratique et rentable pour de nombreux pays européens. Toutefois, cette étroite interdépendance énergétique expose également l'Europe à d'éventuelles ruptures d'approvisionnement et à des pressions politiques de la part de la Russie. Les différends gaziers entre la Russie et l'Ukraine, qui ont entraîné l'interruption du transit du gaz vers les pays européens, rappellent brutalement les vulnérabilités associées à une dépendance excessive à l'égard du gaz russe.

Les relations commerciales entre l'Europe et la Russie dans le domaine de l'énergie n'ont pas été exemptes de manœuvres géopolitiques et de tactiques coercitives. La Russie a utilisé sa position de premier fournisseur de gaz pour poursuivre ses intérêts stratégiques, utilisant souvent l'énergie comme un outil pour exercer une influence et faire avancer ses objectifs de politique étrangère. Cette situation a suscité des inquiétudes au sein de l'UE quant à l'exploitation potentielle de la dépendance énergétique à des fins géopolitiques et à la nécessité de diversifier les sources d'énergie.

Ces dernières années, les initiatives visant à réduire la dépendance de l'Europe à l'égard du gaz russe ont pris de l'ampleur. Les efforts visant à diversifier les approvisionnements énergétiques comprennent des investissements dans des terminaux de gaz naturel liquéfié (GNL), des interconnexions de gazoducs et la promotion de sources d'énergie renouvelables. L'UE a également cherché à renforcer la coopération avec d'autres pays producteurs de gaz et à explorer d'autres voies de transit afin de réduire la dépendance à l'égard des corridors gaziers russes traditionnels.

La recherche de la diversification énergétique est sous-tendue par l'objectif plus large de renforcer la sécurité énergétique et de se prémunir contre d'éventuelles ruptures d'approvisionnement ou pressions géopolitiques. L'examen minutieux des contrats énergétiques, du développement des infrastructures et des cadres réglementaires est devenu essentiel pour atténuer les vulnérabilités découlant d'une dépendance excessive à l'égard du gaz russe. La promotion d'un marché de l'énergie compétitif et transparent au sein de l'UE est considérée comme cruciale pour réduire la vulnérabilité aux manipulations extérieures et faire en sorte que la sécurité énergétique reste une priorité absolue.

Pour faire face aux dépendances énergétiques de l'Europe dans le contexte du gaz russe, il est nécessaire d'adopter une approche à multiples facettes englobant la diplomatie, l'investissement et les cadres politiques. Il est primordial de parvenir à un bouquet énergétique plus équilibré et plus résistant pour renforcer la sécurité énergétique du continent et l'isoler des pressions extérieures. Alors que la recherche de sources d'énergie diversifiées progresse, l'objectif principal reste de renforcer la résilience de l'Europe tout en maintenant un accès stable et durable à l'énergie pour ses citoyens et ses industries.

Réponses stratégiques : Les sanctions et leur impact

L'imposition de sanctions a été une réponse stratégique majeure au conflit en Ukraine et à la question plus large de la sécurité énergétique. Les États-Unis et l'Union européenne ont utilisé les sanctions économiques comme moyen de pression sur la Russie en réponse à ses actions en Ukraine. Ces sanctions ont ciblé des secteurs clés de l'économie russe, notamment la finance, l'énergie et la défense, dans le but de dissuader toute nouvelle agression et de promouvoir l'adhésion aux normes et accords internationaux. L'impact de ces sanctions a été multiple. Sur le plan économique, elles ont contribué à ralentir la croissance de la Russie, à perturber les flux d'investissement et à limiter l'accès aux marchés financiers internationaux. Les sanctions ont mis à rude épreuve le secteur énergétique de la Russie, affectant sa capacité à développer ses ressources en pétrole et en gaz et à s'engager dans des projets d'infrastructure énergétique cruciaux. D'un point de vue diplomatique, les sanctions ont servi à démontrer la détermination et l'unité des alliés occidentaux, signalant une position collective contre les violations de la souveraineté et de l'intégrité territoriale. Cependant, l'efficacité des sanctions à atteindre les résultats politiques escomptés reste un sujet de débat. Si elles ont indubitablement infligé une souffrance économique à la Russie, elles n'ont pas conduit à un changement fondamental de ses politiques à l'égard de l'Ukraine ni modifié ses objectifs stratégiques.

Les sanctions ont incité les autorités russes à explorer d'autres possibilités de commerce , de partenariat et d'investissement, diversifiant ainsi leurs liens économiques en dehors des marchés occidentaux. Cette diversification a posé des problèmes géopolitiques à l'Occident, car elle a compliqué les efforts visant à maintenir un front uni dans l'imposition et l'application des sanctions. L'impact des sanctions sur les économies européennes ne peut être négligé. L'interconnexion des marchés mondiaux signifie que les mesures visant la Russie se répercutent également en Europe, affectant les industries, les entreprises et les relations commerciales. L'efficacité et les implications des sanctions doivent donc faire l'objet d'une analyse minutieuse, qui tienne compte à la fois des conséquences voulues et des effets d'entraînement involontaires. À l'avenir, le calibrage stratégique des sanctions, associé à l'engagement diplomatique et aux initiatives de diversification énergétique, restera au cœur des efforts transatlantiques visant à répondre à la dynamique complexe entourant la guerre en Ukraine et la sécurité énergétique.

Solutions énergétiques alternatives : Efforts de diversification en Europe

En réponse aux problèmes de sécurité énergétique posés par sa dépendance au gaz russe, l'Europe s'est lancée dans de vastes efforts de diversification afin de réduire sa vulnérabilité et d'améliorer sa résilience. L'une des principales initiatives est le corridor gazier sud, qui vise à acheminer le gaz de la Caspienne vers l'Europe via les gazoducs du corridor gazier sud. Ce projet, qui comprend le gazoduc transadriatique (TAP) et le gazoduc transanatolien (TANAP), vise à réduire la dépendance de l'Europe à l'égard du gaz russe en lui fournissant une autre source de gaz naturel. Le développement de terminaux de gaz naturel liquéfié (GNL) à travers l'Europe a facilité l'importation de GNL en provenance d'une série de fournisseurs mondiaux, réduisant ainsi la dépendance à l'égard d'une source unique. L'accent mis sur les sources d'énergie renouvelables a également joué un rôle essentiel dans la diversification du bouquet énergétique de l'Europe. Des pays comme l'Allemagne ont réalisé d'importants investissements dans l'énergie solaire et éolienne, afin de réduire leur dépendance à l'égard des combustibles fossiles traditionnels.

Les interconnexions et les améliorations des infrastructures ont renforcé la capacité de transport transfrontalier de l'énergie, favorisant ainsi une plus grande flexibilité et une meilleure intégration au sein du marché européen de l'énergie. Le soutien de l'Union européenne à ces initiatives par le biais de financements et de cadres réglementaires souligne son engagement en faveur de la diversification énergétique. Si les solutions énergétiques alternatives sont prometteuses, elles présentent également certains défis. Par exemple, la nature intermittente des sources renouvelables nécessite des systèmes de stockage et de sauvegarde efficaces pour garantir un approvisionnement énergétique stable.

Les coûts initiaux de développement des infrastructures et de déploiement des technologies peuvent être considérables, ce qui nécessite des investissements et une planification à long terme. Les considérations géopolitiques et les intérêts concurrents des pays européens et des fournisseurs d'énergie extérieurs peuvent compliquer la mise en œuvre des projets de diversification. Compte tenu de ces complexités, les efforts de collaboration entre l'UE, les États membres et les partenaires transatlantiques sont essentiels pour favoriser la réussite des stratégies de diversification. En tirant parti de l'innovation technologique, de l'alignement des réglementations et de la coordination des investissements, l'Europe peut continuer à élargir son portefeuille de sources d'énergie et atténuer les risques associés à la dépendance vis-à-vis d'un seul fournisseur. À mesure que la diversification énergétique évolue, il est impératif d'évaluer les implications économiques, environnementales et géopolitiques des solutions énergétiques alternatives, afin de s'assurer que la sécurité énergétique de l'Europe reste une priorité absolue face à l'évolution de la dynamique mondiale.

Coopération transatlantique : Stratégies communes pour la sécurité énergétique

Alors que le spectre de l'insécurité énergétique plane sur l'Europe, la coopération transatlantique devient de plus en plus cruciale pour relever ce défi complexe. La sécurité énergétique n'est pas seulement une question de stabilité économique ; elle est inexorablement liée à la stabilité géopolitique et à la défense nationale. Conscients de l'interdépendance de leurs systèmes énergétiques, les États-Unis et l'Union européenne doivent élaborer des stratégies communes pour atténuer les vulnérabilités découlant de la dépendance à l'égard de sources d'énergie extérieures.

L'un des aspects fondamentaux de la coopération transatlantique en matière de renforcement de la sécurité énergétique concerne la diversification des voies et des sources d'approvisionnement en énergie. Le développement d'infrastructures énergétiques alternatives, telles que les terminaux de gaz naturel liquéfié (GNL) et les gazoducs, peut réduire la vulnérabilité de l'Europe aux perturbations de l'approvisionnement en gaz. Les investissements conjoints dans les projets d'énergie renouvelable et les technologies de pointe sont également prometteurs pour réduire la dépendance du continent à l'égard des combustibles fossiles provenant de régions potentiellement instables.

Il est impératif d'harmoniser les politiques énergétiques et les cadres réglementaires de part et d'autre de l'Atlantique afin de faciliter l'efficacité des échanges d'énergie et de promouvoir la concurrence sur le marché. Une coopération plus étroite en matière de gouvernance énergétique peut contribuer à optimiser l'allocation des ressources, à encourager l'innovation et à garantir un accès équitable aux ressources énergétiques. L'alignement des normes relatives à la protection de l'environnement et aux pratiques énergétiques durables peut renforcer les efforts transatlantiques en matière de sécurité énergétique.

Outre la diversification et l'alignement des politiques, des partenariats transatlantiques solides sont essentiels pour renforcer la résilience énergétique grâce au partage d'informations, au transfert de technologies et au renforcement des capacités. Les initiatives de recherche et de développement en collaboration dans le domaine de l'efficacité énergétique, des technologies de stockage et de la modernisation des réseaux peuvent améliorer l'efficacité et la fiabilité globales des systèmes énergétiques de part et d'autre de l'Atlantique.

Il est primordial de tirer parti de l'influence diplomatique collective du partenariat États-Unis-UE pour négocier des accords énergétiques équitables et transparents avec les fournisseurs extérieurs. Une position unifiée sur la promotion des principes de marchés énergétiques ouverts et compétitifs peut servir de rempart contre les tactiques énergétiques coercitives et l'influence politique indue exercée par les pays exportateurs d'énergie.

Enfin, la coopération transatlantique dans le domaine de la sécurité énergétique va au-delà des engagements bilatéraux et englobe les plateformes multilatérales et les organisations internationales. L'engagement dans des dialogues constructifs au sein de forums tels que l'Agence internationale de l'énergie (AIE) et le G7 peut contribuer à synchroniser les efforts mondiaux visant à renforcer la résilience énergétique et à relever les défis communs en matière d'énergie.

En encourageant une approche globale qui combine la diversification des ressources, la coordination des politiques, l'innovation technologique et l'alignement diplomatique, les États-Unis et l'Union européenne peuvent renforcer leur sécurité énergétique collective et contribuer à la stabilité mondiale. Alors que le paysage énergétique continue d'évoluer, un front transatlantique unifié sera essentiel pour naviguer dans la dynamique complexe de la sécurité énergétique dans un monde de plus en plus interconnecté.

Le rôle de l'OTAN : Mesures de sécurité et assistance militaire

Alors que le conflit en Ukraine se poursuit, le rôle de l'OTAN dans la fourniture de mesures de sécurité et d'assistance militaire à ses États membres et aux pays partenaires fait l'objet d'un examen plus approfondi. En tant qu'alliance militaire intergouvernementale, l'OTAN a la responsabilité fondamentale de préserver la sécurité et l'intégrité territoriale de ses membres par la défense collective et la dissuasion. Dans le contexte de la crise ukrainienne, l'OTAN a mis en œuvre diverses initiatives visant à renforcer la posture de sécurité de ses alliés orientaux et à répondre aux menaces potentielles émanant du conflit.

L'une des principales réponses de l'OTAN a été le renforcement de sa présence militaire en Europe de l'Est, en particulier dans les

États baltes et en Pologne. Elle a notamment déployé des groupe-ments tactiques multinationaux dans le cadre de l'initiative EFP (Enhanced Forward Presence), qui constitue une démonstration visible de l'engagement de l'OTAN à dissuader toute agression po-tentielle. L'OTAN a mené de nombreux exercices militaires con-joints et missions d'entraînement dans la région afin de renforcer l'interopérabilité entre les forces alliées et de démontrer qu'elles sont collectivement prêtes à répondre aux défis de sécurité.

Outre la présence physique des forces de l'OTAN, l'alliance s'est également attachée à renforcer ses capacités stratégiques et sa résilience face aux tactiques de guerre hybride. Cela implique d'améliorer les cyberdéfenses, de contrer les campagnes de désin-formation et de renforcer les mécanismes de partage du renseigne-ment afin de mieux identifier et contrer les menaces potentielles découlant du conflit ukrainien. L'OTAN a fourni aux forces ar-mées ukrainiennes des services consultatifs et un soutien au ren-forcement des capacités afin de les aider à améliorer leur capacité à se défendre contre une agression extérieure.

Le conflit en cours en Ukraine a mis en évidence la nécessité pour l'OTAN de réévaluer ses politiques de sécurité et de renforcer son engagement en faveur de la défense collective. À cet égard, les États membres de l'OTAN ont réaffirmé leur engagement à allouer des ressources adéquates aux dépenses de défense, comme indiqué dans la déclaration du sommet du Pays de Galles et dans les accords ultérieurs. L'objectif est de veiller à ce que l'OTAN maintienne une posture de dissuasion crédible et soit capable de répondre efficacement à tous les défis sécuritaires qui pourraient survenir dans la région.

Le rôle de l'OTAN en matière d'assistance militaire s'étend au-delà de ses États membres, englobant ses partenariats avec des pays non membres de la zone euro-atlantique. Par le biais de programmes tels que le Partenariat pour la paix et le Conseil de partenariat euro-atlantique, l'OTAN a facilité l'engagement avec l'Ukraine et d'autres pays touchés par le conflit, en offrant un soutien dans des domaines tels que la réforme de la défense, la formation militaire et le développement des infrastructures.

En résumé, la réponse de l'OTAN au conflit en Ukraine souligne l'engagement de l'Alliance à maintenir la sécurité et la stabilité dans la région euro-atlantique. En mettant en œuvre des mesures de sécurité robustes et en fournissant une assistance militaire aux Alliés et aux partenaires, l'OTAN vise à dissuader toute agression, à renforcer les défenses et à contribuer à la résolution de la crise par une approche globale et unifiée.

Les récits des médias : L'influence de la guerre de l'information

L'influence de la guerre de l'information est devenue de plus en plus omniprésente dans le façonnement des perceptions et des récits publics entourant les conflits mondiaux. Dans le contexte de la guerre en Ukraine et de la sécurité énergétique, les récits des médias ont joué un rôle central dans l'amplification des tensions et la diffusion de la propagande des différentes parties prenantes au conflit. La militarisation de l'information par le biais des médias traditionnels, des plateformes de médias sociaux et des campagnes de désinformation a brouillé les frontières entre la vérité et la dés-information, contribuant à un paysage complexe de récits concur-rents.

Le rôle des médias soutenus par l'État et la diffusion de fausses nouvelles ont alimenté la manipulation de l'opinion publique, conduisant souvent à une polarisation et à une méfiance accrue parmi les publics internationaux. La diffusion stratégique de la propagande a cherché à saper la crédibilité des récits opposés, créant un environnement où la vérité devient subjective et susceptible d'être manipulée.

À l'ère du numérique, l'immédiateté et la portée de l'information via les plateformes en ligne ont amplifié l'impact de la guerre de l'information. La diffusion rapide de fausses informations, associée à des opérations psychologiques sophistiquées, a semé les graines de la division et de la discorde, remettant en cause la responsabilité éthique des organisations médiatiques et la résilience des sociétés démocratiques.

La militarisation de l'information va au-delà de l'influence sur l'opinion publique ; elle englobe l'utilisation de cyberattaques et de piratages informatiques pour déstabiliser les canaux de communication, les infrastructures et les processus électoraux. Ces tactiques soulignent l'interconnexion de la guerre de l'information avec des stratégies géopolitiques plus larges, d'où la nécessité de disposer de défenses solides et d'une coopération internationale pour contrer ces menaces.

Face à la prévalence de la guerre de l'information, les efforts visant à promouvoir l'éducation aux médias, les initiatives de vérification des faits et la transparence dans les reportages sont essentiels pour doter le public des compétences de pensée critique nécessaires pour discerner les informations factuelles des récits manipulateurs. Il est impératif de favoriser la collaboration entre les gouvernements, les entreprises technologiques et la société civile pour lutter contre la désinformation et défendre l'intégrité journalistique afin de préserver l'intégrité des écosystèmes de l'information.

En fin de compte, il est essentiel de comprendre et d'aborder les multiples dimensions de la guerre de l'information pour atténuer ses effets néfastes sur le discours public, la résolution des conflits et la stabilité des relations transatlantiques. En interrogeant la dynamique du pouvoir derrière les récits des médias et leur intersection avec les intérêts géopolitiques, les parties prenantes peuvent travailler à renforcer la résilience des écosystèmes de l'information et à favoriser un public mondial mieux informé et plus perspicace.

Enseignements tirés : Implications pour les conflits futurs

Le conflit en Ukraine et la guerre de l'information qui l'a accompagné ont permis d'acquérir des connaissances cruciales qui peuvent façonner les approches futures des conflits internationaux. L'une des conséquences les plus significatives est la prise de conscience de l'impact omniprésent de la désinformation et de la propagande dans la formation de l'opinion publique et l'influence sur les décisions politiques. Comprendre le pouvoir et les dangers potentiels de la guerre de l'information est crucial pour les décideurs politiques, les médias et le grand public dans un monde interconnecté.

Le conflit ukrainien a souligné l'importance de l'unité et de la solidarité entre les alliés transatlantiques en réponse aux agressions extérieures et aux actions déstabilisatrices. Il a démontré la nécessité d'une approche coordonnée et cohérente pour relever les défis en matière de sécurité, y compris les menaces hybrides qui associent des tactiques militaires conventionnelles à des moyens non militaires tels que les cyber-attaques et les campagnes de désinformation.

Le conflit a mis en évidence le rôle essentiel de la sécurité énergétique dans les stratégies géopolitiques. La dépendance de l'Europe à l'égard du gaz russe et l'influence qu'il confère à la Russie soulignent le besoin urgent de diversification et de résilience des approvisionnements énergétiques. La crise ukrainienne sert de signal d'alarme pour renforcer l'indépendance énergétique et développer des sources et des itinéraires alternatifs afin de garantir la stabilité et d'atténuer les vulnérabilités.

La réponse au conflit ukrainien a mis en lumière l'efficacité et les limites des sanctions économiques en tant qu'outil de diplomatie coercitive. L'expérience a montré que si les sanctions peuvent exercer une pression et imposer des coûts aux entités ciblées, elles peuvent également entraîner des mesures de rétorsion et des conséquences imprévues. Les stratégies futures devront donc évaluer soigneusement les résultats potentiels et envisager une approche globale intégrant des éléments diplomatiques, économiques et militaires.

L'expérience ukrainienne a mis en évidence l'importance de renforcer les capacités défensives et la résilience des nations vulnérables. Elle a mis en évidence la valeur des partenariats stratégiques, de l'assistance en matière de sécurité et du renforcement des capacités pour consolider la capacité des pays à dissuader les agressions et à défendre leur souveraineté. Le conflit a suscité des discussions sur la réforme et l'adaptabilité des institutions et des alliances internationales afin de répondre efficacement à l'évolution des défis sécuritaires.

En définitive, les enseignements tirés du conflit ukrainien soulignent qu'il est impératif d'anticiper et de traiter les menaces hybrides, d'améliorer la sécurité énergétique, de renforcer le partenariat transatlantique et de réévaluer l'efficacité des outils diplomatiques et coercitifs traditionnels. Ces enseignements fournissent des orientations précieuses aux décideurs politiques et aux parties prenantes dans la formulation de stratégies proactives et adaptatives pour naviguer dans les complexités des conflits futurs et sauvegarder la paix et la stabilité mondiales.

19

Conclusion

Perspectives des relations entre les États-Unis et l'Union européenne au XXIe siècle

Récapitulation des thèmes clés

Tout au long des chapitres précédents, cet ouvrage a minutieusement examiné les complexités et les évolutions des relations entre les États-Unis et l'Union européenne au XXIe siècle. Nous nous sommes penchés sur les fondements historiques, en passant par des événements cruciaux tels que les défis posés par les attentats du 11 septembre, l'impact de la crise financière de 2008 et les stratégies diplomatiques mises en œuvre par les différentes administrations américaines. Notre exploration s'est étendue à l'analyse des principaux domaines de collaboration et de conflit, notamment l'interdépendance économique, la dynamique de la sécurité, la politique climatique et les réponses aux pressions géopolitiques. L'objectif principal était de mettre en lumière les multiples facettes des relations transatlantiques, en offrant une compréhension globale des forces sous-jacentes qui façonnent la trajectoire de ce partenariat crucial. En synthétisant ces discussions approfondies, nous pouvons tirer des conclusions nuancées sur les perspectives et les défis qui se profilent à l'horizon des relations entre les États-Unis et l'Union européenne. L'interaction complexe entre les héritages historiques, l'évolution de la dynamique mondiale et les changements politiques internes souligne la nécessité d'adopter des stratégies adaptatives et tournées vers l'avenir pour favoriser la coopération bilatérale.

La riche tapisserie de thèmes explorés dans les chapitres précédents nous permet de discerner des schémas récurrents, d'identifier les possibilités de renforcer la collaboration et de reconnaître les tensions inhérentes qui exigent une navigation réfléchie. Alors que nous nous lançons dans cette récapitulation, il est impératif de reconnaître l'interdépendance des divers sujets abordés et leur influence collective sur le paysage futur des relations transatlantiques. Cet examen complet sert de base aux discussions ultérieures sur l'évaluation des leçons historiques pour la coopération future, en établissant une base solide pour les analyses stratégiques et les réflexions prescriptives. Grâce à cette compréhension holistique, nous sommes bien placés pour examiner les paradigmes historiques et glaner des informations cruciales qui nous permettront d'élaborer une vision des relations entre les États-Unis et l'Union européenne qui soit à la fois résiliente, adaptable et mutuellement bénéfique au XXIe siècle.

Évaluer les leçons historiques pour la coopération future

Tout au long de l'histoire des relations entre les États-Unis et l'Union européenne, une multitude de défis et de succès ont façonné le paysage du partenariat transatlantique. Des lendemains de deux guerres mondiales dévastatrices aux périodes de croissance économique dynamique et de réalignements géopolitiques, l'interaction entre les États-Unis et l'Union européenne a été définie par une tapisserie complexe d'interactions. À l'aube du XXIe siècle, il est impératif de se plonger dans les nuances historiques qui sous-tendent cette alliance durable, en évaluant méticuleusement les leçons essentielles qui sont pertinentes pour la coopération future. L'après-Seconde Guerre mondiale a vu naître un nouvel ordre mondial, le Plan Marshall symbolisant un changement de paradigme dans les relations internationales. La formation ultérieure de l'OTAN et les engagements communs en faveur de la sécurité collective ont jeté les bases d'un partenariat durable. La fin de la guerre froide, la dissolution de l'Union soviétique et l'expansion de l'Union européenne sont autant de moments de transformation qui soulignent la capacité d'adaptation et la résilience des relations transatlantiques face aux bouleversements géopolitiques. Il est essentiel de discerner comment les exemples passés d'unité, de conflit et de résolution ont guidé la trajectoire des relations entre les États-Unis et l'Union européenne.

L'analyse des moments historiques nous permet de mieux comprendre les stratégies qui ont favorisé la confiance mutuelle et la coopération, et d'identifier les écueils à éviter. En évaluant les leçons de l'histoire, il devient évident que les périodes de discorde ont souvent été l'occasion d'une introspection et d'un réétalonnage du lien transatlantique. Les approches divergentes lors de la guerre en Irak ou les désaccords sur les politiques commerciales ont servi de tests décisifs, soulignant les complexités inhérentes au maintien d'une alliance cohésive. Ces expériences soulignent l'importance d'aborder les divergences par la diplomatie, la compréhension et la volonté de trouver un terrain d'entente. En décortiquant les leçons de l'histoire, nous nous dotons d'une compréhension globale des subtilités qui ont caractérisé les relations entre les États-Unis et l'Union européenne, ce qui nous permet d'adopter une approche plus informée et plus nuancée pour naviguer dans le réseau complexe des dynamiques bilatérales. En fin de compte, la toile historique sur laquelle sont peintes les relations transatlantiques constitue une tapisserie inestimable d'où l'on peut tirer des enseignements, des mises en garde et des pistes de collaboration, offrant ainsi une feuille de route pour tracer la voie de la coopération future au XXIe siècle.

Réalignements stratégiques : S'adapter aux changements mondiaux

À l'aube du XXIe siècle, le paysage géopolitique connaît d'importantes transformations qui nécessitent des réalignements stratégiques dans les relations entre les États-Unis et l'Union européenne. La montée des puissances émergentes, le déplacement des centres économiques et l'évolution des menaces pour la sécurité ont mis en évidence la nécessité pour les deux entités de recalibrer leur partenariat. Un aspect clé de ce réalignement est la reconnaissance de l'ordre mondial multipolaire, dans lequel les dynamiques de pouvoir traditionnelles sont remodelées par l'ascension de nouveaux acteurs mondiaux. Par conséquent, les États-Unis et l'UE doivent adapter leurs approches de la diplomatie, du commerce et de la sécurité pour s'engager efficacement auprès de ces forces émergentes.

La réapparition de la concurrence entre grandes puissances a encore accentué l'impératif d'une réponse coordonnée de la part des alliés transatlantiques. Cela implique l'élaboration d'une stratégie visant à faire respecter les valeurs communes, à défendre les principes démocratiques et à relever des défis communs tels que la cybersécurité, la guerre hybride et les campagnes de désinformation. Une autre dimension cruciale du réalignement stratégique concerne les avancées technologiques et les transformations numériques qui redéfinissent les relations internationales. Les États-Unis et l'UE doivent collaborer pour gérer l'impact de ces innovations sur divers secteurs, notamment la gouvernance, le commerce et les interactions sociétales.

L'avènement de technologies de rupture telles que l'intelligence artificielle, l'informatique quantique et la biotechnologie appelle à une réévaluation des cadres réglementaires et des considérations éthiques — domaines dans lesquels une action collective et des normes harmonisées sont indispensables. L'évolution du paysage économique exige également des ajustements stratégiques, en particulier dans le sillage du rééquilibrage de l'économie mondiale et des perturbations du marché. À ce titre, les partenaires transatlantiques devraient étudier les possibilités d'approfondir l'intégration économique tout en se protégeant contre les vulnérabilités découlant des dépendances de la chaîne d'approvisionnement mondiale et des instabilités financières. Il est notamment essentiel de favoriser la résilience et la durabilité des flux commerciaux et d'investissement pour atténuer les risques et renforcer la stabilité globale de l'économie transatlantique. Ces réalignements stratégiques présentent à la fois des défis et des opportunités, nécessitant une navigation astucieuse et une coopération proactive de la part des États-Unis et de l'UE. Néanmoins, en acceptant ces changements, les partenaires transatlantiques pourront poursuivre ensemble des objectifs communs, atténuer les menaces et contribuer à un ordre mondial plus sûr, plus prospère et plus équitable.

Réformes institutionnelles : Renforcer les mécanismes bilatéraux

À une époque où le paysage mondial est marqué par des défis et des opportunités sans précédent, les réformes institutionnelles jouent un rôle crucial dans l'amélioration de l'efficacité des mécanismes bilatéraux entre les États-Unis et l'Union européenne. Les fondements historiques des relations transatlantiques ont fourni un cadre solide pour la coopération, mais comme la dynamique des affaires internationales continue d'évoluer, il devient urgent de revitaliser et d'adapter ces institutions aux complexités du 21e siècle.

L'un des aspects essentiels de la réforme institutionnelle consiste à rationaliser les processus de prise de décision et à accroître la souplesse des efforts de collaboration. En améliorant l'efficacité des forums et conseils existants, les États-Unis et l'Union européenne peuvent mieux aborder les questions émergentes et tirer parti de nouvelles perspectives de partenariat. Cela pourrait impliquer de réévaluer la structure et les mandats des comités conjoints, des groupes de travail et des task forces afin de s'assurer qu'ils sont équipés pour répondre efficacement à l'évolution rapide des dynamiques géopolitiques, économiques et technologiques.

Il est impératif de favoriser une intégration et une cohérence plus poussées entre les différents domaines politiques. Cela implique d'aligner les cadres réglementaires, les normes et les pratiques afin de faciliter les interactions dans des domaines tels que le commerce, la finance, l'énergie et la sécurité. La coordination des stratégies visant à relever les défis communs, de la cybersécurité au développement durable, est essentielle à la réalisation des objectifs stratégiques du partenariat transatlantique. Par conséquent, les réformes institutionnelles devraient viser à synchroniser et à harmoniser les politiques, en renforçant les synergies et l'impact des initiatives conjointes.

L'ère numérique offre de nouvelles possibilités et de nouveaux défis qui exigent des approches novatrices en matière de gouvernance et de coopération. Les domaines de l'intelligence artificielle, de la confidentialité des données et de la cyberdéfense devenant de plus en plus importants, il est nécessaire de déployer des efforts concertés pour moderniser et adapter les structures institutionnelles. Il s'agit notamment d'établir des plateformes dédiées au dialogue et à la collaboration en matière de gouvernance numérique, de favoriser des programmes de recherche et d'innovation conjoints et de veiller à ce que les réglementations transatlantiques puissent gérer efficacement le potentiel de transformation des technologies émergentes.

La transparence, la responsabilité et l'inclusivité font partie intégrante de réformes institutionnelles efficaces. La participation de diverses parties prenantes, y compris des organisations de la société civile, des groupes de réflexion et des institutions universitaires, non seulement enrichit la profondeur des dialogues transatlantiques, mais renforce également la légitimité et l'appropriation des efforts de coopération. En recalibrant les mécanismes institutionnels pour les rendre plus inclusifs et participatifs, les États-Unis et l'Union européenne peuvent exploiter un plus large éventail d'expertises et de points de vue, conférant ainsi à leurs collaborations une résilience et une pertinence accrues.

En conclusion, les réformes institutionnelles visant à renforcer les mécanismes bilatéraux représentent une voie essentielle pour consolider le partenariat durable entre les États-Unis et l'Union européenne. En adoptant l'adaptabilité, la cohérence, l'innovation et l'inclusivité dans ces réformes, les relations transatlantiques seront en mesure d'affronter les complexités et les potentiels du XXIe siècle avec une force et un objectif renouvelés.

Avancées technologiques et potentiel de collaboration

Les avancées technologiques sont devenues une force essentielle qui façonne le paysage des relations entre les États-Unis et l'Union européenne au XXIe siècle. Le rythme rapide de l'innovation a présenté à la fois des opportunités et des défis, appelant à une collaboration renforcée pour exploiter le plein potentiel des développements technologiques. Dans ce contexte, l'essor de la transformation numérique, de l'intelligence artificielle (IA) et des mesures de cybersécurité témoigne de la nature interconnectée du partenariat transatlantique. Tirer parti de ces avancées nécessite une anticipation stratégique et des efforts concertés pour aligner les cadres réglementaires tout en favorisant l'innovation. Les États-Unis et l'Union européenne reconnaissent tous deux qu'il est impératif de garantir une gouvernance éthique de l'IA, la protection de la confidentialité des données et les flux de données transfrontaliers afin de défendre des valeurs communes et de préserver les droits des citoyens.

Les domaines de l'informatique quantique, de la biotechnologie et de l'exploration spatiale offrent des possibilités de recherche et d'investissement conjoints, ce qui renforce la coopération scientifique et stimule la croissance économique. La convergence des intérêts dans la lutte contre le changement climatique par le biais de technologies énergétiques propres et de pratiques durables souligne encore davantage le potentiel des efforts synergiques. À ce titre, l'identification de normes communes et de systèmes interopérables contribuera à promouvoir la compatibilité et à réduire les obstacles au commerce. La collaboration dans le domaine du déploiement de la 5G, de l'infrastructure de l'internet des objets (IdO) et de l'infrastructure des télécommunications peut renforcer la résilience et la connectivité, en favorisant l'inclusion numérique et en réduisant la fracture numérique. Conscients de l'importance des industries technologiques émergentes, les partenaires transatlantiques sont prêts à définir l'avenir de l'innovation, en capitalisant sur les compétences et les ressources pour rester à la pointe de la compétitivité mondiale. Toutefois, la gestion des droits de propriété intellectuelle, de l'accès au marché et de la concurrence loyale reste une tâche complexe qui nécessite un dialogue transparent et des mécanismes de règlement des différends. Pour exploiter le potentiel de collaboration des avancées technologiques, il faut également investir dans le capital humain, mettre l'accent sur l'enseignement des STIM et former une main-d'œuvre qualifiée pour répondre aux exigences d'une économie numérique qui évolue rapidement. La perspective d'initiatives conjointes de recherche et de développement, ainsi que d'accords de transfert de technologie, est de bon augure pour la prospérité collective de l'alliance États-Unis-UE. Par conséquent, l'adoption d'une approche prospective de la convergence technologique offre de nombreuses possibilités de renforcer la confiance, d'améliorer la résilience et de favoriser une croissance axée sur l'innovation dans la sphère transatlantique.

L'avenir économique : Relever les défis du commerce et de l'investissement

Dans le paysage changeant du 21e siècle, le commerce et l'investissement sont devenus des éléments essentiels de la tapisserie complexe des relations entre les États-Unis et l'Union européenne. Les économies imbriquées de ces grands acteurs mondiaux sont confrontées à une myriade de défis qui exigent des solutions innovantes et une navigation stratégique. Les normes traditionnelles étant mises à l'épreuve par les forces géopolitiques, les deux entités doivent s'adapter pour garantir la stabilité et la croissance économiques. L'évolution de la nature des chaînes d'approvisionnement mondiales est un facteur essentiel qui influe sur les relations commerciales. Avec l'interconnexion croissante, les perturbations telles que les tensions commerciales ou les catastrophes naturelles dans une région ont des effets en cascade qui se répercutent sur tous les continents. Il est donc nécessaire de réévaluer la résilience et la diversification de la chaîne d'approvisionnement, ce qui ouvre des perspectives de coopération entre les États-Unis et l'Union européenne.

L'économie numérique constitue une nouvelle frontière pour les négociations commerciales. Des questions telles que la confidentialité des données, la cybersécurité et la fiscalité numérique nécessitent une collaboration transfrontalière afin d'établir des normes et des réglementations harmonisées. L'innovation allant plus vite que les politiques, il devient impératif de cultiver une approche commune pour exploiter les avantages et relever les défis de l'ère numérique.

Le spectre du protectionnisme plane sur la scène commerciale internationale. Les États-Unis et l'Union européenne sont tous deux confrontés à des pressions de la part d'acteurs nationaux qui cherchent à sauvegarder des industries et des opportunités d'emploi. L'équilibre entre les impératifs du libre-échange et les besoins des groupes locaux exige des manœuvres diplomatiques habiles et une compréhension nuancée des objectifs communs. Parallèlement, les défis en matière d'investissement englobent un éventail de considérations allant des cadres réglementaires aux flux de capitaux. Une surveillance accrue dans des secteurs tels que la technologie, les infrastructures et les soins de santé souligne la nécessité d'environnements d'investissement transparents et prévisibles. Un alignement des normes et des pratiques peut renforcer la confiance des investisseurs et faciliter un déploiement de capitaux mutuellement bénéfique. La question de l'accès asymétrique aux marchés et la promotion d'une concurrence loyale restent des thèmes centraux dans l'élaboration de la future collaboration économique entre les États-Unis et l'UE. À l'avenir, la convergence des marchés émergents et l'évolution de la dynamique géopolitique introduisent un degré de complexité dans les paysages du commerce et de l'investissement. Pour exploiter les synergies tout en atténuant les risques, il faut des stratégies souples et des partenariats solides. En fin de compte, pour tracer l'avenir économique, il faut recalibrer les approches en matière de commerce et d'investissement, aligner les politiques de manière stratégique et tirer parti des synergies entre les secteurs et les régions. Malgré les défis, le potentiel d'une collaboration fructueuse entre les États-Unis et l'Union européenne reste vaste et promet une prospérité mutuelle et une stabilité économique mondiale.

Les engagements en matière de sécurité dans un paysage en évolution

Alors que l'alliance transatlantique fait face aux complexités du 21e siècle, les engagements en matière de sécurité apparaissent comme un pilier fondamental dans l'élaboration des relations entre les États-Unis et l'Union européenne. L'évolution du paysage présente une myriade de défis, allant des menaces traditionnelles aux acteurs non étatiques et à la cyberguerre. Les États-Unis et l'Union européenne sont tous deux confrontés à l'impératif d'adapter leurs stratégies de sécurité pour faire face à ces défis multiformes.

Un aspect crucial de l'engagement en matière de sécurité consiste à réaffirmer les obligations de défense mutuelle dans le cadre de l'OTAN, en soulignant l'engagement collectif à sauvegarder l'intégrité territoriale et la souveraineté des États membres. Il s'agit notamment de faire face aux instabilités régionales et aux menaces hybrides, de promouvoir le dialogue et la coopération dans la résolution des conflits et de renforcer l'interopérabilité et l'état de préparation des forces armées. Les États-Unis et l'UE doivent collaborer dans la lutte contre le terrorisme, la prévention de la prolifération des armes de destruction massive et le renforcement des efforts mondiaux de maintien de la paix.

Compte tenu de l'évolution du paysage sécuritaire, les technologies émergentes et les tactiques de guerre asymétriques nécessitent de solides capacités de cyberdéfense. La coopération en matière de cybersécurité entre les États-Unis et l'UE est essentielle pour lutter contre les cyberactivités malveillantes, protéger les infrastructures critiques et atténuer les risques posés par les cyberattaques parrainées par des États. Les efforts conjoints en matière de partage de renseignements, de contre-espionnage et de coopération en matière d'application de la loi sont essentiels pour faire face aux défis transnationaux en matière de sécurité.

Au-delà des paradigmes de sécurité traditionnels, les partenaires transatlantiques doivent également faire face aux menaces de sécurité non traditionnelles, notamment les pandémies, le changement climatique et la rareté des ressources. Les stratégies de collaboration pour la réponse aux catastrophes, la résilience de la santé publique et la protection de l'environnement feront partie intégrante des engagements en matière de sécurité au XXIe siècle.

Les relations de sécurité entre les États-Unis et l'UE devraient refléter le lien croissant entre la sécurité et la technologie, en soulignant la nécessité de normes et de réglementations éthiques dans le domaine des technologies émergentes, de l'intelligence artificielle et de l'exploration de l'espace. Il s'agit d'encourager l'innovation tout en garantissant une utilisation responsable et une protection contre la militarisation ou l'utilisation abusive potentielle des capacités technologiques avancées.

En conclusion, les engagements en matière de sécurité dans un paysage en évolution exigent une approche globale, adaptable et tournée vers l'avenir, qui reconnaisse l'interconnexion des défis sécuritaires et la nécessité d'une action collective. En renforçant les alliances, en exploitant les capacités conjointes et en anticipant les tendances futures en matière de sécurité, les États-Unis et l'Union européenne peuvent renforcer leur partenariat pour faire face aux complexités de l'environnement de sécurité contemporain.

Lutter contre le changement climatique : Un impératif commun

Le changement climatique est l'un des défis les plus pressants auxquels sont confrontées les relations entre les États-Unis et l'Union européenne au XXIe siècle. Les deux entités ont historiquement reconnu l'urgence de lutter contre le changement climatique et ont été à l'avant-garde des efforts internationaux pour combattre ses effets. L'Accord de Paris, en particulier, a servi de démonstration historique de l'engagement multilatéral à atténuer le changement climatique. Dans ce contexte, les États-Unis et l'UE sont prêts à réaffirmer leur impératif commun dans la lutte contre le changement climatique, non seulement en tant que leaders mondiaux, mais aussi en tant que partenaires dans la gestion de l'environnement.

L'impératif de collaboration dans la lutte contre le changement climatique est ancré dans la reconnaissance commune de l'interconnexion des préoccupations environnementales, économiques et géopolitiques. Alors que les États-Unis et l'Union européenne ont tous deux accompli des progrès considérables dans la mise en œuvre de politiques climatiques nationales, l'alignement de ces efforts entre deux grandes économies mondiales peut apporter des avantages substantiels. Les initiatives de collaboration englobent un large éventail de possibilités telles que le transfert de technologies, les stratégies de réduction des émissions et le développement d'énergies propres. En exploitant l'expertise et les ressources collectives, les États-Unis et l'Union européenne peuvent amplifier l'ampleur et l'impact de leur action en faveur du climat, donnant ainsi l'exemple à d'autres nations.

La convergence sur les objectifs climatiques renforce le potentiel de leadership transatlantique dans l'élaboration de la gouvernance climatique mondiale. Compte tenu de la complexité croissante des défis environnementaux , le partenariat entre les États-Unis et l'Union européenne constitue la pierre angulaire de la promotion du développement durable et de la résilience au niveau mondial. Grâce à une coopération soutenue, les deux parties peuvent influencer efficacement les forums internationaux sur le climat, en encourageant un engagement plus large et en facilitant des approches unifiées de la politique climatique. Ces efforts concertés seront essentiels pour garantir un cadre plus cohérent et plus inclusif de lutte contre le changement climatique, dépassant les frontières nationales et prenant en compte les divers intérêts sociétaux et écologiques.

Toutefois, la reconnaissance de l'impératif commun de lutte contre le changement climatique nécessite également de naviguer dans les zones potentielles de divergence. Les différences dans les priorités politiques, les cadres réglementaires et la perception du public peuvent constituer des obstacles à une collaboration harmonieuse. Il est donc primordial de trouver un terrain d'entente tout en respectant la diversité de l'agenda climatique de chaque entité. S'attaquer au changement climatique en tant qu'impératif commun implique de favoriser la compréhension mutuelle et de réconcilier les perspectives divergentes par le dialogue et le compromis. En fin de compte, la capacité à naviguer et à résoudre les disparités renforcera la résilience et l'efficacité des efforts de collaboration entre les États-Unis et l'Union européenne dans la lutte contre le changement climatique.

L'engagement des citoyens : Le rôle de la diplomatie publique

Dans un monde de plus en plus interconnecté, l'engagement des citoyens joue un rôle essentiel dans l'élaboration des relations entre les États-Unis et l'Union européenne au XXIe siècle. La diplomatie publique apparaît comme un outil essentiel pour favoriser la compréhension mutuelle, promouvoir le dialogue et renforcer les liens culturels entre les deux régions. Il est essentiel d'impliquer efficacement les citoyens des deux côtés de l'Atlantique pour construire des relations durables et favoriser le soutien à la coopération transatlantique. Les initiatives de diplomatie publique englobent un large éventail d'activités, notamment les échanges éducatifs, les programmes culturels, la sensibilisation des médias et la diplomatie numérique. Ces efforts visent à combler les différences culturelles, à démystifier les idées fausses et à cultiver un sentiment de valeurs et d'aspirations communes. Il est essentiel de tirer parti de la diplomatie publique pour impliquer des publics diversifiés, appartenant à des groupes d'âge, à des milieux socio-économiques et à des lieux géographiques différents, afin de favoriser une compréhension plus profonde et plus nuancée des points de vue de chacun. En facilitant les interactions directes et les projets de collaboration, la diplomatie publique renforce non seulement les liens bilatéraux, mais favorise également la stabilité et la paix dans le monde.

La diplomatie publique sert à promouvoir les principes démocratiques, les droits de l'homme et l'État de droit, renforçant ainsi les valeurs communes qui sous-tendent le partenariat transatlantique. Alors que la technologie continue de remodeler les canaux de communication, l'exploitation des plateformes numériques et des médias sociaux devient de plus en plus vitale pour atteindre des publics plus larges et amplifier l'impact des efforts de diplomatie publique. L'utilisation de techniques de narration innovantes, de contenus multimédias interactifs et d'échanges virtuels peut captiver des publics divers et susciter des conversations interculturelles fructueuses.

L'alignement des stratégies de diplomatie publique sur des questions contemporaines telles que l'action climatique, l'égalité des sexes et la justice sociale permet de mieux répondre aux préoccupations et aux aspirations des citoyens de part et d'autre de l'Atlantique. La réalisation du plein potentiel de la diplomatie publique nécessite un investissement soutenu, une collaboration et une coordination stratégique entre les institutions gouvernementales, les organisations de la société civile, les établissements universitaires et les acteurs du secteur privé. En favorisant un solide réseau de partenariats et de collaborations transatlantiques, la diplomatie publique peut répondre efficacement à l'évolution des défis et des opportunités, enrichissant ainsi le tissu des relations entre les États-Unis et l'Union européenne. En fin de compte, le rôle de la diplomatie publique dans l'engagement des citoyens va au-delà de la rhétorique ; elle sert de catalyseur pour établir des liens durables entre les peuples, favoriser l'empathie et nourrir une vision collective d'une communauté transatlantique prospère et harmonieuse.

Des voies visionnaires : Projeter l'avenir des relations entre les États-Unis et l'Union européenne

Alors que nous envisageons l'avenir des relations entre les

États-Unis et l'Union européenne, il devient évident que des voies visionnaires sont cruciales pour garantir un partenariat mutuellement bénéfique et durable. Le XXIe siècle présente à la fois des défis et des opportunités sans précédent, exigeant une approche prospective fondée sur la collaboration, l'innovation et l'adaptabilité. En projetant l'avenir des relations entre les États-Unis et l'Union européenne, plusieurs domaines clés méritent l'attention. Tout d'abord, l'accent mis sur les valeurs communes et un engagement renouvelé en faveur de la solidarité transatlantique sous-tendront la vision des relations. L'adoption de la diversité, des principes démocratiques et des droits de l'homme en tant que piliers fondamentaux favorisera la cohésion et la résilience dans un contexte de changements géopolitiques.

L'exploitation des avancées technologiques offre des pistes prometteuses pour favoriser une connectivité et une coopération accrues. L'exploitation de la diplomatie numérique, de la cyber-résilience et des technologies émergentes peut faciliter des réponses souples à l'évolution des impératifs sécuritaires et économiques. La lutte contre le changement climatique et la durabilité environnementale représente une dimension essentielle du partenariat envisagé. Les efforts déployés en faveur du développement durable, des transitions énergétiques propres et de la résilience climatique permettront non seulement d'atténuer les risques écologiques, mais aussi de favoriser l'interdépendance économique et la prospérité partagée. Pour relever les défis en matière de commerce et d'investissement, il est nécessaire de s'engager conjointement à renforcer les cadres multilatéraux, à améliorer la cohérence des réglementations et à favoriser les stratégies de croissance inclusive. En donnant la priorité à un équilibre entre des marchés ouverts et une concurrence loyale, l'avenir des relations entre les États-Unis et l'Union européenne permettra de naviguer habilement dans des paysages économiques complexes.

Un engagement explicite en faveur du renforcement de l'engagement des citoyens et des liens entre les peuples est primordial pour façonner la trajectoire future du partenariat transatlantique. L'autonomisation de la société civile, la promotion des échanges éducatifs et le dialogue culturel permettront d'approfondir la compréhension mutuelle et d'étayer des liens sociétaux durables. Alors que les États-Unis et l'Union européenne sont confrontés à des incertitudes géopolitiques et à des forces mondiales dynamiques, il devient impératif de repenser les engagements en matière de sécurité dans un cadre de défense collective et de responsabilité partagée. Les efforts de collaboration pour faire face aux menaces hybrides, à la cyberguerre et à la dissuasion stratégique renforceront l'architecture de sécurité transatlantique, en sauvegardant les intérêts communs et en soutenant la paix et la stabilité internationales. Enfin, cultiver des voies visionnaires pour les relations entre les États-Unis et l'Union européenne exige une attitude proactive à l'égard du leadership mondial, en plaidant pour la coopération multilatérale et en s'engageant avec les puissances émergentes à façonner un ordre international fondé sur des règles. En défendant une diplomatie fondée sur des principes, la résolution des conflits et la gestion des crises, les partenaires transatlantiques peuvent exercer une influence constructive et faire avancer des objectifs communs sur la scène mondiale. L'adoption d'initiatives audacieuses et clairvoyantes axées sur ces fondements thématiques peut permettre d'orienter les relations entre les États-Unis et l'Union européenne vers un avenir caractérisé par la résilience, la pertinence et la prospérité mutuelle.

Bibliographie sélective pour une lecture plus approfondie

Abdelal, R., & Krotz, U. (2024). *Estranged allies: Transatlantic relations in the post-Trump era*. Princeton University Press.

Alcaro, R. (2023). The transatlantic dimension of European strategic autonomy. *International Affairs*, 99(2), 567-584.

Anderson, P. (2020). *The European Union and the United States: A troubled partnership*. Routledge.

Art, R. J. (2017). *A grand strategy for America*. Cornell University Press.

Ash, T. G. (2019). *Free world: Why a crisis of the West reveals what it means to be European*. Atlantic Books.

Asmus, R. D. (2005). *A little war that shook the world: Georgia, Russia, and the future of the West*. Palgrave Macmillan.

Bacevich, A. J. (2002). *American empire: The realities and consequences of U.S. diplomacy*. Harvard University Press.

Bacevich, A. J. (2013). *The limits of power: The end of American exceptionalism*. Metropolitan Books.

Baldwin, R. E. (2006). *The euro's trade effects*. In R. E. Baldwin (Ed.), *The euro and the dollar in a multipolar world* (pp. 45-78). VoxEU.org.

Balfour, R., & Toygür, I. (2024). Finding a new balance: European strategic autonomy and transatlantic relations. *Journal of European Integration*, 46(1), 79-96.

Beck, U. (2005). *Power in the global age: A new global political economy*. Polity Press.

Beckley, M. (2023). *Rivals: How the power struggle between China, India, and Japan will shape our next decade*. Oxford University Press.

Bergsten, F. (2019). *The United States and the world economy: Selected papers of C. Fred Bergsten, 1984–2019*. Peterson Institute for International Economics.

Berliner, D. T. (2011). *Understanding the European Union*. Lynne Rienner Publishers.

Biscop, S. (2019). *European strategy in the age of geopolitics*. Egmont Institute.

Baker, P., & Glasser, S. B. (2020). *The divider: Trump in the White House, 2017-2021*. Doubleday.

Brzezinski, Z. (1997). *The grand chessboard: American primacy and its geostrategic imperatives*. Basic Books.

Brooks, S. G., & Wohlforth, W. C. (2024). The end of US hegemony? Unipolar anxiety and American power. *International Security*, 48(3), 7-43.

Burwell, F. G. (2021). *The future of the transatlantic relationship*. Center for Strategic and International Studies.

Burwell, F. G. (2023). *Transatlantic relations in transition: The future of US-European cooperation*. Routledge.

Calleo, D. P. (2001). *Rethinking Europe's role*. *Journal of Common Market Studies*, 39(1), 1-19.

Cohen-Tanugi, L. (2008). *The shape of the world to come: Charting the geopolitics of a new century*. Columbia University Press.

Colgan, J. D., & Keohane, R. O. (2023). The liberal order is rigged: Fix it now or watch it wither. *Foreign Affairs*, 102(4), 28-38.

Cooper, R. (2003). *The breaking of nations: Order and chaos in the twenty-first century*. Atlantic Books.

Danchev, A., & MacMillan, J. (2023). *The US-European relationship: Historical foundations and contemporary challenges*. Cambridge University Press.

Daalder, I. H., & Lindsay, J. M. (2003). *America unbound: The Bush revolution in foreign policy*. Brookings Institution Press.

Daalder, I. H., & Lindsay, J. M. (2024). *America and Europe: Partners and rivals in the 21st century*. Yale University Press.

Dinan, D. (2014). *Ever closer union: An introduction to European integration*. Palgrave Macmillan.

Dombrowski, P., & Reich, S. (2017). *Does democracy matter? Uniting the democracies in a changing world*. In P. Dombrowski & S. Reich (Eds.), *The end of grand strategy* (pp. 101-125). Cornell University Press.

Drezner, D. W. (2007). *All politics is global: Explaining international regulatory regimes*. Princeton University Press.

Duchêne, F. (1972). *Europe's role in world peace*. In R. Mayne (Ed.), *Europe tomorrow: Sixteen Europeans look ahead* (pp. 32-47). Harper & Row.

Eichengreen, B. (2011). *Exorbitant privilege: The rise and fall of the dollar and the future of the international monetary system*.

Oxford University Press.

Eichengreen, B. (2023). The dollar and its discontents: American currency and power in the 21st century. *Foreign Affairs*, 102(1), 42-50.

Emmott, B. (2017). *The fate of the West: The battle to save the world's most successful political idea*. Portfolio.

Fabbrini, S., & Marchetti, R. (2024). Beyond the transatlantic relationship: Europe's search for strategic autonomy. *Journal of European Public Policy*, 31(2), 234-251.

Ferguson, N. (2008). *The ascent of money: A financial history of the world*. Penguin Books.

Friedman, T. L. (2005). *The world is flat: A brief history of the twenty-first century*. Farrar, Straus and Giroux.

Fukuyama, F. (2023). *The end of the end of history: Politics in the twenty-first century*. Profile Books.

Gaddis, J. L. (2005). *Strategies of containment: A critical appraisal of American national security policy during the Cold War*. Oxford University Press.

Garton Ash, T. (2004). *Free world: America, Europe, and the surprising future of the West*. Random House.

Giddens, A. (2007). *Europe in the global age*. Polity Press.

Gordon, P. H. (2006). *A certain idea of Europe*. Princeton University Press.

Gordon, P. H. (2020). *The United States and Europe: Beyond the Bush era*. In P. H. Gordon (Ed.), *The end of the Bush revolution* (pp. 123-150). Brookings Institution Press.

Gordon, P. H., & Shapiro, J. (2024). *The transatlantic alliance in a multipolar world*. Columbia University Press.

Gray, C. S. (2009). *Hard power and soft power: The utility of military force as an instrument of policy in the 21st century*. Strategic Studies Institute, U.S. Army War College.

Hamilton, D. S. (2014). *The United States and Europe: Rethinking the transatlantic relationship*. Center for Transatlantic Relations.

Hamilton, D. S. (2023). *Transatlantic relations: Converging or diverging?* Routledge.

Hoffmann, S. (1966). *Obstinate and obsolete? The non-Community Europe*. In S. Hoffmann (Ed.), *The state of war: Essays on the theory and practice of international relations* (pp. 89-105). Praeger.

Huntington, S. P. (1996). *The clash of civilizations and the remaking of world order*. Simon & Schuster.

Ikenberry, G. J. (2001). *After victory: Institutions, strategic restraint, and the rebuilding of order after major wars*. Princeton University Press.

Ikenberry, G. J. (2024). The end of liberal international order? *International Affairs*, 100(1), 7-23.

Joffe, J. (2006). *Überpower: The imperial temptation of America*. W.W. Norton & Company.

Jones, E., & Matthijs, M. (2023). Rethinking integration and sovereignty in the European Union. *Survival*, 65(4), 31-58.

Kagan, R. (2003). *Of paradise and power: America and Europe in the new world order*. Alfred A. Knopf.

Kagan, R. (2023). *The jungle grows back: America and our imperiled world* (2nd ed.). Knopf.

Katzenstein, P. J. (2005). *A world of regions: Asia and Europe in the American imperium*. Cornell University Press.

Keohane, R. O., & Nye, J. S. (2012). *Power and interdependence revisited*. *International Organization*, 66(4), 705-734.

Kennedy, P. (1987). *The rise and fall of the great powers: Economic change and military conflict from 1500 to 2000*. Random House.

Kissinger, H. A. (2014). *World order*. Penguin Press.

Kupchan, C. A. (2002). *The end of the American era: U.S. foreign policy and the geopolitics of the twenty-first century*. Alfred A. Knopf.

Kupchan, C. A. (2010). *No one's world: The West, the rising rest, and the coming global turn*. Oxford University Press.

Kupchan, C. A. (2024). *Divergence and convergence: The future of the Atlantic alliance*. Oxford University Press.

Larres, K. (2023). *Uncertain allies: Nixon, Kissinger, and the threat of a united Europe*. Yale University Press.

Leonard, M. (2005). *Why Europe will run the 21st century*. PublicAffairs.

Leonard, M., & Shapiro, J. (2023). Strategic sovereignty: How Europe can regain the capacity to act. *European Council on Foreign Relations Policy Brief*, 25(3), 1-24.

Levy, D., & Pensky, M. (2024). *Cosmopolitanism and the new world order: European and American perspectives*. Polity Press.

Mearsheimer, J. J. (2011). *The tragedy of great power politics*. W.W. Norton & Company.

Mearsheimer, J. J. (2023). The inevitable rivalry: America, China, and the tragedy of great-power politics. *Foreign Affairs*, 102(2), 48-67.

Moravcsik, A. (1998). *The choice for Europe: Social purpose and state power from Messina to Maastricht*. Cornell University Press.

Mounk, Y. (2023). *The great experiment: Why diverse democracies fall apart and how they can endure*. Penguin Press.

Nye, J. S. (2002). *The paradox of American power: Why the world's only superpower can't go it alone*. Oxford University Press.

Nye, J. S. (2004). *Soft power: The means to success in world politics*. PublicAffairs.

Niblett, R., & Vinjamuri, L. (2024). The liberal order isn't coming back: What next? *Survival*, 66(1), 7-24.

Posen, B. R. (2023). The rise of illiberal hegemony: Trump's surprising grand strategy. *Foreign Affairs*, 102(3), 20-27.

Putnam, R. D. (1988). Diplomacy and domestic politics: The logic of two-level games. *International Organization*, 42(3), 427-460.

Rifkin, J. (2004). *The European dream: How Europe's vision of the future is quietly eclipsing the American dream*. Tarcher-Perigee.

Ruggie, J. G. (1998). *Constructing the world polity: Essays on international institutionalization*. Routledge.

Schmidt, V. A. (2006). *Democracy in Europe: The EU and national polities*. Oxford University Press.

Serfaty, S. (2010). *Bridging the transatlantic gap*. Rowman & Littlefield Publishers.

Shapiro, J. (2003). *Alliance management: How to forge effective transatlantic cooperation*. Council on Foreign Relations Press.

Soros, G. (2023). *In defense of open society: The crisis of liberal democracy and the path ahead*. Public Affairs.

Stiglitz, J. E. (2002). *Globalization and its discontents*. W. W. Norton & Company.

Stokes, D. (2024). Trump and the crisis of liberal hegemony. *International Affairs*, 100(2), 319-336.

Telhami, S. (2013). *The world through Arab eyes: Arab public opinion and the reshaping of American foreign policy*. Basic Books.

Toje, A. (2023). *The European Union as a small power: After the cold war*. Palgrave Macmillan.

Van Oudenaren, J. (2005). *America against Europe: From rivalry to partnership*. Rowman & Littlefield Publishers.

Walt, S. M. (2018). *The hell of good intentions: America's foreign policy elite and the decline of U.S. primacy*. Farrar, Straus and Giroux.

Wright, T. (2023). *All measures short of war: The contest for the 21st century and the future of American power*. Yale University Press.

Youngs, R. (2024). *Europe's Eastern crisis: The geopolitics of asymmetry*. Cambridge University Press.

Online References

Aleshin, A. (2024). The EU–NATO cooperation after the start of the special military operation. *Современная Европа*, 5(126), 189–200. https://doi.org/10.31857/s0201708324050152

Arbatova, N. (2024). Relations of the European Union with the United States and NATO: Dilemmas of euro-atlanticism. *Полис*, 4, 105–118. https://doi.org/10.17976/jpps/2024.04.08

CIOATĂ, I.-S. (2024). Transatlantic partnership – Political developments and transformations in the new geostrategic framework. *Strategic Impact*, 91(2), 48–65. https://doi.org/10.53477/1842-9904-24-8

Demertzis, M., & Fredriksson, G. (2018). The EU response to US trade tariffs. *Intereconomics*, 2018(5), 260–268. https://doi.org/10.1007/S10272-018-0763-2

Erichsen, E. R., & Salajan, F. D. (2014). A comparative analysis of E-learning policy formulation in the European Union and the United States: Discursive convergence and divergence. *Comparative Education Review*, 58(1), 135–165. https://doi.org/10.10 86/674095

Filipec, O. (2023). The cooperation between EU and NATO in response to hybrid threats: A retrospective analysis from the institutionalist perspective. *Slovak Journal of Political Sciences*. https://doi.org/10.34135/sjps.230102

Hart, N., & Casey, C. A. (2024). Transatlantic leadership in an era of human rights-based export controls. *Journal of International Economic Law*. https://doi.org/10.1093/jiel/jgae005

Hrubinko, A. (2024). The genesis of the NATO — EU relationship in the context of the historical transformations of the world security system. *Україна Дипломатична*, XXV, 784–794. https://doi.org/10.37837/2707-7683-2024-33

Justo-Hanani, R., & Dayan, T. (2016). Explaining transatlantic policy divergence: The role of domestic politics and policy styles in nanotechnology risk regulation. *Global Environmental Politics*, 16(1), 79–98. https://doi.org/10.1162/GLEP_A_00337

Kerremans, B. (2022). Divergence across the Atlantic? US skepticism meets the EU and the WTO's appellate body. *Politics and Governance*, 10(2), 208–218. https://doi.org/10.17645/pag.v1 0i2.4983

Larres, K. (2020). Trump's trade wars: America, China, Europe, and global disorder. *Journal of Transatlantic Studies*, 18(1), 103–129. https://doi.org/10.1057/S42738-019-00040-Y

Leonelli, G. C. (2022). Transatlantic divergencies in the regulation of uncertain risks: Co-production, normative frames and ideal evidence-based and socially acceptable risk approaches. *German Law Journal*, 23(5), 769–799. https://doi.org/10.1017/glj .2022.47

Mormann, F. (2021). Of markets and subsidies: Counter-intuitive trends for clean energy policy in the European Union and the United States. *Transnational Environmental Law*, 10(2), 1–17. https://doi.org/10.1017/S2047102520000394

Mulleti, N. (2023). EU-NATO cooperation in the area of crisis management: Case of Kosovo. *European Journal of Economics, Law and Social Sciences*, 7(2), 64–70. https://doi.org/10.2478/ejels-2023-0009

Nikitin, A., & Klinova, M. (2024). Doctrinal aspects of the US, NATO and EU policies in military space. *Сравнительная Политика*, 13(4), 45–64. https://doi.org/10.46272/2221-3279-2022-4-13-45-64

Prikhodko, O. V. (2023). US-EU trade and economic relationship in the age of global rivalry. *Politics*. https://doi.org/10.31857/s2686673023120015

Ratti, L. (2023). The enduring relationship between NATO and European integration (pp. 308–344). Cambridge University Press. https://doi.org/10.1017/9781108780865.013

Struthers, C. L., Hare, C., & Bakker, R. (2020). Bridging the pond: Measuring policy positions in the United States and Europe. *Political Science Research and Methods*, 8(4), 677–691. https://doi.org/10.1017/PSRM.2019.22

VLADU, M. (2023). Considerations on the NATO and EU approach to critical infrastructure protection. *Romanian Military Thinking*, 2023(3), 176–183. https://doi.org/10.55535/rmt.2023.3.10

Wellenstein, E. (1986). Political implications of US-EC economic conflicts (I)* Euro-American turbulence—The trade issue. *Government and Opposition*, 21(4), 387–395. https://doi.org/10.1111/J.1477-7053.1986.TB00027.X

Yalcin-Ispir, A. (2023). NATO and EU strategic security envi-

ronment (pp. 43–57). https://doi.org/10.1007/978-3-031-4458
4-2_3

Yoon, S. (2018). Trump's 'America First' trade policy and the
EU's two-fold responses. *Journal of Eurasian Studies*, 15(4),
233–252. https://doi.org/10.31203/AEPA.2018.15.4.012

www.ingramcontent.com/pod-product-compliance
Lightning Source LLC
Chambersburg PA
CBHW051710020426
42333CB00014B/917